240

Biblioteca de visionarios,
heterodoxos y marginados

Los moriscos

© Editora Nacional. Madrid (España)
Depósito legal: M. 24.812-1975.—ISBN: 84-276-1274-5
Impreso en Ediciones Castilla, S. A. Maestro Alonso, 21 - Madrid

MERCEDES GARCIA-ARENAL

Los moriscos

EDITORA NACIONAL
San Agustín, 5
MADRID

CONTENIDO

INTRODUCCION

La intención perseguida en el presente volumen es la de proporcionar a aquel que sienta interés por la cuestión morisca[1], o se proponga emprender un estudio sobre alguno de sus aspectos, una base documental y bibliográfica que le introduzca en los principales problemas del tema y le ayude a iniciar un trabajo sobre cualquiera de ellos.

Con ese fin hemos reunido una colección de documentos (algunos inéditos, pero la mayoría recogidos de diversas obras) a nuestro juicio significativos de los principales problemas y aspectos que presenta la cuestión morisca en su trayectoria histórica. No hemos escogido precisamente las pragmáticas u ordenanzas mediante las cuales los reyes reglamentaron la vida de los moriscos o intentaron solucionar los problemas que éstos les planteaban, sino que hemos preferido documentos demostrativos de una mentalidad y estado de opinión ante éstos. Se ha intentado que el conjunto proporcione al lector un cuadro de la vida morisca en sus diferentes grupos y regiones y del conflicto social, cultural y político que su existencia supone en la sociedad de la época. Cuál es la posición ante ello de los cristianos viejos (ya sea en sus relaciones con la Inquisición, la Administración central o los

---

[1] Se entiende generalmente por *moriscos* aquellos musulmanes que quedaron en España después de la total reconquista de la península (1492) y fueron obligados a adoptar la religión cristiana. En los documentos de la primera mitad del siglo XVI se les llama también «cristianos nuevos de moros». La minoría morisca desaparece de España con la expulsión de 1609-14.

señores de vasallos) y cuál la de los moriscos, aunque no abundan los documentos en que ésos tomen la palabra.

Teniendo en cuenta lo extenso del tema, los documentos aquí recogidos no podrán sino apuntar unas indicaciones acerca de los distintos problemas de la cuestión morisca, pero esperamos que sirvan al menos para despertar la curiosidad por alguno de los múltiples aspectos que presenta, de los cuales aún quedan muchos por estudiar a fondo y por dilucidar.

Como se verá, la bibliografía sobre los moriscos es muy extensa, pero se trata en su mayoría de estudios de carácter general o de obras poco objetivas, de intención polémica. Faltan estudios monográficos, que podrían tener por base la copiosa documentación de archivo, aún inédita, cuya utilización supondría sin duda importantes aportaciones o, cuando menos, precisiones al tema.

El apéndice bibliográfico que incluimos no se pretende exhaustivo, pero sí suficiente para una primera toma de contacto con cualquier aspecto de la cuestión en el cual se desee profundizar.

CRONOLOGIA

1491. Capitulaciones de Granada (28 de noviembre).

1499. Conversiones realizadas por el cardenal Cisneros y quema de libros árabes en Granada.

Rebelión del Albaicín.

1501. Sumisión de los rebeldes.

Pragmática ordenando la conversión de los moriscos granadinos.

Prohibición de que los moriscos castellanos entren en el Reino de Granada (20 de julio).

1502. Pragmática dando a elegir a los musulmanes del Reino de Castilla entre el bautismo y el exilio (11 de febrero).

Prohibición (17 de febrero) de que los moriscos castellanos abandonen Castilla, con lo cual se elimina la posibilidad de exilio.

1516. El cardenal Cisneros, regente, dicta una pragmática obligando a los moros a abandonar su traje y sus usos, pero queda en suspenso.

1520-22. Germanías de Valencia. Los agermanados obligan a bautizarse a los moriscos bajo amenaza de muerte. Se discute si el bautizo es válido o no.

1524. El Papa Clemente VII incita a Carlos V a poner fin a la situación de los moros de la Corona de Aragón, autorizándole a expulsar a los que no se bautizaran y absolviéndole de los juramentos que hubiera hecho en las Cortes de respetar sus usos y costumbres (15 de mayo).

1525. Carlos V da a elegir a los moros de Valencia entre la conversión y el exilio, garantizando a los convertidos que quedarán durante cuarenta años a salvo de la Inquisición.

1526. Conversión por edicto de los moros de Aragón.

Rebelión de los moriscos valencianos en Benaguacil y en la Sierra de Espadán.

Edicto en el que se prohíbe el uso de la lengua, hábito y costumbres de los moriscos granadinos. Se aplaza su entrada en vigor.

1567. Pragmática en la que se prohíbe a los moriscos las costumbres y lengua árabe.

1568-70. Guerra de Granada.

1570. Comienza la deportación a Castilla de los moriscos granadinos (1 de noviembre).

1575. Bando en el que se ordena el desarme de los moriscos de Valencia (28 de junio).

1585. Guerra en Aragón entre moriscos (labradores de las tierras bajas de la ribera del Ebro) y pastores montañeses.

1609. Se pregona el bando de expulsión de los moriscos valencianos (22 de septiembre).

Prohibición de que los moriscos castellanos vendan bienes raíces (14 de noviembre).

1610. Se pregona en Sevilla el bando de expulsión de los moriscos de Andalucía, Murcia y villa de Hornachos (12 de enero).

Se permite la salida de Castilla a cuantos moriscos quieran hacerlo (18 de enero).

Orden de expulsión de los moriscos de Cataluña (17 de abril).

Se pregona en Zaragoza el bando de expulsión de los moriscos aragoneses (29 de mayo).

Se pregona el bando de expulsión de los moriscos de las dos Castillas, Extremadura y la Mancha (10 de julio).

1614. Se da por terminada la expulsión con la salida de los últimos moriscos, los del Valle del Ricote, exceptuados hasta entonces por su antigüedad y fama de buenos cristianos.

CAPITULACIONES DE LA GUERRA DE GRANADA

El primer documento de la cuestión morisca, primero cronológicamente, y primero como base de la que arranca todo el problema, son las Capitulaciones que los Reyes Católicos otorgaron a los moros de Granada cuando éstos se rindieron a fines del año 1491, poniendo fin a una guerra que había durado diez años y al último reducto independiente del Islam español.

En las Capitulaciones, muy favorables a los vencidos, se les garantizaba a éstos el libre ejercicio de su religión, ley, lengua y costumbres. Fueron muy poco tiempo respetadas. Su tenor es el siguiente[1]:

Primeramente, que el rey moro y los alcaides y alfaquís, cadís, meftís, alguaciles y sabios, y los caudillos y hombres buenos, y todo el comun de la ciudad de Granada y de su Albaicin y arrabales, darán y entregarán á sus altezas ó á la persona que mandaren, con amor, paz y buena voluntad, verdadera en trato y en obra, dentro de cuarenta dias primeros siguientes, la fortaleza de la Alhambra y Alhizán, con todas sus torres y puertas, y todas las otras fortalezas, torres y puertas de la ciudad de Granada y del Albaicin y arrabales que salen al campo, para que las ocupen en su nombre

---

[1] Tal y como las reproduce Mármol, *Rebelión y castigo...*, pp. 147-150. Sobre las Capitulaciones véase: Garrido Atienza, *Las Capitulaciones para la entrega de Granada;* Gaspar Remiro, *Ultimos pactos y correspondencia entre los Reyes Católicos y Boabdil sobre la entrega de Granada,* y Moreno Casado, *Las Capitulaciones de Granada en su aspecto jurídico.*

con su gente y á su voluntad, con que se mande á las justicias que no consientan que los cristianos suban al muro que está entre el Alcazaba y el Albaicin, de donde se descubren las casas de los moros; y que si alguno subiere, sea luego castigado con rigor.

Que cumplido el término de los cuarenta dias, todos los moros se entregarán á sus altezas libre y espontáneamente, y cumplirán lo que son obligados á cumplir los buenos y leales vasallos con sus reyes y señores naturales; y para seguridad de su entrega, un dia antes que entreguen las fortalezas darán en rehenes al alguacil Jucef Aben Comixa, con quinientas personas hijos y hermanos de los principales de la ciudad y del Albaicin y arrabales, para que estén en poder de sus altezas diez dias, mientras se entregan y aseguran las fortalezas, poniendo en ellas gente y bastimientos; en el cual tiempo se les dará todo lo que hubieren menester para su sustento; y entregadas, los pornán en libertad.

Que siendo entregadas las fortalezas, sus altezas y el príncipe don Juan, su hijo, por sí y por los reyes sus sucesores, recibirán por sus vasallos naturales, debajo de su palabra, seguro y amparo real, al rey Abí Abdilehi, y á los alcaides, cadís, alfaquís, meftís, sabios, alguaciles, caudillos y escuderos, y á todo el comun, chicos y grandes, así hombres como mujeres, vecinos de Granada y de su Albaicin y arrabales, y de las fortalezas, villas y lugares de su tierra y de la Alpujarra, y de los otros lugares que entraren debajo deste concierto y capitulación, de cualquier manera que sea, y los dejarán en sus casas, haciendas y heredades, entonces y en todo tiempo y para siempre jamás, y no les consentirán hacer mal ni daño sin intervenir en ello justicia y haber causa, ni les quitarán sus bienes ni sus haciendas ni parte dello; antes serán acatados, honrados y respetados de sus súbditos y vasallos, como lo son todos los que viven debajo de su gobierno y mando.

Que el dia que sus altezas enviaren á tomar posesión de la Alhambra, mandarán entrar su gente por la puerta

de Bib Lacha ó por la de Bibnest, ó por el campo fuera
de la ciudad, porque entrando por las calles no hayan algun
escándalo.

Que el dia que el rey Abí Abdilehi entregare las fortalezas y torres, sus altezas le mandarán entregar á su hijo
con todos los rehenes, y sus mujeres y criados, excepto los
que se hubieren vuelto cristianos.

Que sus altezas y sus sucesores para siempre jamás dejarán vivir al rey Abí Abdilehi y á sus alcaides, cadís, meftís,
alguaciles, caudillos y hombres buenos y á todo el comun,
chicos y grandes, en su ley, y no les consentirán quitar sus
mezquitas ni sus torres ni los almuedanes, ni les tocarán en
los habices y rentas que tienen para ellas, ni les perturbarán
los usos y costumbres en que están.

Que los moros sean juzgados en sus leyes y causas por
el derecho del xara que tienen costumbre de guardar, con
parecer de sus cadís y jueces.

»Que no les tomarán ni consentirán tomar agora ni en
ningun tiempo para siempre jamás, las armas ni los caballos,
excepto los tiros de pólvora chicos y grandes, los cuales han
de entregar brevemente á quien sus altezas mandaren.

Que todos los moros, chicos y grandes, hombres y mujeres, así de Granada y su tierra como de la Alpujarra y de
todos los lugares, que quisieren irse á vivir á Berbería ó á
otras partes donde les pareciere, puedan vender sus haciendas,
muebles y raíces, de cualquier manera que sean, á quien
y como les pareciere, y que sus altezas ni sus sucesores en
ningun tiempo las quitarán ni consentirán quitar á los que
las hubieren comprado; y que si sus altezas las quisieren
comprar, las puedan tomar por el tanto que estuvieren igua-
ladas, aunque no se hallen en la ciudad, dejando personas
con su poder que lo puedan hacer.

Que á los moros que se quisieren ir á Berbería ó á otras
partes les darán sus altezas pasaje libre y seguro con sus
familias, bienes muebles, mercaderías, joyas, oro, plata y todo
género de armas, salvo los instrumentos y tiros de pólvora;

y para los que quisieren pasar luego, les darán diez navíos gruesos que por tiempo de setenta dias asistan en los puertos donde los pidieren, y los lleven libres y seguros á los puertos de Berbería, donde acostumbran llegar los navíos de mercaderes cristianos á contratar. Y demás desto, todos los que en término de tres años se quisieren ir, lo puedan hacer, y sus altezas les mandarán dar navíos donde los pidieren, en que pasen seguros, con que avisen cincuenta dias antes, y no les llevarán fletes ni otra cosa alguna por ello.

Que pasados los dichos tres años, todas las veces que se quisieren pasar á Berbería lo puedan hacer, y se les dará licencia para ello pagando á sus altezas un ducado por cabeza y el flete de los navíos en que pasaren.

Que si los moros que quisieren irse á Berbería no pudieren vender sus bienes raíces que tuvieren en la ciudad de Granada y su Albaicin y arrabales, y en la Alpujarra y en otras partes, los puedan dejar encomendados á terceras personas con poder para cobrar los réditos, y que todo lo que rentaren lo puedan enviar á sus dueños á Berbería donde estuvieren, sin que se les ponga impedimento alguno.

Que no mandarán sus altezas ni el príncipe don Juan su hijo, ni los que después dellos sucedieren, para siempre jamás, que los moros que fueren sus vasallos traigan señales en los vestidos como los traen los judíos.

Que el rey Abdilehi ni los otros moros de la ciudad de Granada ni de su Albaicin y arrabales no pagarán los pechos que pagan por razon de las casas y posesiones por tiempo de tres años primeros siguientes, y que solamente pagarán los diezmos de agosto y otoño, y el diezmo de ganado que tuvieren al tiempo del dezmar, en el mes de abril y en el de mayo, conviene á saber, de lo criado, como lo tienen de costumbre pagar los cristianos.

Que al tiempo de la entrega de la ciudad y lugares, sean los moros obligados á dar y entregar á sus altezas todos los captivos cristianos varones y hembras, para que los pongan en libertad, sin que por ellos pidan ni lleven cosa alguna;

y que si algun moro hubiere vendido alguno en Berbería
y se lo pidieren diciendo tenerlo en su poder, en tal caso,
jurando en su ley y dando testigos como lo vendió antes
destas capitulaciones, no le será mas pedido ni él esté obligado
á darle.

Que sus altezas mandarán que en ningun tiempo se tomen al rey Abí Abdilehi ni á los alcaides, cadís, meftís, caudillos, alguaciles ni escuderos las bestias de carga ni los criados para ningun servicio, si no fuere con su voluntad, pagándoles sus jornales justamente.

Que no consentirán que los cristianos entren en las mezquitas de los moros donde hacen su zalá sin licencia de los
alfaquís, y el que de otra manera entrare será castigado por
ello.

Que no permitirán sus altezas que los judíos tengan facultad ni mando sobre los moros ni sean recaudadores de
ninguna renta.

Que el rey Abdilehi y sus alcaides, cadís, alfaquís, meftís, alguaciles, sabios, caudillos y escuderos, y todo el comun
de la ciudad de Granada y del Albaicin y arrabales, y de
la Alpujarra y otros lugares, serán respetados y bien tratados
por sus altezas y ministros, y que su razón será oida y se
les guardarán sus costumbres y ritos, y que á todos los alcaides
y alfaquís les dejarán cobrar sus rentas y gozar de sus pre-
eminencias y libertades, como lo tienen de costumbre y es
justo que se les guarde.

Que sus altezas mandarán que no se les echen huéspedes
ni se les tome ropa ni aves ni bestias ni bastimentos de
ninguna suerte á los moros sin su voluntad.

Que los pleitos que ocurrieren entre los moros serán juzgados por su ley y xara, que dicen de la Zuna, y por sus
cadís y jueces, como lo tienen de costumbre, y que si el
pleito fuere entre cistiano y moro, el juicio dél sea por alcalde cristiano y cadí moro, porque las partes no se puedan
quejar de la sentencia.

Que ningun juez pueda juzgar ni apremiar á ningun moro

por delito que otro hubiere cometido, ni el padre sea preso por el hijo, ni el hijo por el padre, ni hermano contra hermano, ni pariente por pariente, sino que el que hiciere el mal aquel lo pague.

Que sus altezas harán perdon general á todos los moros que se hubieren hallado en la prisión de Hamete Abí Alí, su vasallo, y asi á ellos como á los lugares de Cabtil, por los cristianos que han muerto ni por los deservicios que han hecho á sus altezas, no les será hecho mal ni daño, ni se les pedirá cosa de cuanto han tomado ni robado.

Que si en algun tiempo los moros que están captivos en poder de cristianos huyeren á la ciudad de Granada ó á otros lugares de los contenidos en estas capitulaciones, sean libres, y sus dueños no los puedan pedir ni los jueces mandarlos dar, salvo si fueren canarios ó negros de Gelofe ó de las islas.

Que los moros no darán ni pagarán á sus altezas mas tributo que aquello que acostumbran á dar á los reyes moros.

Que á todos los moros de Granada y su tierra y de la Alpujarra, que estuvieren en Berbería, se les dará término de tres años primeros siguientes para que si quisieren puedan venir y entrar en este concierto y gozar dél. Y que si hubieren pasado algunos cristianos captivos á Berbería, teniéndolos vendidos y fuera de su poder, no sean obligados á traerlos ni á volver nada del precio en que los hubieren vendido.

Que si el Rey ú otro cualquier moro después de pasado á Berbería quisiere volverse á España, no le contentando la tierra ni el trato de aquellas partes, sus altezas les darán licencia por término de tres años para poderlo hacer, y gozar destas capitulaciones como todos los demás.

Que si los moros que entraren debajo destas capitulaciones y conciertos quisieren ir con sus mercaderías á tratar y contratar en Berbería, se les dará licencia para poderlo hacer libremente, y lo mesmo en todos los lugares de Castilla y de la Andalucía, sin pagar portazgos ni los otros derechos que los cristianos acostumbran pagar.

Que no se permitirá que ninguna persona maltrate de obra ni de palabra á los cristianos ó cristianas que antes destas capitulaciones se hobieren vuelto moros; y que si algun moro tuviere alguna renegada por mujer, no será apremiada á ser cristiana contra su voluntad, sino que será interrogado en presencia de cristianos y de moros, y se seguirá su voluntad; y lo mesmo se entenderá con los niños y niñas nacidos de cristiana y moro.

Que ningun moro ni mora serán apremiados á ser cristianos contra su voluntad; y que si alguna doncella ó casada ó viuda, por razon de algunos amores, se quisiere tornar cristiana, tampoco será recebida hasta ser interrogada; y si hubiere sacado alguna ropa ó joyas de casa de sus padres ó de otra parte, se restituirá á su dueño, y serán castigados los culpados por justicia.

Que sus altezas ni sus sucesores en ningun tiempo pedirán al rey Abí Abdilehi ni á los de Granada y su tierra, ni á los demás que entraren en estas capitulaciones, que restituyan caballos, bagajes, ganados, oro, plata, joyas, ni otra cosa de lo que hubieren ganado en cualquier manera durante la guerra y rebelion, así de cristianos como de moros mudejares ó no mudejares; y que si algunos conocieren las cosas que les han sido tomadas, no las puedan pedir; antes sean castigados si las pidieren.

Que si algun moro hobiere herido ó muerto cristiano ó cristiana siendo sus captivos, no les será pedido ni demandado en ningun tiempo.

Que pasados los tres años de las franquezas, no pagarán los moros de renta de las haciendas y tierras realengas mas de aquello que justamente pareciere que deben pagar conforme al valor y calidad dellas.

Que los jueces, alcaldes y gobernadores que sus altezas hubieren de poner en la ciudad de Granada y su tierra, serán personas tales que honrarán á los moros y los tratarán amorosamente, y les guardarán estas capitulaciones; y que si alguno hiciere cosa indebida, sus altezas lo mandarán mudar y castigar.

Que sus altezas y sus sucesores no pedirán ni demandarán al rey Abdilehi ni á otra persona alguna de las contenidas en estas capitulaciones, cosa que hayan hecho, de cualquier condicion que sea, hasta el dia de la entrega de la ciudad y de las fortalezas.

Que ningun alcaide, escudero ni criado del rey Zagal no terná cargo ni mando en ningun tiempo sobre los moros de Granada.

Que por hacer bien y merced al rey Abí Abdilehi y á los vecinos y moradores de Granada y de su Albaicin y arrabales, mandarán que todos los moros captivos, así hombres como mujeres, que estuvieren en poder de cristianos, sean libres sin pagar cosa alguna, los que se hallaren en la Andalucía dentro de cinco meses, y los que en Castilla dentro de ocho; y que dos dias después que los moros hayan entregado los cristianos captivos que hubiere en Granada, sus altezas les mandarán entregar doscientos moros y moras. Y demás desto pondrán en libertad á Aben Adrami, que está en poder de Gonzalo Hernandez de Córdoba, y á Hozmin, que está en poder del conde de Tendilla, y á Reduan, que lo tiene el conde de Cabra, y á Aben Mueden y al hijo del alfaquí Hademi, que todos son hombres principales vecinos de Granada, y á los cinco escuderos que fueron presos en la rota de Brahem Abencerrax, sabiéndose dónde están.

Que todos los moros de la Alpujarra que vinieren á servicio de sus altezas darán y entregarán dentro de quince días todos los captivos cristianos que tuvieren en su poder, sin que se les dé cosa alguna por ellos; y que si alguno estuviere igualado por trueco que dé otro moro, sus altezas mandarán que los jueces se lo hagan dar luego.

Que sus altezas mandarán guardar las costumbres que tienen los moros en lo de las herencias, y que en lo tocante á ellas serán jueces sus cadís.

Que todos los otros moros, demás de los contenidos en este concierto, que quisieren venirse al servicio de sus altezas dentro de treinta dias, lo puedan hacer y gozar dél y de todo lo en él contenido, excepto de la franqueza de los tres años.

Que los habices y rentas de las mezquitas, y las limosnas y otras cosas que se acostumbran dar á las mudarazas y estudios y escuelas donde enseñan á los niños, quedarán á cargo de los alfaquís para que los destribuyan y repartan como les pareciere, y que sus altezas ni sus ministros no se entremeterán en ello ni en parte dello, ni mandarán tomarlas ni depositarlas en ningun tiempo para siempre jamás.

Que sus altezas mandarán dar seguro á todos los navíos de Berbería que estuvieren en los puertos del reino de Granada, para que se vayan libremente, con que no lleven ningun cristiano captivo, y que mientras estuvieren en los puertos no consentirán que se les haga agravio ni se les tomará cosa de sus haciendas; mas si embarcaren ó pasaren algunos cristianos captivos, no les valdrá este seguro, y para ello han de ser visitados a la partida.

Que no serán compelidos ni apremiados los moros para ningun servicio de guerra contra su voluntad, y si sus altezas quisieren servirse de algunos de á caballo, llamándolos para algun lugar de la Andalucía, les mandarán pagar su sueldo desde el día que salieren hasta que vuelvan á sus casas.

Que sus altezas mandarán guardar las ordenanzas de las aguas de fuentes y acequias que entran en Granada, y no las consentirán mudar, ni tomar cosa ni parte dellas; y si alguna persona lo hiciere, ó echare alguna inmundicia dentro, será castigado por ello.

Que si algun captivo moro, habiendo dejado otro moro en prendas por su rescate, se hubiere huido á la ciudad de Granada ó á los lugares de su tierra, sea libre, y no no obligado el uno ni el otro á pagar el tal rescate, ni las justicias le compelan á ello.

Que las deudas que hubiere entre los moros con recaudos

y escrituras se mandarán pagar con efeto, y que por virtud de la mudanza de señorío no se consentirá sino que cada uno pague lo que debe.

Que las carnicerías de los cristianos estarán apartadas de las de los moros, y no se mezclarán los bastimentos de los unos con los de los otros; y si alguno lo hiciere, será por ello castigado.

Que los judíos naturales de Granada y de su Albaicin y arrabales, y los de la Alpujarra y de todos los otros lugares contenidos en estas capitulaciones, gozarán dellas, con que los que no hubieren sido cristianos se pasen á Berbería dentro de tres años, que corran desde 8 de diciembre deste año.

Y que todo lo contenido en estas capitulaciones lo mandarán sus altezas guardar desde el dia que se entregaren las fortalezas de la ciudad de Granada en adelante. De lo cual mandaron dar, y dieron su carta y provision real firmada de sus nombres, y sellada con su sello, y refrendada de Hernando de Zafra, su secretario, su fecha en el real de la vega de Granada, á 28 dias del mes de noviembre del año de nuestra salvación 1491.

LOS MORISCOS DE GRANADA

Tras la conquista (1492) los Reyes Católicos nombraron arzobispo de Granada a Hernando de Talavera, quien inmediatamente comenzó, entre los moros del reino, una suave y lenta tarea de adoctrinamiento y persuasión que iba poco a poco consiguiendo conversiones. El Cardenal Cisneros, llegado a Granada en 1499, considerando que la tarea y los medios utilizados por el arzobispo eran insuficientes, emprendió una serie de conversiones masivas más o menos forzadas, lo cual, además de otros actos como la quema de las bibliotecas árabes, hizo que los moros consideraran que se violaban las Capitulaciones. Ello fue la causa de la rebelión del Albaicín que, cundiendo por diversas partes del reino, no pudo ser sofocada hasta casi dos años después (1501). Ese mismo año, los reyes, mediante una serie de pragmáticas, decretaron la conversión de los moros granadinos. Todo ello contribuyó a avivar la aversión de los moriscos por la religión de sus conquistadores. Como dice Bermúdez de Pedraza:

La avaricia de los juezes, la insolencia de sus ministros traian desabridos a los moriscos; hazian muchos agravios so color de executar prematicas. Y los ministros eclesiasticos no eran de mexor condicion, con que los moriscos acabaron de perder la devocion a nuestra religion y la paciencia al remedio.

Según este mismo autor[1] la conversión fue totalmente ficticia:

---

[1] F. Bermudez de Pedraza, *Historia eclesiastica, principios y progresos de la ciudad y religion catolica de Granada*, Granada, 1638, fol. 236.

Los Reyes, como tan catolicos christianos desseavan mas el provecho espiritual de sus vasallos que el suyo temporal. Desseavan ver a los moriscos constantes en la religion catolica favorecianlos mucho con mercedes y buen tratamiento y los recomendaban a los ministros de justicia pero era sembrar en arena y aun en peñas. Reconociose brevemente que todas estas eran obras muertas. Eran christianos aparentes y moros verdaderos. Atendían mas a los ritos y ceremonias de su seta que a ley de Christo nuestro señor, estando mas bien tratados de nuestros reyes que de los suyos y mas aligerados de cargas y tributos, abusavan del buen tratamiento suspirando por las ollas de Exypto, por su oveja y cabra, por su zala y sus zambras. No eran moros declarados sino hereges ocultos, en quien faltava la fe y abundava el bautismo; tenian buenas obras morales, mucha verdad en tratos y contratos, gran caridad con sus pobres, poco ociosos, todos trabajadores, pero poca devocion con los domingos y fiestas de la iglesia y menos con los santos sacramentos della. Yvan a missa de miedo de pagar la pena, trabajavan las fiestas a puerta cerrada con mas gusto que los otros dias y los viernes los guardaban mexor que los domingos. Lavabanse aunque fuera en diziembre y hazian la zala. Bautizaban por cumplimiento los hijos y despues en casa les lavavan con agua caliente la crisma y olio santo y haziendo sus ceremonias los retaxaban y ponian nombre de moros. Las nobias ivan por las bendiciones a la Iglesia con vestidos de christianas prestados y en llegando a casa se desnudavan y se vestian de moras celebrando la boda con instrumentos y canciones moriscas. Aprendian las oraciones para casarse, porque les examinavan los curas, y en estando casadas no se acordavan mas dellas. Confessavan la quaresma de cumplimiento por tomar la cedula, y sus confessiones eran muy breves, lo que confessar antaño, confessar ogaño. A un morisco apretado de la enfermedad fue a confessar el cura y comulgole tambien; despues le dixo como le faltava otro sacramento por recibir del santo olio si lo pedia a la iglesia. El morisco, mas afligido con esto que con el mal, dixo: «Pues tres tormentos en un día, confession, comunion y oleo?». En las alquerias y aldeas de el Alpuxarra y costa acogian a Turcos y Moros de Berberia que hurtavan niños de noche, y aun los moriscos, como ladrones de casa lo hazian mexor, y despues en una noche se passavan a Berberia con la infanteria (los niños) christiana. Enseñavanles su ley y los retaxavan y hazian moros, cosa de grande daño para el reyno, para ellos gran util y grangeria.

CASIDA MORISCA ENVIADA AL SULTAN OTOMANO EN PETICION DE AYUDA

Según el biógrafo e historiador norteafricano al-Maqqarî (nacido a finales del siglo XVI) esta casida (qaṣîda) es obra de un morisco anonimo, y le fue enviada al sultán otomano Bayazid II (1481-1512) invocando su socorro.

El poema es ilustrativo de las dificultades espirituales y políticas en que se veían los moriscos. En él se hace alusión a una serie de acontecimientos históricos, entre ellos, la quema de libros árabes perpetrada en Granada por el Cardenal Cisneros en 1499, la delegación egipcia que llegó a España a entrevistarse con los Reyes Católicos y amenazó con tomar represalias sobre los cristianos que habitaban en sus dominios si los Reyes obligaban a los moros a convertirse[1], la matanza de los habitantes·musulmanes de Huéjar[2].

Estas alusiones permiten a Monroe, en un artículo en el que edita, traduce al inglés y estudia esta casida[3], el fechar el año de su composición en 1501[4], es decir, el año en que se proclamó la orden de conversión de los moriscos granadinos.

La fuente árabe original de esta casida es la obra de al-Maqqarî titulada Azhar al-Riyāḍ[5].

---

[1] Según Mármol la visita de la delegación mameluca tuvo lugar en 1500 (v. *Rebelión y castigo...*, p. 156).

[2] Véase Boronat, *Los moriscos españoles...*, t. I, p. III. Fecha este acontecimiento en 1501.

[3] Monroe, «A curious morisco appeal to the Ottoman Empire», en *Al-Andalus*, 1966.

[4] Id., p. 283.

[5] Véase la ed. del Cairo de 1939, vol. I, pp. 108-115. También Soulah, *Une élégie andalouse sur la Guerre·de Grenade*, Argel, 1914, p. 143. Sobre este tipo de peticiones al Sultán Otomano véase A. Temini, «Une lettre des Morisques de Grenade au Sultan Suleimān Al-Kānūnî en 1541», y otra composición semejante, de 1568, en el *Cartulario de Alonso del Castillo*, M. HE, 1852, p. 41, y en Lea, *The moriscos of Spain...*, pp. 434 y sigs.

1. Una paz noble, perdurable y siempre renovada es atribución exclusiva de mi Señor, el mejor de los Califas.

2. La paz sea sobre mi muy alto y glorioso Señor, de quien le vinieron al infiel las ropas de la humildad.

3. La paz sea sobre aquel cuyo reinado ensanchó Allāh con la victoria sobre toda comarca.

4. La paz sea con aquel que tiene su capital en la noble ciudad de Constantinopla.

5. La paz sea con aquel cuyo reino adornó Allāh con ejercitos y pueblos sometidos a los turcos.

6. La paz sea contigo! Que Allāh exalte tu rango y te haga reinar sobre todas las naciones.

7. La paz sea con el juez y con quien quiera que sea como él de entre los sabios, los nobles y los grandes.

8. La paz sea con los hombres pios y de religión y con aquellos, los sensatos entre los consejeros.

9. La paz sea contigo en nombre de los esclavos que permanecen en al-Andalus, en Occidente, la tierra del exilio,

10. a quienes cerca el oleante mar de Rum y el Oceano insonsable, profundo y tenebroso.

11. La paz sea contigo en nombre de unos esclavos afligidos por enorme calamidad, ay, y que enorme ha sido!

12. La paz sea contigo en nombre de unos ancianos cuyo blanco cabello se mesó a girones, despues de haber conocido la gloria.

13. La paz sea contigo en nombre de unos rostros obligados a descubrirse en el seno de barbaros tras haber permanecido velados.

14. La paz sea contigo en nombre de unas doncellas a quienes el cura arrastra por los cabellos al lecho del deshonor.

15. La paz sea sobre ti en nombre de unas ancianas obligadas a comer cerdo y carne no sacrificada con ritual.

16. Todos nosotros besamos el suelo de tu corte e invocamos al bien sobre ti en todo tiempo.

17. Que Allāh prolongue tu reinado y tu vida y te preserve de todo mal y toda desgracia.

18. y te apoye con la victoria y el triunfo sobre el enemigo y te aloge en su complacencia y su cuidado.

19. Nos quejamos ante ti, mi Señor, del perjuicio, la desgracia, y la enorme calamidad que nos aflige.

20. Hemos sido traicionados y convertidos al cristianismo, rompiendo con otra nuestra religión; hemos sido oprimidos con deshonor.

21. Y sin embargo, bajo la religion del profeta combatimos a los gobernadores de la cruz con nuestra intención interna [1],

22. corriendo en la Guerra Santa grave peligro de ser muertos o capturados y sufriendo hambre y sed.

23. Pero los cristianos nos atacaban por todas partes cuerpo de ejercito tras cuerpo de ejercito como un vasto torrente,

24. barriendonos con su empuje como bandada de langosta en su multitud de caballeria y armas.

25. A pesar de todo resistimos a sus ejercitos durante largo tiempo exterminando grupo tras grupo

26. aunque su caballeria crecia por momentos mientras que la nuestra disminuia y escaseaba.

27. Entonces, cuando nos debilitamos, acamparon en nuestro territorio y lo asolaron ciudad por ciudad

28. utilizando grandes cañones que demolían sus inaccesibles murallas

29. poniendolas sitio, atacandolas durante dias y meses, con celo y obstinación.

30. Por eso, cuando nuestra caballeria e infanteria hubo perecido, y cuando vimos que ninguna ayuda nos venía de nuestros hermanos

31. y que nuestras vituallas habían disminuido haciendo nuestra situación realmente dura nos plegamos, en con-

---

[1] Véase *taqîyya* en el siguiente documento: «Respuesta del mufti de Oran...».

tra de nuestra voluntad, a sus demandas por miedo a
mas calamidad

32. temiendo que nuestros hijos e hijas fueran cogidos cautivos o cruelmente asesinados,

33. con la condición de que habíamos de permanecer en
situación semejante a la de los mudejares anteriores
a nosotros, los habitantes del antiguo territorio[1]

34. y que se nos permitiría gozar del derecho de llamar
a la oración y celebrar nuestras plegarias rituales y que
no se nos haría abandonar ninguna de las prescrip-
ciones de la ley religiosa,

35. y a quienquiera de nosotros que deseara cruzar el
mar se le permitiría hacerlo de modo seguro hasta la
costa africana, con todas las propiedades que quisiera
llevar,

36. y otras estipulaciones que sobrepasan las ciento cinquenta[2].

37. Nos dijo entonces su principe y sultan: lo que habeis
estipulado se os garantiza en su integridad.

38. Y nos mostró documentos conteniendo pactos y tratados diciendonos: Esta es mi amnistia y mi protección

39. por la cual quedais en goce de vuestras posesiones y
hogares, como estabais antes, pero sin armas.

40. Sin embargo, cuando quedamos bajo su tratado de
protección la traición se hizo aparente pues rompió
el pacto,

41. transgredió las Capitulaciones con que nos había engañado y nos hizo convertirnos al cristianismo por la
fuerza, con dureza y severidad,

42. quemando los libros que teníamos y mezclándolos con
excrementos e inmundicias.

---

[1] Se entiende por mudéjares los moros que quedaron en sus territorios
después que éstos pasaron a poder de los cristianos, conservando su religión y usos, y con un status legal definido. Se les llama moriscos a partir
del momento de su conversión al cristianismo.

[2] Véase las *Capitulaciones de Granada*, p. 19.

43. Todos los libros que trataban de asuntos de nuestra religión fueron presa del fuego entre la mofa y la irrisión.

44. No dejaron ni un solo libro que perteneciera a un musulman, ni un solo tomo con quien uno pudiera refugiarse en soledad y leer.

45. Aquel que ayunaba o rezaba y esto llegaba a saberse, iba a parar a las llamas,

46. aquel de nosotros que dejaba de ir a su lugar de descreencia era severamente castigado por el cura

47. que le abofeteaba en ambas mejillas, confiscaba sus propiedades y le arrojaba en prisión.

48. Durante el Ramadan interrumpían nuestro ayuno obligandonos a tomar alimento y bebidas

49. y nos ordenaban maldecir a nuestro Profeta y nos prohibían invocarle en tiempos de felicidad o desgracia.

50. Tan pronto oían a un grupo cantando su nombre, le infligían grave perjuicio

51. pues sus jueces y gobernadores les castigaban con bastonazos, multas, prisión y humillaciones.

52. Aquel que moría sin que le hubiera atendido alguien con oraciones, se negaban a enterrarlo.

53. En lugar de ello le arrojaban a un estercolero como un burro muerto o un animal.

54. Ademas de esto perpetraban otras muchas maldades y actos deshonrosos.

55. Nuestros nombres fueron cambiados y se les dió una nueva forma sin que nosotros lo desearamos ni dieramos nuestro consentimiento[1].

56. Ay! pues nos cambiaron la religión de Muhammad por la de los perros cristianos, las peores de las criaturas.

57. Ay de nuestros nombres que fueron substituidos por los de estos barbaros ignorantes!

---

[1] Para la importancia que la pérdida de los nombres árabes representa, véase el «Memorial de don Francisco Núñez Muley», p. 54, y Caro Baroja, *Los moriscos del Reino de Granada*, pp. 52 y sigs.

58. Ay de nuestros hijos e hijas que tienen que ir todas las mañanas con el cura

59. que les enseña descreencia, idolatria y falsedad sin que ellos puedan escabullirse!

60. Ay de aquellas mezquitas que han sido tapiadas y convertidas en estercoleros del infiel despues de haber gozado de la pureza ritual!

61. Ay de aquellos alminares en los que cuelgan las campanas sustituyendo a la *šahāda*[1].

62. Ay de aquellas ciudades y de su belleza, como se han obscurecido en la infidelidad!

63. Se han convertido en fortalezas de los adoradores de la cruz, en ellas estan a salvo de todo ataque.

64. Nos hemos convertido en esclavos, no en cautivos que puedan ser rescatados, ni siquiera musulmanes que pronuncian su *šahāda*.

65. Por eso, si vieran vuestros ojos lo que ha venido a ser nuestra situación, se anegarían en lagrimas

66. y ay! ay de nosotros! ay de la desgracia que nos aflige, el deshonor, el dolor y la opresión!

67. Te invocamos, Señor, por Allāh y por el puro, el elegido, la mejor de las criaturas (Muhammad)

68. y por los mas excelsos de entre los hombres, la familia de Muhammad y sus compañeros, cuan nobles compañeros son!

69. y por 'Abbās, tio de nuestro Profeta y por su cabellera blanca, la mas venerable de las cabelleras

70. por los probos varones reconocedores de su señor y todos los hombres integros dotados de nobleza

71. quiza miren por nosotros y por lo que nos ha sucedido, quiza Allāh desde su Trono derrame misericordia

72. pues lo que tu dices es escuchado y lo que tu ordenas se realiza y cualquier cosa que mandes se lleva a cabo con rapidez.

---

[1] *Šahāda:* profesión de fe musulmana. Se pronuncia en la llamada a la oración.

73. Ya que el lugar de origen de la religión cristiana está bajo tu dominio, pues de alli se extendió a todas las regiones,

74. por Allāh, Señor nuestro, dignate favorecernos con un consejo o una palabra de protesta

75. pues posees la excelencia, la gloria, el rango y el poder de salvar a los siervos de Allāh de todo mal.

76. Pregunta a su Papa, el gobernador de Roma, porque permiten la traición despues de haber firmado la amnistia

77. y porque nos perjudican con su engaño sin que haya habido falta ni crimen por nuestra parte.

78. Cuando su pueblo, que había sido conquistado, estuvo bajo la salvaguardia de nuestra religión y bajo la protección de nuestros gloriosos reyes que cumplían sus promesas,

79. no fueron obligados a abandonar su fe ni sus hogares ni sufrieron traición o deshonor alguno.

80. En cuanto a garantizar un pacto y luego traicionarlo, eso es un acto prohibido por todas las religiones

81. especialmente por parte de un rey, pues es un acto infamante y vergonzoso, prohibido por la ley en toda región.

82. Tu carta les ha llegado, pero no han tenido en cuenta una sola palabra

83. no hizo sino aumentar su enemistad y osadia en contra nuestra, y su perseverancia en toda clase de maldades.

84. Los enviados de Egipto llegaron y no fueron tratados con traición ni deshonor,

85. pero les dijeron que habíamos aceptado voluntariamente su religion de descreencia

86. y que no nos habían impuesto, a los sometidos, la conversión a su idolatria; por Allāh que nunca aceptaremos esa declaración,

87. han mentido acerca de nosotros con la mayor falsedad en sus palabras y argumentos al decir eso.

88. Fue el miedo a la muerte y a ser quemados lo que nos hizo convertirnos. Dijimos lo que nos hicieron decir; fue en contra de nuestra intención.

89. La fe del Profeta de Allāh no se ha extinguido entre nosotros, a primera vista puede observarse que reconocemos el monoteismo de Allāh.

90. No aceptaremos, por Allāh, ni nuestro cambio de religión ni lo que dicen acerca de la Trinidad,

91. y si proclaman que hemos aceptado su religión sin que nos hayan causado mal

92. pregunta a Huejar por sus habitantes, como fueron ex terminados en la humillación y el infortunio

93. y pregunta a Belfite, donde todos fueron despedazados a espada despues de haber sufrido gran angustia

94. pregunta por Munyafa, sus habitantes fueron aniquilados por la espada. Lo mismo ocurrió con la gente de la Alpujarra [1]

95. en cuanto a Andarax, su gente fue consumida por el fuego. Encerrados todos en su mezquita, quedaron convertidos en carbon.

96. Ay de nosotros! Oh Señor nuestro, nos quejamos ante vos pues lo que nos aflige es la peor de las separaciones!

97. No podia habersenos dejado nuestra religión y nuestra oracion ritual, como juraron hacerlo antes de romper el pacto?

98. Si no, haz que nos dejen emigrar de su tierra al Norte de Africa, la tierra de nuestros seres queridos, con nuestras pertenencias

99. pues preferimos emigrar a quedar en la descreencia, con poder, pero sin religion.

100. Eso es lo que esperamos de la gloria de tu rango. Que nuestras necesidades sean por ti satisfechas!

---

[1] Los acontecimientos mencionados tuvieron lugar durante la rebelión que, surgiendo en el Albaicín en 1944, se extendió por el reino sin que pudiera ser totalmente sofocada hasta 1501.

101. De ti esperamos el fin de nuestras ansiedades, de nuestra desgracia y de la humillación que nos aflige

102. pues tu, que Allāh sea alabado, eres el mejor de nuestros reyes y tu gloria se eleva por encima de toda otra gloria,

103. por ello pedimos a nuestro Señor que prolongue tu vida en realeza y en gloria, en alegría y prosperidad,

104. paz en tus dominios, victoria sobre tus enemigos, tropas numerosas, riqueza y magnificencia.

105. Por ultimo, que la paz de Allāh unida a su misericordia sean sobre ti todos los dias y en toda hora.

RESPUESTA QUE HIZO EL MUFTI DE ORAN A CIERTAS PREGUNTAS QUE LE HICIERON DESDE LA ANDALUCIA

La siguiente fatwā (u opinión legal) es un conjunto de reglas casuísticas que proporciona a los moriscos las máximas facilidades para conservar su fe.

Su contenido es doble: apela y recuerda los grandes principios fundamentales del Islam presentados en cuanto a su práctica en medio cristiano por una parte, y por otra plantea una serie de problemas concretos: por ejemplo, qué deberá hacer el morisco cada vez que se vea obligado a renegar de su fe y a profesar la que no es la suya. Todo ello tiene su fundamentación teórica en la doctrina de la taqîyya *o «precaución» elaborada en los primeros tiempos del Islam, desde que los musulmanes tuvieron la necesidad de disimular su fe para asegurar la subsistencia del grupo. «Se denominaba así* (taqîyya) *a la autorización, entiéndase el consejo, de valerse de un disimulo provisional con objeto de evitar la vuelta a aquellos desastres de los que la comunidad había salido diezmada sin beneficio evidente»* [1].

El Islam permite, pues, a sus fieles que no cumplan los preceptos religiosos en caso de fuerza mayor o cuando se hayan de deducir importantes perjuicios para el individuo. El Islam no busca mártires, sólo exige fidelidad interior. Con esa condición, el morisco puede cumplir formalmente con la religión cristiana con la conciencia tranquila, considerando los preceptos de la Iglesia Católica meras obligaciones sociales [2].

---

[1] Cahen, *El Islam. Desde los orígenes hasta el comienzo del Imperio Otomano,* Madrid, 1970, p. 201.

[2] Vid. artículo *Taqîyya* en *L'encyclopédie de l'Islam,* y Cardaillac, pp. 175 y sigs. de su tesis *La polémique antichrétienne...* En la p. 182 cita el Mss. 9653

La taqíyya *constituye uno de los puntales del criptoislamismo morisco. De ello serán plenamente conscientes los inquisidores*[3].

Respuesta que hizo el muftí de Orán a ciertas preguntas que [le] *hicieron desde la Andalucía. 3 de mayo de 1563*[4].

A nuestros hermanos, los que están encogidos sobre su religión, como quien está encogido sobre las brasas.

Mantened la oración, aunque lo hagáis por medio de señas.

Pagad el *azaque*[5] aunque sea haciendo mercedes a los pobres, y aunque lo deis con vanagloria; pues Dios no ha de atender a vuestra actitud exterior, sino a la intención de vuestros corazones.

Para cumplir con la purificación, os bañaréis en la mar o en el río; y si esto os fuese prohibido, hacedlo de noche, y os servirá como si fuese de día.

Haced el *atayamum*[6], aunque sólo sea frotando las manos en la pared; y si esto no fuera posible, procurad dirigir la vista a la tierra o la piedra que os pudiera servir, con intención de hacerlo.

Si a la hora de la oración se os obligase a ir a adorar los

---

de la Biblioteca Nacional de Madrid cuyo autor es un morisco refugiado en Túnez: «Apremiaron (los cristianos) esta naçion andaluça con prisiones, tormentos y muertes y con todo (los nuestros) sustentaron la firmeça de la fe verdadera mostrándoles uno y teniendo en su coraçon otro y riendose de sus embustes de bil seta bien conoçida», y en el «Parescer de Don Martin de Salvatierra, obispo de Segorbe del estado en que estan los moriscos de Valencia» se dice (Boronat, t. I, p. 619): «es cosa llana y certissima que todos los moros de España, y fuera della, por tradicion de vnos a otros y por la doctrina y enseñamientos de sus alfaquies y maestrós, tienen entre ellos por fee que si por escusar alguna violencia o por temor de alguna pena resciven el baptismo de los christianos o confiessan a ihu-xpo o hacen alguna otra obra christiana, no ofenden a mahoma si en sus corazones le creen, aman y adoran haciendo en secreto sus cerimonias».

[3] Vid. Dressendoerfer, *Islam unter der Inquisition…*, p. 131.
Véase la misma obra, pp. 142 y sigs., y el artículo de Harvey «Crypto-Islam in xvi Century Spain».

[4] Tomado de P. Longas, *Vida religiosa de los moriscos*, pp. 305-307.

[5] *Zakāt*. Impuesto-limosna, una de las obligaciones principales del Islam.

[6] Ablución ritual sin agua.

ídolos de los cristianos, formaréis intención de hacer la *tacbir del alihram*, y de cumplir vuestra oración; y vuestra mirada se dirigirá hacia los ídolos cuando los cristianos lo hagan; mas vuestra intención se encaminará a Dios, aunque no estéis situados de cara hacia la alquiba, a la manera que hacen oración los que en la guerra se hallan frente al enemigo.

Si os fuerzan a beber vino, bebedlo, apartando toda intención de cometer vicio.

Si os obligan a comer cerdo, comedlo, purificando vuestra intención, y reconociendo su ilicitud, lo mismo que respecto de cualquier otra cosa prohibida.

Si os casan con sus mujeres, estimadlo cosa lícita, pues ellos profesan una religión revelada. Y si os obligan a casar con ellos vuestras mujeres, haced patente que tal cosa está prohibida, y que obráis forzados, y que, si tuvieseis poder para ello, lo cambiaríais.

Si os obligan al logro o usura, hacedlo, purificando la intención y pidiendo perdón a Dios.

Si os colocan en la balanza de la infidelidad y os es posible disimular, hacedlo así, negando con el corazón lo que afirméis con vuestras palabras, al obrar forzados.

Y si os dicen que denostéis a Mahoma, denostadlo de palabra y amadlo a la vez con el corazón, atribuyendo lo malo a Satanás o a Mahoma el judío.

. . . .

Si os dicen que Jesús murió en la cruz, atribuiréis esto a honra que Dios quiso hacerle, a fin de ensalzarlo a lo alto de los cielos.

Y todo cuanto os ocurra de trabajos, escribid a Sus y haremos cuanto esté de nuestra parte para resolver vuestras dudas.

Al principio de Racheb, año de 910 de la Hégira, escrito a 3 de Mayo del año 1563.

La paz de Dios sea con todos los muslimes. Amén.

MEMORIAL DE DON FRANCISCO NUÑEZ MULEY

El año de 1567 se pregonaron en Granada una serie de capítulos y ordenanzas cuyos puntos principales son los siguientes:

— Prohibición del uso de la lengua árabe hablada y escrita y la tenencia de libros árabes de «cualquier materia y cualidad que fuesen».

— Prohibición del hábito morisco en hombres y mujeres; estas últimas, además, deberían llevar el rostro destapado obligatoriamente.

— Prohibición de que en las bodas, desposorios o cualquier tipo de fiesta se hiciesen zambras ni leilas con instrumentos ni cantares moriscos aunque en ellos «no se dijese cosa contra la religión cristiana ni sospechosa della».

— Las puertas de las casas habían de permanecer abiertas. Se prohíbe que las mujeres se alheñen y el uso de nombres o apellidos moros.

— Se prohíbe el uso de baños.

— Que los moriscos no tuviesen esclavos gacis. Los gacis libres deberían salir del reino de Granada en el plazo de seis meses.

— Que los moriscos no tuviesen tampoco esclavos negros[1].

Como se ve, no son medidas de represión religiosa o política, sino encaminadas a hacer desaparecer a los moriscos como grupo cultural: se plantea lo que Braudel llamará «conflicto de civilizaciones».

No era la primera vez que se prohibía a los moriscos el uso de su lengua, vestidos, etc., pero éstos habían ido consiguiendo, a base

---

[1] Véase Mármol, *Rebelión y Castigo...*, p. 161.

de dinero, retrasar el momento en que estas medidas habrían de ponerse en práctica.

El año 1567, en que no parece caber ya dilación posible, el caballero morisco don Francisco Núñez Muley envía a la Audiencia de Granada el Memorial que reproducimos a continuación[2]. Núñez Muley, dándose cuenta del cariz que toma la cuestión, trata de presentar esas características como meras peculiaridades regionales.

Pretende que el vestido morisco se acepte como el traje típico de Castilla o Aragón, y la lengua árabe como el gallego o el catalán.

El Memorial no tuvo el menor éxito. La ejecución de la nueva pragmática sería la causa principal del levantamiento de las Alpujarras.

Cuando los naturales deste reino se convirtieron á la fe de Jesucristo, ninguna condición hubo que les obligase á dejar el hábito ni la lengua, ni las otras costumbres que tenian de regocijarse con sus fiestas, zambras y recreaciones; y para decir verdad, la conversión fué por fuerza, contra lo capitulado por los señores Reyes Católicos cuando el rey Abdilehi les entregó esta ciudad; y mientras sus altezas vivieron, no hallo yo, con todos mis años, que se tratase de quitárselo. Después, reinando la reina doña Juana, su hija, pareciendo convenir (no sé por cierto á quién), se mandó que dejásemos el traje morisco; y por algunos inconvinientes que se representaron, se suspendió, y lo mesmo viniendo á reinar el cristianísimo emperador don Carlos. Sucedió después que un hombre bajo de los de nuestra nacion, confiado en el favor del licenciado Polanco, oidor desta real audiencia, á quien servia, se atrevió á hacer capítulos contra los clérigos y beneficiados, y sin tomar consejo con los hombres principales, que sabian lo que convenia disimular semejantes cosas, los firmó de algunos amigos suyos, y los dió á su majestad. A esto acudió luego por los clérigos el licenciado

---

[2] Según lo reproduce Mármol, op. cit., pp. 163-165. El Memorial se encuentra en la Biblioteca Nacional de Madrid. Mss. 6.176. Garrad lo ha publicado y estudiado en su artículo «The original Memorial of Don Francisco Núñez Muley», en *Atlante*.

Pardo, abad de San Salvador del Albaicin, y á vueltas de
su descargo, informó con autoridad del prelado que los nuevamente convertidos eran moros, y que vivian como moros,
y que convenia dar órden en que dejasen las costumbres
antiguas, que les impedian poder ser cristianos. El Emperador, como cristianísimo príncipe, mandó ir a visitadores
por todo este reino, que supiesen cómo vivian los naturales dél.
Hízose la visita por los mesmos clérigos, y ellos fueron los
que depusieron contra ellos, como personas que sabian bien
la neguilla que habia quedado en nuestro trigo; cosa que
en tan breve tiempo era imposible estar limpio. De aquí re-
sultó la congregación de la capilla real: proveyéronse muchas
cosas contra nuestros privilegios, aunque también acudimos
á ellas, y se suspendieron. Dende á ciertos años, don Gaspar
de Avalos, siendo arzobispo de Granada, de hecho quiso
quitarnos el hábito, comenzando por los de las alcarias, y
trayendo aquí algunos de Güéjar sobre ello. El presidente
que estaba en el lugar que está agora vuestra señoría, y los
oidores desta audiencia, y el marqués de Mondéjar y el Co-
rregidor se lo contradijeron, y paró por las mesmas razones;
y desde el año de 1510 se ha sobreseido el negocio, hasta
que agora los mesmos clérigos han vuelto a resucitarlo, para
molestarnos por tantas vias á un tiempo. Quien mirare las
nuevas premáticas por defuera, pareceránle cosa fácil de cumplir; mas las dificultades que traen consigo son muy grandes,
las cuales diré a vuestra señoría por extenso, para que com-
padeciéndose deste miserable pueblo, se apiade del con amor
y caridad, y le favorezca con su majestad, como lo han
hecho siempre los presidentes pasados. Nuestro hábito cuanto
á las mujeres no es de moros; es traje de provincia como
en Castilla y en otras partes se usa diferenciarse las gentes
en tocados, en sayas y en calzados. El vestido de los moros
y turcos, ¿quién negará sino que es muy diferente del que
ellos traen? Y aun entre ellos mesmos diferencian; porque
el de Fez no es como el de Tremecen, ni el de Túnez como
el de Marruecos, y lo mesmo es en Turquía y en los otros

reinos. Si la seta de Mahoma tuviera traje propio, en todas
partes habia de ser uno; pero el hábito no hace al monje.
Vemos venir los cristianos, clérigos y legos de Suria y de
Egipto vestidos á la turquesca, con tocas y cafetanes hasta
en piés; hablan arábigo y turquesco, no saben latin ni romance, y con todo eso son cristianos. Acuérdome, y habrá
muchos de mi tiempo que se acordarán, que en este reino
se ha mudado el hábito diferente de lo que solia ser, buscando las gentes traje limpio, corto, liviano y de poca costa,
tiñendo el lienzo y vistiéndose dello. Hay mujer que con un
ducado anda vestida, y guardan las ropas de las bodas y
placeres para los tales dias, heredándolas en tres y cuatro
herencias. Siendo pues esto ansí, ¿qué provecho puede venir
á nadie de quitarnos nuestro hábito, que, bien considerado,
tenemos comprado por mucho número de ducados con que
hemos servido en las necesidades de los reyes pasados? ¿Por
qué nos quieren hacer perder mas de tres millones de oro que
tenemos empleado en él, y destruir á los mercaderes, á los
tratantes, á los plateros y á otros oficiales que viven y se
sustentan con hacer vestidos, calzado y joyas á la morisca?
Si docientas mil mujeres que hay en este reino, ó mas, se
han de vestir de nuevo de piés á cabeza, ¿qué dinero les
bastará? Qué pérdida será la de los vestidos y joyas moriscas que han de deshacer y echar á perder? Porque son
ropas cortas, hechas de girones y pedazos, que no pueden
aprovechar sino para lo que son, y para eso son ricas y de
mucha estima; ni aun los tocados podrán aprovechar, ni
el calzado. Veamos la pobre mujer que no tiene con que
comprar saya, manto, sombrero y chapines, y se pasa con
unos zaragüelles y una alcandora de angeo teñido, y con una
sábana blanca, ¿qué hará? ¿De qué se vestirá? ¿De dónde
sacarán el dinero para ello? Pues las rentas reales, que tanto
interesan en las cosas moriscas, donde se gasta un número
infinito de seda, oro y aljófar, ¿por qué han de perderse?
Los hombres todos andamos á la castellana, aunque por la
mayor parte en hábito pobre: si el traje hiciera seta, cierto

es que los varones habian de tener mas cuenta con ello que las mujeres, pues lo alcanzaron de sus mayores, viejos y sabios. He oido decir muchas veces á los ministros y prelados que se haria merced y favor a los que se vistiesen á la castellana, y hasta agora, de cuantos lo han hecho, que son muchos, ninguno veo menos molestado ni mas favorecido: todos somos tratados igualmente. Si á uno hallan un cuchillo, échanle en galera, pierde su hacienda en pechos, en cohechos y en condenaciones. Somos perseguidos de la justicia eclesiástica y de la seglar; y con todo eso, siempre leales vasallos y obedientes á su majestad, prestos á servirle con nuestras haciendas, jamás se podrá decir que hayamos cometido traición desde el dia que nos entregamos.

Cuando el Albaicin se alborotó[1], no fué contra el Rey, sino en favor de sus firmas, que teniamos en veneración de cosa sagrada. No estando aun la tinta enjuta, quebrantaron los capítulos de las paces las justicias, prendiendo las mujeres que venian de linaje de cristianas, para hacerles que lo fuesen por fuerza. Veamos, señor: ¿en las comunidades levantáronse los deste reino? Por cierto, en favor de su majestad acompañaron al marqués de Mondéjar y á don Antonio y don Bernardino de Mendoza, sus hermanos, contra los comuneros don Hernando de Córdoba el Ungi, Diego Lopez Aben Axar y Diego Lopez Hacera, con mas de cuatrocientos hombres de guerra de nuestra nacion, siendo los primeros que en toda España tomaron armas contra los comuneros. Y don Juan de Granada, hermano del rey Abdilehi, también fué general en Castilla de los reales, trabajó y apaciguó lo que pudo, y hizo lo que debia á buen vasallo de su majestad. Justo es pues que los que tanta lealtad han guardado sean favorecidos y honrados y aprovechados en sus haciendas, y que vuestra señoría los favorezca, honre y aproveche, como lo

---

[1] Se refiere a la rebelión comenzada por el motín del Albaicín en 1499 a raíz de las conversiones más o menos forzosas y a la quema de libros, obra de la intransigencia impaciente del cardenal Cisneros que los moriscos sienten como una violación de las Capitulaciones.

han hecho los predecesores que han presidido en este lugar.

»Nuestras bodas, zambras y regocijos, y los placeres de que usamos, no impide nada al ser cristianos. Ni sé cómo se puede decir que es cerimonia de moros; el buen moro nunca se hallaba en estas cosas tales, y los alfaquís se salian luego que comenzaban las zambras á tañer ó cantar. Y aun cuando el rey moro iba fuera de la ciudad atravesando por el Albaicin, donde habia muchos cadís y alfaquís que presumian de ser buenos moros, mandaba cesar los instrumentos hasta salir á la puerta de Elvira, y les tenia este respeto. En Africa ni en Turquía no hay estas zambras; es costumbre de provincia, y si fuese cerimonia de seta, cierto es que todo habia de ser de una mesma manera. El arzobispo santo[1] tenia muchos alfaquís y meftís amigos, y aun asalariados, para que le informasen de los ritos de los moros, y si viera que lo eran las zambras, es cierto que las quitara, ó á lo menos no se preciara tanto dellas, porque holgaba que acompañasen el Santísimo Sacramento en las procesiones del dia de Córpus Christi, y de otras solemnidades, donde concurrian todos los pueblos á porfía unos de otros, cual mejor zambra sacaba, y en la Alpujarra, andando en la visita, cuando decia misa cantada, en lugar de órganos, que no los habia, respondian las zambras, y le acompañaban de su posada á la iglesia. Acuérdome que cuando en la misa se volvia al pueblo, en lugar de *Dominus vobiscum*, decia en arábigo *Y bara ficun*, y luego respondia la zambra.

»Menos se hallará que alheñarse las mujeres sea cerimonia de moros, sino costumbre para limpiarse las cabezas, y porque saca cualquier suciedad dellas y es cosa saludable. Y si se ponian encima agallas, era para teñir los cabellos y hacer labores que parecian bien. Esto no es contra la fe, sino provechoso á los cuerpos, que aprieta las carnes y sana enfermedades. Don fray Antonio de Guevara, siendo obispo de Guadix, quiso hacer trasquilar las cabezas de las mujeres

---

[1] Se refiere a Hernando de Talavera.

de los naturales del marquesado del Cenete, y rasparles la alheña de las manos; y viniéndose á quejar al Presidente y oidores y al marqués de Mondéjar, se juntaron luego sobre ello, y proveyeron un receptor que le fuese á notificar que no lo hiciese, por ser cosa que hacia muy poco al caso para lo de la fe.

»Veamos, señor: hacernos tener las puertas de las casas abiertas ¿de qué sirve? Libertad se da á los ladrones para que hurten, á los livianos para que se atrevan á las mujeres, y ocasion á los alguaciles y escribanos para que con achaques destruyan la pobre gente. Si alguno quisiere ser moro y usar de los guadores y cerimonias de moros, ¿no podrá hacerlo de noche? Sí por cierto; que la seta de Mahoma soledad requiere y recogimiento. Poco hace al caso cerrar ó abrir la puerta al que tuviere la intención dañada; el que hiciere lo que no debe, castigo hay para él, y á Dios nada es oculto.

»¿Podráse pues averiguar que los baños se hacen por cerimonia? No por cierto. Allí se junta mucha gente, y por la mayor parte son los bañeros cristianos. Los baños son minas de inmundicias; la cerimonia ó rito del moro requiere limpieza y soledad. ¿Cómo han de ir á hacerla en parte sospechosa? Formáronse los baños para limpieza de los cuerpos, y decir que se juntan allí las mujeres con los hombres, es cosa de no creer, porque donde acuden tantas, nada habría secreto; otras ocasiones de visitas tienen para poderse juntar, cuanto mas que no entran hombres donde ellas están. Baños hubo siempre en el mundo por todas las provincias, y si en algun tiempo se quitaron en Castilla, fué porque debilitaban las fuerzas y los ánimos de los hombres para la guerra. Los naturales deste reino no han de pelear, ni las mujeres han menester tener fuerzas, sino andar limpias: si allí no se lavan, en los arroyos y fuentes y rios, ni en sus casas tampoco lo pueden hacer, que les está defendido, ¿dónde se han de ir á lavar? Que aun para ir á los baños naturales por via de medicina en sus enfermedades les ha de costar trabajo, dineros y pérdida de tiempo en sacar licencia para ello.

»Pues querer que las mujeres anden descubiertas las caras,
¿qué es sino dar ocasion á que los hombres vengan á pecar,
viendo la hermosura de quien suelen aficionarse? Y por el
consiguiente las feas no habrá quien se quiera casar con ellas.
Tápanse porque no quieren ser conocidas, como hacen las
cristianas: es una honestidad para excusar inconvinientes, y
por esto mandó el Rey Católico que ningun cristiano descubriese el rostro á morisca que fuese por la calle, so graves
penas. Pues siendo esto ansí, y no habiendo ofensa en cosas de
la fe, ¿por qué han de ser los naturales molestados sobre el
cubrir ó descubrir de los rostros de sus mujeres?

»Los sobrenombres antiguos que tenemos son para que
se conozcan las gentes; que de otra manera perderse han
las personas y los linajes. ¿De qué sirve que se pierdan las
memorias? Que bien considerado, aumentan la gloria y ensal
zamiento de los Católicos Reyes que conquistaron este reino.
Esta intencion y voluntad fué la de sus altezas y del Emperador, que está en gloria; para estos se sustentan los ricos
alcázares de la Alhambra y otros menores en la mesma
forma que estaban en tiempo de los reyes moros, porque
siempre manifestasen su poder por memoria y trofeo de los
conquistadores[1].

»Echar los gacis deste reino, justa y santa cosa es; que
ningun provecho viene de su comunicacion á los naturales;
mas esto se ha proveido otras veces, y jamás se cumplió.
Ejecutarse agora no deja de traer inconviniente, porque la
mayor parte dellos son ya naturales, casáronse, naciéronles
hijos y nietos, y tiénenlos casados; y estos tales seria cargo
de conciencia echarlos de la tierra.

»Tampoco hay inconviniente en que los naturales tengan
negros. ¿Estas gentes no han de tener servicios? ¿han de
ser todos iguales? Decir que crece la nacion morisca con

---

[1] La pérdida de los nombres árabes era particularmente importante pues
suponía la desaparición de los linajes y genealogías de las antiguas tribus
árabes y con ello la desintegración de una estructura social. Sobre ello,
véase Caro Baroja, *Los moriscos del Reino de Granada*, pp. 52 y sigs.

ellos, es pasion de quien lo dice, porque habiendo informado á su majestad en las cortes de Toledo que habia mas de veinte mil esclavos negros en este reino en poder de naturales, vino á parar en menos de cuatrocientos, y al presente no hay cien licencias para poderlos tener. Esto salió tambien de los clérigos, y ellos han sido después los abonadores de los que los tienen, y los que han sacado interese dello.

»Pues vamos á la lengua arábiga, que es el mayor inconviniente de todos. ¿Cómo se ha de quitar á las gentes su lengua natural, con que nacieron y se criaron? Los egipcios, surianos, malteses y otras gentes cristianas, en arábigo hablan, leen y escriben, y son cristianos como nosotros; y aun no se hallará que en este reino se haya hecho escritura, contrato ni testamento en letra arábiga desde que se convirtió. Deprender la lengua castellana todos lo deseamos, mas no es en manos de gentes. ¿Cuantas personas habrá en las villas y lugares fuera desta ciudad y dentro della, que aun su lengua árabe no la aciertan á hablar sino muy diferente unos de otros, formando acentos tan contrarios, que es solo oir hablar un hombre alpujarreño se conoce de qué taa es? Nacieron y criáronse en lugares pequeños, donde jamás se ha hablado el aljamía ni hay quien la entienda, sino el cura ó el beneficiado ó el sacristan, y estos hablan siempre en arábigo: dificultoso será y casi imposible que los viejos la aprendan en lo que les queda de vida, cuanto mas en tan breve tiempo como son tres años, aunque no hiciesen otra cosa sino ir y venir á la escuela. Claro está ser este un artículo inventado para nuestra desnutricion, pues no habiendo quien enseñe la lengua aljamia, quieren que la aprendan por fuerza y que dejen la que tienen tan sabida, y dar ocasión á penas y achaques, y á que viendo los naturales que no pueden elevar tanto gravámen, de miedo de las penas dejen la tierra, y se vayan perdidos á otras partes y se hagan monfies. Quien esto ordenó con fin de aprovechar y para remedio y salvacion de las almas, entienda que no puede dejar de redundar en grandísimo daño, y que es para mayor condenacion. Considérese el segundo mandamiento, y amando al prójimo, no quiera nadie para otro lo que no querria para sí; que si una sola cosa de tantas como á nosotros se nos ponen por premática se dijese á los cristianos de Castilla ó del Andalucía, moririan de pesar, y no sé lo que se harian. Siempre los presidentes desta audiencia fueron en favorecer y amparar este miserable pueblo: si de algo se agraviaban, á ellos acudian, y remediábanlo como personas que representaban le persona real y deseaban el bien de sus vasallos; eso mesmo esperamos todos de vuestra señoría. ¿Qué gente hay en el mundo mas vil y baja que los negros de Guinea? Y consiénteseles hablar, tañer y bailar en su lengua, por darles contento. No quiera Dios que lo que aquí he dicho sea con malicia, porque mi intencion ha sido y es buena. Siempre he servido á Dios nuestro señor, y á la corona real, y á los naturales deste reino, procurando su bien; esta obligacion es de mi sangre, y no lo puedo negar, y mas há de sesenta años que trato destos negocios; en todas las ocasiones he sido uno de los nombrados. Mirándolo pues todo con ojos de misericordia, no desampare vuestra señoría á los que poco pueden, contra quien pone toda la fuerza de la religion de su parte; desengañe á su majestad, remedie tantos males como se esperan, y haga lo que es obligado á caballeo cristiano; que Dios y su majestad serán dello muy servidos, y este reino quedará en perpetua obligacion.

PROFECIA MORISCA

Las profecías llamadas **alguacias** *o* jofores *fueron muy numerosas a lo largo de todo el siglo XVI. Todas ellas presentan como características comunes la esperanza de la conquista política y la fe en la victoria universal del Islam. Gran parte de ellas están embebidas de mesianismo. Muy frecuente es, también, que dicha conquista política se consiga gracias a la ayuda del turco o de los moros de Berbería.*

Los jofores suelen estar escritos en aljamia o en árabe, como la que a continuación publicamos, perteneciente a la Inquisición de Granada y traducida por Alonso del Castillo[1]: La incluye Mármol, junto con otras dos profecías, en su Historia del rebelion y castigo... [2] *atribuyéndoles gran parte del desasosiego que llevó al levantamiento de las Alpujarras.*

Hemos escogido la segunda de entre ellas[3] porque atribuye la profecía nada menos que al profeta Mahoma y porque considera la desgracia que aflige a los musulmanes españoles justo castigo por la degradación moral e irreligiosidad a la que habían llegado en los últimos tiempos de su independencia política.

PRONÓSTICO O FICCION, QUE FUÉ HALLADO EN LOS LIBROS QUE HABIAN SIDO RECOGIDOS EN EL SANTO OFICIO DE GRANADA.

Con el nombre de Dios piadoso y misericordioso. Léese en las divinas historias que el mensajero de Dios estaba un

---

[1] Sobre este interesante personaje véase Cabanelas, «El morisco granadino Alonso del Castillo, intérprete de Felipe II», en *MEAH*, y *El morisco granadino Alonso del Castillo*.

[2] V. pp. 169-174.

[3] V. pp. 171-172.

dia asentado, pasada la hora de la oracion que se hace al
mediodía, hablando con sus discípulos, que están todos aceptos en gracia, y á la sazon sobrevino el hijo de Abí Talid
y Fátima Alzahara, que están asimesmo aceptos en gracia,
y asentándose por dél, le dijeron: «¡Oh mensajero de Dios!
haznos saber cómo ha de quedar el mundo á tu familia en
fin del tiempo, y cómo se ha de acabar.» El cual les dijo:
«El mundo se ha de acabar en el tiempo que hubiere la
gente mas perversa y mala; y presto habrá generacion de mi
familia en una isla en los últimos confines del poniente, que
se llamará la isla de la Andalucía, y serán los últimos moradores della de mi familia, que son los huérfanos de la
familia desta ley y la última sucesion della. Dios se apiade
dellos en aqueste tiempo.» Y diciendo esto se le hinchieron
los ojos de lágrimas, y dijo: «Son los perseguidos, son los
atribulados, son los destruidores de sí mesmos, son los afligidos, de quien Dios dijo: —No hay lugar que perezca, que
no sea por nuestra permision.—Léase hasta el cabo toda la
zuna lo que acerca de esto hay escrito, en lo cual alude
Dios soberano á esto que he dicho; y esto será por el olvido
que terná la gente de la Andalucía de las cosas de la ley,
siguiendo sus aficiones y deseos, amando mucho al mundo
y desamparando las oraciones, defendiendo las limosnas y
negándolas, y atendiendo solamente á la lujuria y á los
alborotos y muertes; y porque entre ellos crecerá el mentir,
y el menor no reverenciará al mayor, ni el mayor se com-
padecerá del menor, y crecerá entre ellos la sinrazon, la
sinjusticia y los juramentos falsos. Y los mercaderes compra-
rán y venderán con logro y con falsedad y engaño en lo que
vendieren y compraren, todo por cudicia de alcanzar el
mundo; cudiciando acrecentar las haciendas y guardarlas,
sin parar mientes cómo lo adquieren, y lo que tienen, si lo
han adquirido bien ó mal.» Y diciendo esto, se le hinchieron
otra vez los ojos de lágrimas y lloró, y todos juntamente
lloramos á su lloro. Y después dijo: «Cuando parecieren en
esta generacion estas maldades, sujetarlos ha Dios poderoso

a gente peor que ellos, que les dará á gustar cruelísimos
tormentos, y estonces pedirán socorro á los mas justos dellos,
y no se lo darán; y enviará Dios sobre ellos quien no se
compadezca del menor ni haga cortesía al mayor, porque
cada cual ha de ser condenado por su culpa y ha de padecer
su castigo. Jamás hemos visto que haya permanecido logro
en ninguna generación, ni engaño en compras y ventas, pesos
y medidas, que Dios altísimo haya dejado de castigarlo, defendiendo ó deteniendo el agua de sobre la haz de la tierra.
No ha permanecido ni extendidose la lujuria, sin que les
haya enviado fenecimiento y muerte; y jamás ha permanecido
en alguna familia logro en las compras y ventas, y juramentos falsos en la ambicion y soberbia, que Dios todopoderoso
no los haya castigado con diversos géneros de enfermedades endemoniadas. Jamás parecieron en ninguna familia
muertes malas y públicos homicidios, sin que Dios los suje-
tase y entregase en manos de sus enemigos; jamás pareció
en ninguna gente la obra de la familia de Lot, sin que Dios
los castigase, enviándoles destruiciones y hundimiento de sus
pueblos; jamás pareció en familia alguna la poca caridad
y misericordia, y el poco temor de Dios en cometer todo
mal y ofensa, sin que Dios los castigase con no oir sus oraciones y plegarias en sus tribulaciones y fatigas; porque
cuando parece el pecado en la tierra, envia el Señor soberano el castigo que debe tener desde el cielo. Y no maldice
Dios á ninguno de los de mi familia hasta que ve perdida
la misericordia entre ellos, ni castiga á su siervo en este
mundo con mayor mal que la dureza de su corazón; y así,
cuando se endurece el corazon del hombre, su Dios le maldice, y no oye su demanda ni ha misericordia dél. Y cuando
mas enojado estará Dios con sus siervos, será cuando se querrá acercar el juicio; y esto por el exceso de sus vicios, por el
olvido que ternán del bien, y por ir apartados del camino
de la verdad.» Y á esto lloró, y dijo: «Dios se apiade dellos
en esta isla, cuando parecieren en ellos estos vicios y pecados,
y dejaren de hacer y cumplir los consejos del Alcoran; por-

que los mas dellos en aqueste tiempo, so color de devoción
y religion, buscarán el mundo y se vestirán de pellejos
humildes de ovejas, y sus lenguas serán mas dulces que la
miel ni el azúcar, mas sus corazones serán de lobos y sus
hechos de hombres viles y malvados; y por ellos les enviará
Dios su castigo, y no oirá sus oraciones, porque dan favor
á la injusticia, y no entrarán en el colegio de mi familia
los injustos damnificadores perpetuamente. Y el que se son-
riere en faz de algun injusto, ó le hiciere lugar donde se
siente, ó le ayudare ó diere favor para hacer mal, cierta-
mente rasga el velo de la salvacion de su garganta. Y si
algun rey tiranizare en su tierra y no guardare justicia á
súbditos, mostrará Dios sobre él en su reino disminución en
los panes, en las frutas y en todos los demás bienes; y cuando
juzgare con verdad y con justicia, y no hubiere en su reino
crueldad ni injusticias, enviará Dios altísimo su bendicion
en su reino y familia, y en todo bien habrá aumento. Y ansí,
cuando en esta isla pareciere en la gente della la injusticia
y el desamparo de la verdad y la infidelidad, y reinare la
soberbia y traiciones, haciendo mal á los huérfanos, tirani-
zándo en sus tratos, saliendo de los preceptos de la misericordia de Dios y obedeciendo al demonio, siguiendo los vicios,
atestiguando con mentira y falsedad, humillándose á los ricos
y ensoberbeciéndose con los pobres, por la dureza de su
corazon y soberbia, y su habla fuere dulce y la obra amar-
ga, entonces les enviará Dios su castigo.» Y á esto lloró
otra vez, y dijo: «Por la misericordia de Dios y grandeza
de sus nombres, si no fuese por las palabras de la confesion
de que no hay otro Dios sino Dios, y que yo soy Mahoma,
su mensajero, y por el amor que Dios me tiene, él envia-
ria sobre ellos su castigo en todo extremo y rigor.» Y lloró
mas agriamente, y dijo: «¡Oh mi Dios! habed misericordia
dellos»; repitiendo estas palabras tres veces. «Mas por esto
enviará Dios sobre ellos gobernadores crueles, y tan perver-
sos, que les tomarán sus haciendas sin razon, hacerlos han
sus cativos, mataránlos, y meterlos han en su ley, hacien-

doles que adoren con ellos las imágenes de los ídolos, y les
harán comer con ellos tocino; y sirviéndose dellos y de sus
trabajos, los atormentarán tanto, hasta hacerles echar la leche que mamaron por las puntas de las uñas de los dedos, y
vernán á tanta opresion en este tiempo, que pasando alguno
por la sepultura donde estuviere su hermano ó su amigo enterrado, dirá: ¡Oh, quién estuviera ya contigo! Y perseverarán
en esto hasta venir á perder toda la confianza de poderse
salvar en la ley de salvacion, y los mas dellos vernán en
desesperacion y renegarán de la ley de la verdad.» A esto
lloró más gravemente, y dijo: «Apiadarse ha Dios soberano
dellos con su misericordia, y volverles ha el rostro misericordioso, mirándolos con ojos de clemencia, piedad y com-
pasion; y esto será cuando mas se encendiere en ellos la
ponzoña de sus enemigos, cuando vinieren á quemar muchos dellos con fuego ardiendo, ansí hombres como mujeres,
y niños de tierna edad, y viejos ancianos, y cuando los
sacaren y desterraren de sus pueblos; á esta sazon se alboro-
tarán los ángeles en los cielos, y todos con grande ímpetu
irán ante el acatamiento de Dios, y le dirán: ¡Oh nuestro
Dios! unos de la familia de vuestro amigo y mensajero
Mahoma se están abrasando en el fuego, siendo vos el poderoso vengador. Y á esto enviará Dios poderoso quien los
socorra, y los sacará deste grandísimo mal y castigo.» Y á
esto lloró Alí, que está acepto en gracia, y todos juntamente lloramos con él. Y le dijo: «¿En qué año enviará
Dios este socorro y remediará sus corazones atribulados?»
Al cual respondió en esta manera: «¡Oh Alí! será esto en
la isla de la Andalucía, cuando el año entrare en ella en
el día del sábado; y la señal que habrá desto es que enviará
Dios una nube de aves, y en ella parecerán dos aves señaladas, que la una será el ángel Gabriel y la otra el ángel
Miguel, y será el orígen de las demás aves de tierras de los
papagayos, las cuales darán a entender la venida de los reyes
de levante y de poniente al socorro de esta isla de la Andalucía, con señal que primero acometerán á los primeros

del poniente. Y si hablaren aquestas aves, dan á entender que á la parte que hablaren habrá grande alboroto de guerra en el poniente, y á todos sucederán temores grandes y alborotos. Habrá escándalos y comunidades entre la ley de los moros y la ley de los cristianos, y volverá todo el mundo á la ley de los moros; mas será después de grande aprieto. Este año habrá muchas nieblas, pocas aguas, los árboles llevarán muchos frutos, los agostos del pan serán mas abundantes en los montes frios que en las costas, y las abejas henchirán sus colmenas en este año bendito.»

LA GUERRA DE LAS ALPUJARRAS

La insurrección de los moriscos del reino de Granada y la consiguiente guerra de las Alpujarras (1568-71) es uno de los episodios más importantes, y sangrientos, de todo el reinado de Felipe II.

La guerra de Granada nos es bien conocida sobre todo gracias a los relatos de dos autores contemporáneos de los acontecimientos: Hurtado de Mendoza y Mármol Carvajal. De la lectura de sus crónicas se obtiene el cuadro de una guerra sin cuartel, extraordinariamente sañuda y salvaje.

A la indisciplina, avidez y cobardía de las milicias comunales cristianas, que huyen al menor movimiento ofensivo de los moriscos a poner a salvo sus botines y rapiñas, se añaden las luchas de influencia de los grandes señores andaluces. El saqueo y las matanzas sistemáticas son el orden del día.

El poder central, alarmado por la repercusión de la guerra en los asuntos de los Países Bajos, y por la dificultad en domeñar la rebelión, se niega, sin embargo, a toda concesión. Las intrigas se ciñen alrededor del marqués de Mondéjar, que preconiza una actitud más flexible y dada a hacer concesiones [1] y de don Juan de Austria, al que esta guerra, hecha de operaciones sangrientas y negociaciones humillantes con moriscos traidores a su causa, asquea desde el principio.

Por parte de los moriscos, entre los que también cunden rivalidades y partidismos, se desata el odio y el rencor acumulado principalmente

---

[1] Véase Morel-Fatio, «Memoria presentada al rey Felipe II por Iñigo López de Mendoza, Marqués de Mondéjar..., para justificar su conducta durante la campaña que dirigió contra los moriscos en 1569», en *L'Espagne au XVI et au XVII siècles.*

en contra del clero y de los moriscos integrados en el cristianismo. Los relatos de martirios, saqueos, aniquilamiento de pueblos enteros, expediciones de castigo y represalias brutales por parte de ambos bandos llenan las páginas de las crónicas. Quedan tan sólo las proezas de algunos nobles voluntarios «gente particular», que llama Hurtado, cuyo heroísmo caballeresco es digno de antiguos tiempos.

La guerra de Granada terminó con la deportación de los moriscos granadinos a Castilla; deportación que, realizada en medio de la improvisación y el apresuramiento durante el invierno de 1570-71, cuando aún los cristianos no dominaban del todo la situación, es, según Vincent[2], «una de las más atroces que registra la historia».

Mármol, el más importante de los cronistas de la guerra de las Alpujarras, comienza así su relato:

QUE TRATA DEL LEVANTAMIENTO GENERAL DE LOS MORISCOS DE LA ALPUJARRA[1]

Congoja pone verdaderamente pensar, cuanto mas haber de escrebir, las abominaciones y maldades con que hicieron este levantamiento los moriscos y monfís de la Alpujarra y de los otros lugares del reino de Granada. Lo primero que hicieron fué apellidar el nombre y seta de Mahoma, declarando ser moros ajenos de la santa fe católica, que tantos años habia que profesaban ellos y sus padres y abuelos. Era cosa de maravilla ver cuán enseñados estaban todos, chicos y grandes, en la maldita seta; decian las oraciones á Mahoma, hacian sus procesiones y plegarias, descubriendo las mujeres casadas los pechos, las doncellas las cabezas; y teniendo los cabellos esparcidos por los hombros, bailaban públicamente en las calles, abrazaban á los hombres, yendo los mozos gandules delante haciéndoles aire con los pañuelos, y diciendo en alta voz que ya era llegado el tiempo del estado de la inocencia, y que mirando en la libertad de su ley, se iban

---

[2] *L'expulsion des morisques du royaume de Grenade et leur repartition en Castille*, p. 223.
[1] Según Mármol, *Historia del rebelión y castigo...*, libro IV, cap. VIII.

derechos al cielo, llamándola ley de suavidad, que daba todo contento y deleite. Y á un mesmo tiempo, sin respetar á cosa divina ni humana, como enemigos de toda religion y caridad, llenos de rabia cruel y diabólica ira, robaron, quemaron y destruyeron las iglesias, despedazaron las venerables imágenes, deshicieron los altares, y poniendo manos violentas en los sacerdotes de Jesucristo, que les enseñaban las cosas de la fe y administraban los sacramentos, los llevaron por las calles y plazas desnudos y descalzos, en público escarnio y afrenta. A unos asaetearon, á otros quemaron vivos, y á muchos hicieron padecer diversos géneros de martirios. La mesma crueldad usaron con los cristianos legos que moraban en aquellos lugares, sin respetar vecino á vecino, compadre á compadre ni amigo á amigo; y aunque algunos lo quisieron hacer, no fueron parte para ello, porque era tanta la ira de los malos, que matando cuantos les venian á las manos, tampoco daban vida á quien se lo impedía. Robáronles las casas, y á los que se recogian en las torres y lugares fuertes los cercaron y rodearon con llamas de fuego, y quemando muchos dellos, á todos los que se les rindieron á partido dieron igualmente muerte, no queriendo que quedase hombre cristiano vivo en toda la tierra, que pasase de diez años arriba. Esta pestilencia comenzó en Lanjaron, y pasó a Orgiba el jueves en la tarde en la taa de Poqueira, y de allí se fué extendiendo el humo de la sedición y maldad en tanta manera, que en un improviso cubrió toda la faz de aquella tierra, como se irá diciendo por su órden.

LOS MORISCOS DE CASTILLA

La población morisca de Castilla no fue estable como la del reino de Aragón, compuesta de antiguos mudéjares que permanecían en sus tierras desde el tiempo de la conquista, convertidos al cristianismo por decreto de 1526. La reconquista castellana tendió a expulsar hacia el Sur a los moros de los territorios ganados, de modo que muy exiguo fue el número de musulmanes que permaneció en sus tierras[1]. Estos fueron obligados a convertirse en 1502: constituían una escasa y pacífica minoría generalmente urbana y dedicada a oficios artesanos que, acostumbrada a la convivencia con la sociedad cristiano vieja castellana, creaba pocos problemas.

El conflicto en Castilla se plantea realmente a partir de 1570, fecha en que, a consecuencia de la guerra de las Alpujarras, Felipe II ordenó la deportación en masa de los moriscos granadinos a la meseta.

La población granadina constituye en Castilla un grupo desarraigado (por más intentos que hace el Estado por fijarlos), paupérrimo, mucho más islamizado que la población morisca autóctona castellana, y que crea toda serie de problemas. Se les acusa de bandoleros y salteadores de caminos, de modo que han hecho cundir la inseguridad por todo el reino, de hacer bajar los salarios trabajando por jornales que un cristiano viejo no quiere aceptar, de hacer subir los precios acaparando mercancías pues muchos de ellos se dedican al comercio

---

[1] Véase Fernández y González, *Estado social y político de los mudéjares de Castilla*, Madrid, 1866, y el capítulo dedicado a los moriscos castellanos en *Géographie de l'Espagne morisque* de H. Lapeyre.

*y, sobre todo, a la trajinería. No hay puesto para ellos en la sociedad
castellana en la que son un cuerpo extraño y conflictivo.*

*La deportación a Castilla de 1570 es un preludio a la expulsión
de 1609-14.*

*A continuación, frente a un documento que presenta una visión
más positiva de los moriscos castellanos, grupo notable por su laborio-
sidad, frugalidad, ahorro y sentimiento solidario, transcribimos algunas de las quejas que constantemente aparecen en las actas de las
Cortes de Castilla acerca de los desmanes e inconvenientes causados
por los moriscos granadinos.*

LOS MORISCOS EXTREMEÑOS

Ejercitabanse en cultivar huertas viviendo apartados del
comercio de los cristianos viejos sin querer admitir testigos
de su vida. Otros se ocupaban en cosas de mercancía; tenían
tiendas de cosas de comer en los mejores puestos de las
ciudades y villas, viviendo la mayor parte dellas por su mano.
Otros se empleaban de oficios mecanicos, caldereros, herreros,
alpargateros, jaboneros, olleros y arrieros. En lo que conve-
nían era en pagar de buena gana las gabelas y pedidos y
en ser templados en su vestir y comida. Mostraban exteriormente acudir a todo con voluntad y en estar advertidos en
acrecentar los intereses de su hacienda. No daban lugar a que
los suyos mendigasen. Todos tenían oficio y se ocupaban de
algo. Si alguno delinquia, a pendon herido eran a favore-
cerle aunque el delito fuese muy notoio. No querellaban
unos de otros, entre si componían las diferencias. Eran ca-
llados, sufridos y vengativos en viendo la suya. Su trato
comun era trajineria y ser ordinarios de unas ciudades a
otras. No se supo quisiesen emparentar con cristianos viejos
ni que en los casamientos que hacian entre si pidiesen la
dispensación al Pontifice romano en los grados que prohibe
el derecho...[1].

---

[1] Fray Alonso Fernández, *Historia de Plasencia*, libro III, cap. 25; apud
Janer, *Condición social*, p. 162. Sobre moriscos extremeños véase Fernández

LOS GRANADINOS EN CASTILLA

De los procedimientos que el doctor Liébana hacia por comision del Consejo contra los moriscos, resulta:

Que desde 1577 á 1581 se habian hallado muertas mas de 200 personas con muy crueles heridas cerca de lugares muy poblados como son Toledo, Alcalá, Guadalajara, Valladolid, Segovia y otras partes. Se atribuian todas las muertes y los robos á los moriscos que se trujeron del reino de Granada.

Está averiguado que 6 ó 7 cuadrillas de moriscos han hecho todas las muertes y robos y traen desasosegada toda la tierra.

Casi todos los salteadores son de los que se rebelaron en Granada y se atreven á hacer las muertes en caminos públicos, llanos y descubiertos, confiados que están seguros con recogerse á cualquier casa de hombre de su nación.

Matan comunmente por los caminos arrieros, gente que anda sola y desarmada, y generalmente todos los moriscos que beben vino son salteadores.

Llevaron los moriscos á Castilla el año de 1570 y no comenzaron á saltear hasta el de 77 porque no conoscian la tierra para acogerse y eludir la pena.

Con no haberse guardado las leyes habian cobrado ánimo y muchos volvian á Granada, y los mismos corregidores y personas autorizadas les tenian miedo.

Que el número de los Moriscos es grande y multiplica mucho, porque no consume número la guerra, ni religion, y son tan industriosos que con haber venido á Castilla diez años há sin tener un palmo de tierra y haber sido los años estériles, están todos validos y muchos ricos, en proporcion que de aquí á veinte años se puede esperar que los servirán los naturales.

Nieva, «Un censo de moriscos extremeños de la Inquisición de Llerena», en *Rev. de Estudios Extremeños*, y en breve aparecerá su tesis doctoral *Los moriscos de Extremadura*.

De cristiandad no hay que fiar en ellos... Nunca dieron muestra della con haberse procurado por tantos caminos, y así conviene mucho acudir al remedio y no hay que fiar de los moriscos viejos de Avila, Arévalo y otras partes, que no son mas cristianos que los otros.

Según el poco cuidado de su reformacion y la obstinacion con que están en su ley, se puede temer que pervertirán la religión cristiana [1].

CORTES DE MADRID EN 1592 A FELIPE II

En las Cortes passadas se suplicó a V. Magestad fuesse servido de mandar poner remedio conviniente al daño presente del que adelante podría resultar de tanto numero de moriscos del Reyno de Granada como en él ay; no se ha proveydo y este daño va cada dia en crecimiento. Porque cuanto mas se dilata el remedio mas crece el numero de ellos y por estar como estan en las Republicas apoderados de todos los tratos y contratos, mayormente en los mantenimientos que es el crysol donde se funde la moneda, porque recogen y esconden al tiempo de las cosechas necessitando que se compre de su mano y esterilizando los años con este orden. Que para mejor usar delllo se han hecho tenderos, despenseros, panaderos, carniceros, taberneros y aguadores con lo cual recogen y esconden asimismo todo el dinero. Que ninguno dellos compra ni tiene bienes rayzes y con esto estan tan ricos y poderosos y se han llegado a las justicias eclesiasticas y seglares, los quales favorecen con tanta fuerça que mediante esto viven tan licenciosos que se entiende claramente su poca christiandad y cada dia se passan a Berberia y hasta oy no se ha visto que para el casamiento de ninguno siendo todos unos y casando entre si, se haya pedido dispensacion; y hazen sus bodas y zambras y traen armas publicamente y han cometido y cometen los mas graves y atroces delictos

---

[1] Apud Janer, *Condición social*, p. 272.

que en estos Reynos se han hecho de diez años a esta parte
y con ocasion del servicio que a V. M. han hecho se han
alistado y reconocido por padrones el numero de los que
ay so color de repartimiento: cuya ocasión es de la consideración que se dexa entender para causar en estos Reynos
alguna inquietud. Para remedio de lo qual parece que siendo V. M. servido convendra proveer y mandar lo que se
sigue...

*Uno de los remedios que con más insistencia se propone es obligar
a los moriscos a que trabajen únicamente en las labores del campo.*

*En las Actas del Consejo de Guadalajara, con fecha 29 de julio
de 1598, y bajo el título* PAREÇER SOBRE LO DE LA AGRICOL-
TURA, *leemos lo siguiente:*

«Que para el aumento de la agricoltura conbiene que porque en estos rreynos ay grandisima abundancia de moriscos
naturales del Reyno de Granada que a causa de no salir
del rreyno ni entrar en rrelixion an multiplicado y ban cre-
çiendo en numero, y lo que es peor es que conque an dado
en ser tenderos, tratantes y corredores y otros ofiçios de comercio y abasteçimientos de las çiudades y lugares, como allan
en estas grangerias y tratos mucha ganançia y poco trabajo
an dejado la labor y agricoltura y se hacen ricos y poderosos; y a esta causa demas de los ynconbinientes que pueden
resultar que este genero de gentes este con caudales grandes
y que tengan mano en los lugares, dejan de labrar los
canpos y cultivar las tierras, las quales en el Reyno de
Granada donde tenian su contrataçion eran las mexores
y mas labradas y mas frutiferas que abia en España... y
por ser como son de si codiçiosos y allegadores seria de mucho aprobechamyento acudir a las labores de los canpos y
a criar ganados... e ynclinados a esto se estorbaria de que
obiesse tanto comercio y correspondençia entre si mismos
como ahora de presente an porque la causa o achaque de
traxinar con sus pasaportes se comunican y tratan acudiendo

a los de su naçion y hordenandose e mandandose que los
dichos naturales del Reyno de Granada y sus descendientes
listen en sus repartimyentos y beçindades y no traten ny
contraten y que solo se puedan ocupar en labrar tierras...

RELATO CABALLERESCO ALJAMIADO:
LA BATALLA DE HUNAYN

Como muestra de la producción literaria morisca, de la llamada literatura aljamiada[1] ofrecemos, en transcripción literal de los caracteres árabes, un relato que Galmes de Fuentes incluye en su Libro de las batallas[2]. *Es éste un conjunto de narraciones de tipo caballeresco en que se describen las epopeyas de los primeros tiempos islámicos y en las que los musulmanes aparecen como héroes siempre victoriosos y algo mágicos. Sin duda los moriscos, que siempre se sintieron pertenecientes al mundo islámico, se complacían, en situaciones adversas, en estos relatos que reforzarían su sentimiento de grupo y su orgullo nacional[3].*

Estas narraciones, no obstante ir envueltas en un ropaje caballeresco y maravilloso, unas veces en relación con la tradición árabe, otras en relación con la occidental, tienen un núcleo fundamental real e histórico. Tal es el caso de «La batalla de Hunayn», episodio que, según la historia, se desarrolló de la siguiente manera: después de que Mahoma conquistase la Meca en el año 8 de la Hégira (630 de J. C.) las tribus nómadas Hawāzin y Taqīf comprendieron el peligro que representaba la expansión musulmana, sobre todo para sus relaciones comerciales con la ciudad de Ta'if.

---

[1] La literatura aljamiado-morisca es la escrita en lengua romance hispánica (portugués, castellano, aragonés o catalán, según las regiones) por obra de los moriscos desde el siglo xiv al xvii, ambos inclusive, fijada en la escritura no por medio de caracteres latinos, sino árabes (véase la bibliografía, pp. 295-96).

[2] Id., pp. 79-94.

[3] Véase el proceso de Francisco de Espinosa, p. 100.

*El jefe de los hawāzin, Malĭk b. ʿAuf, consiguió reunir un ejército
de unos 20.000 hombres (cifra muy elevada para un jefe de nómadas)
y partió al encuentro de los musulmanes llevando, tras los guerreros,
a las mujeres, niños, ganados y todos sus bienes muebles. Mahoma,
informado de los preparativos, reunió unos 10.000 de los suyos, salió
de la Meca al encuentro del enemigo y, cuando se disponía a acam-
par en el valle de Hunayn, fue sorprendido por este. Cundió el des-
orden entre el ejército musulmán, que, acorralado en un desfiladero,
no pudo responder al ataque y tuvo que darse a la fuga. Después de
esta derrota inicial, Mahoma, rodeado de una decena de fieles compañeros, reanimó a gritos a sus hombres, que, electrizados por sus
palabras, volvieron al combate consiguiendo una definitiva victoria a
la que se sumó, además, un abundante botín, ya que el enemigo
transportaba todos sus bienes consigo*[1]*. Como vemos, y a pesar de
elementos mágicos y maravillosos, el relato sigue de cerca los acontecimientos históricos:*

ESTA ES LA BATALLA DE BADRI I HUNAYN

Fuᵂe rrekontado por ʿAbdu Al.lahi ibnu ʿUmar, ke dixo:
ke kuᵂando konkistó el-annabĭ (=*profeta*) a Maka kebᵒró
la idola Habal iʸ-Anāʿaʿila, iʸ-ad-al-Qufayn y mató ʾmuchas
jentes dellos, i kativaron partida dellos, i huyeron partida
dellos, iʸ-en-ellos Halab ibnu Umaya i ʿAkⁱrima ibnu abĭ
Yahal; i fuᵂeron éstos un mes kuᵂentᵃra el-annabĭ, i despuᵂés
fuᵂeron buᵂenos muslimes, i fuᵂe buᵂeno su aliçlām (*Islam*).

I llegaron las nᵂevas a Mālik ibnu ʿUfi Ananzariyu, iʸ-era
est Mālik gᵃrande en jentíʸo i muy obedeçido entᵉr-ellos; i
mandó kⁱridar por todas sus tiʸerras i por todas las alqabilas
de los al-ʿarābes, ke viniʸesen ad-ayudarle kontᵃra Muhammad ibnu ʿAbdi-il.lahi; i rrespondiʸéronle todos ke les pᵃlazíʸa,
i ke iríʸan a piʸed iʸ-a kaballo. Iʸ-así, fuᵂe la pⁱrimera alqabila
los de Banĭ Inudiru; i veníʸa en delantera un kapitán ke se

[1] Véase Gaudefroy-Demombines, *Mahoma*, Méjico, 1960, pp. 142 y sigs.

kᵃlamaba Sābiq ibnu Nirwān. Despuʷés destos viniʸeron los de
Musyan kon kuʷatro mil de a kaballo; i veníaʸa en la de
lantera un kapitán ke se kᵃlamaba Māzin ibnu Māzin. I de-
pʷés viniʸeron los de Banî ʿAmir, kon-un kapitán ke se
kᵃlamaba ʿAtaʾi ibnu Tariq; i kada kapitán tᵃraíʸa kuʷatro
mil de a kaballo i de a piʸed. Apᵉrés d-estos viniʸeron los de
Bani Muwah, kon kuʷatro mil de a kaballo, iʸ-en la delantera
tᵃraíʸan un kapitán ke se llamaba Alhariz ibnu Muwah;
iʸajuntáronse entᵉre kaballeros i peones veyte *(sic)* i seys mil.

La ora kaminaron i llegaron çerka del-alqāsar de Mālik
ibnu ʿUfa. La ora ke los viʸo Mālik saliʸólos a rreçebir i
díxoles:

— ¡Yā jentes i kabalgada de alʿarabes!, ya sabeys kómo
Muḥammad ibnu ʿAbdi-il.lazhi a ganado a Maka, i se a de-
mostᵃrado sobre los de Qurayš kon-espada i lança; i yo e
miʸedo ke Muhammad devorará vuʷestᵃras̱ tiʸerras, i matará
vuʷestᵒros kaballeros i barraganes, i rrobará vuʷestᵒros kastillos, i kativará vuʷestᵃras mujeres i fijos.

I rrespondiʸeronle todos i dixiʸeronle:

—Puʷes a nos pᵃlaze ke nosotᵒros iremos a Muhammad
kon nuʷestᵃra jente de a kaballo i de a piʸed, fasta ke torne
a Habal en Maka.

La ora dixo Mālik:

——¡Yā jentes!, puʷes ke es ésa vuʷesa voluntad, dereçad
vuʷestᵃras armas i kaballos, ke yo kiʸero demandar más sokorro a ʿUrba ibnu Masʿuq.

La ora dixiʸeron las jentes:

—Eso será muy bien.

La ora demandó tinta i papel, iʸ-eskⁱribiʸó su karta a los
de Saqib dixiʸéndoles: «Siʸenpᵉre yo fuʷe leal a vosotᵒros;
iʸ-agora yo e allegado mis westes para destᵘruir iʸ-akabar a
est-eçihrero *(=hechicero)*, mintiroso, de Muḥammad ibnu
ʿAbdal.lah. Venid a mî ayuda, ¡yā los de ʿUrwa!»

I la ora ke viʸo la karta ʿUrwā, iʸ-entendiʸó kómo las
westes eran llegadas iʸ-ajuntadas, mandó llegàr las suyas. I vi-
niʸéronle kuʷatro mil de a kaballo i dixéronle:

—¡Yā señor! ¿Ké te ad-akonteçido?

Díxoles:

—¡Yā mis kompañas!, una karrta me a venido de Mālik ibnu ʿUfi Anantariyu; i demanda sokorro a mí iʸ-a vosotros para kontᵃra Muḥammad ibnu ʿAbdi-il.lahi. Y yo dîgo ke Muhammad es ayudado kon ayuda i vençimiʸento, i nō nʷeze sino le nuʷezen; mas al ke va kuʷentᵃra él, guerréalo iʸ-estᵘrúyele i gánale sus tierras. Mi konsejo es estar kedos.

I rrespondiʸéronle sus jentes i dixéronle:

—¿I kómo será ke todas las alqabilas de los alʿarabes le van ad-ayudar? I, si no imos nosotros, dirán ke por miʸedo de Muḥammad no imos.

Díxoles ʿUrwā:

—¡Yā konpañas!, puʷes k-esa es vuʷesa voluntad, enforteçed pⁱrimero vuʷestᵒros kastillos, para ke pongays vuʷestᵒros algos i mujeres i fijos.

Dixo el rrekontador ke dexaron kiʸen enforteçiʸesen sus kastillos; i teníʸan akellas jentes unos kastillos muy fuʷertes.

La ora mandó ʿUrwā dereçar las armas i kaballos. Kaminaron fasta donde estaba Mālik; i la ora ke viʸo Mālik a ʿUrwā iʸ-a su jente, alegᵒróse alegríʸa gᵃrande; i mandó matar muchas vakas, i muchas viʸandas de todas naturalezas, i munchos bebᵃrajes; i komiʸeron iʸ-enbⁱriʸagáronse.

I dixo Mālik:

—¿I kómo ke emos de konsentir a Muhammad ke nos estᵘruyga kon akesta jente?

La ora vino Iblîs (= *el diablo*) kon-un albornoz de nuʿāma entokado kon dos tokas, la una amarilla i la otra bermeja, a kaballo en-un kaballo ke subíʸa más ke los otros; iʸ-él ke ablaba llorando, dixiʸendo:

—¡O jentes!, dexad los pᵃlazeres i deleytes, iʸ-aparejaos todos a las armas, porke no perdáys la onrra ke tenéys.

Puʷs la ora ke oyeron las jentes su dicho de Iblîs, maldígalo Al.lah, dixiʸéronle:

—¿I de dónde viʸnes?, ¡yā viʸejo!

Díxoles:

—Vengo de Maka.

Dixéronle:

—I ké a fecho Muḥammad en-ella?

Dixo:

—Ke a entªrado en-ella por fuʷerça de armas. ¡Por a-Lāta wa al-ʿUzā!, ke ya a kebrado las ídólas todas.

I dixéronle:

—¡Yā viejo¡ ¿Ké a fecho kon la ídola Ḥabal?

Dixo:

—Ke a kebrado sus kuʷestas i sus miʸembºros todos; i l-a echado en la tiʸerra, esmenuzada; i pisado kon sus piʸedes, i koçeado: ʸ-echádola en la tiʸerra de as-Saffā (= *colina frente a la Kaʿaba*), por ke la fagan polvos los gªrandes i los chikos.

I dixéronle:

—¿I ke a fecho kon As-Safa, Ana'āil? Iʸ-eran éstos un on-bᵉre iʸ-una mujer ke fiziʸeron aˡzzinā (= *fornicación*) en la kasa antiga, i tornólos Al.lah piʸedra jelada; iʸ-era ke los de Qurayš ke adoraban en-ellos sines de Al.lah.

Dixo:

—Ke todo lo a fundido entᵉre sus piʸedes.

Dixo el rrekontador, ke Mālik ḱridó a sus konpañas, i mandó ke dereçasen los kaballos i armas. I no oyérades sino ḱridos, i rrelinchos de kaballos, i rrelunbªrar armas i lanças iʸ-espadas i baçinetas. I maravillóse Mālik del gªran rruido ke fiziʸeron las jentes. Iʸ-ellos ke dezíʸan:

—Vamos por los algos de Muhammad, i partírnoslos emos

I kaminaron los de Hawāzin i los de Saqib; i de çaga dellos iban las mujeres, i las kˡriaturas, i los ganados menores i mayores, i sus algos todos. I kuʷando rrelinchaban los de Hawāzin i los de Saqib, rrelinchaban los kativos; i levantóse un polvo gªrande ke pareçíʸa una nube; i no çeçaron de kaminar, fasta ke llegaron al rríʸo de Taun; iʸ-asentaron las jentes allí. I moraba allí, en-akel valle, Duraydi ibnu Sābit, un deskᵉreyente. Iʸ-entºró una mujer de la weste en la kasa de Duraydi, kon-una k^{i}riatura chika en sus braços, i^y-ella llorando. I díxole Duraydi:

— ¡Yā mujer! ¿A dónde vas?

Dixo la mujer:

— ¿I no ve^{y}es esta weste?

I levantóse Duraydi, i fu^{w}ese a la weste, i dixo:

— ¡Yā konpañas! ¿Ké es ke veo en vosotros rruido g^{a}rande i b^{a}ramidos i rrelinchos de kaballos?

Dixi^{y}éronle:

— ¡Yā Duraydi! ¿Kómo estás tan kedo? Ke éstas son westes ke an asentado akí para guerrear a Muhammad ibnu ʿAbdi-il-lahi.

Dixo Duraydi:

— ¡O tan gu^{w}ay de mí!, dadme mis armas i mi kaballo.

I t^{a}rayéronle su kaballo. I^y-él era f^{a}lako de vista. I kabalgó Duraydi, i fu^{w}ese a la weste de Mālik ibnu ʿUfï. Qu^{w}ando lo vi^{y}o Mālik, a^{l}rrankó su espada de goyos (= *gozo*) i de alegrí^{y}a. I díxole Duraydi:

— ¡Yā Mālik! ¿Ké west es ésta?

Díxole Mālik:

— La weste ke yo e allegado para guerrear Muhammad ibnu ʿAbdi-il.lahi.

I dixo Duraydi:

— Yo veo akí mujeres i k^{i}riaturas i ganados, ke t^{a}raes en tu weste. ¡O, ké mejor serí^{y}a ke t^{a}rayeses feridores de lanças, d-espadas i de saetas; i^y-esto fu^{w}era más amado a mí, ¡yā Mālik!, porke si la vu^{w}elta es kont^{a}rari^{y}a, serán los algos para Muhammad ganançi^{y}a i para su a^{l}ssihaba.

Dixo Mālik:

— ¡Por a-Lāta wa-al-ʿUzā!, ke ku^{w}ando enkont^{a}raremos a Muhammad kon nu^{w}est^{a}ras westes de kaballo i de a pi^{y}ed, i verán nu^{w}est^{a}ras mujeres i nu^{w}estros algos, ent^{i}risteçerse an, i verán los mu^{w}ertos en-el su^{w}elo, i será abatimi^{y}ento para Muhammad.

Dixo Duraydi:

— ¡Por-a-Lāta wa-al-ʿUzā!, los ganados ke andan por los

montes son más ku^werdos ke tú; i los kamellos ke andan kon los ganados ti^yenen más seso ke no tú. I kon-él vi^yenes a guerrear a Muḥammad, kon mujeres i k^lriaturas.

P^wues ya estaba asentada i rreposada la weste de Mālik en-el rrí^yo de Tauen, i^y-el-annabî Muḥammad no lo sabí^ya.

Pu^wes^lla ora vino un alʿarab al-annabî Muhammad a kaballo en-un kaballo. I llegó a Maka, i^y-eskabalgó del kaballo, i^y-arrendólo, i fu^wese al annabî, i díxole:

—Alssalāmu ʿalaykum (= *la salud sea sobre ti*), ¡yā raçūlu Āl.lah! (*oh enviado de Dios!*).

Dixo el-annabî Muḥammad:

—El a^lssalām (= *la salud*) sea sobre los ke siguen la guí^ya, i^y-an mi^yedo, i temen la mala por çaga.

I dixo el alʿarab (= *árabe*).

—¡Ya Muḥammad!, yo te vengo ad-avisar, i^y-a desengañarte; rreçíbelo de Kí.

Dixo raçūlu Āl.lah (= *enviado de Dios*):

—¿I ké es tu desengaño?, ¡yā alʿarab!

Dixo el ʿalarab *(sic)*:

—¡Yā Muḥammad! Kata-kí: los de Mālik, i los de Ḥawāzin, y los de Saqib se an juntado en-el rrí^yo de Taun, kon t^erenta mil de a kaballo i de a pi^yed; i^y-an jurado i p^orometido en dest^uruirte en Maka, d-aky-a ke tornes la ídola Ḥabal en su lugar.

Dixo raçūlu Āl.lah:

—¿I qu^wándo akello?, ¡yā alʿarab!, ke yo tengo señor ke sabe lo sekreto, digo, los sekretos todos.

Dixo el-alʿarab:

—¡Yā Muḥammad! Kátame akí, delante de tus manos; i si mi^yento, kórtame la kabeça; i si digo verdad, pu^wes ya e de la onrra deste mundo.

Dixo, ke la ora ke rrazonaba el-annabî kon-él, veos ke deçendi^yó Jibril (= *el ángel Gabriel*), i díxole:

—¡Yā Muḥammad!, tu señor te da el-a^lssalām, i te dize ke dize verdad el-alʿarab; i Al.lah te manda sallir a ellos.

La ora saltó el-annabî kon-una kompaña de su a^lssihaba

(= *discípulos de Mahoma*); i tomó una seña de la villa de Maka; y g^i ritó i dixo:

— ¿A dónde-está Annas ibnu Mālik ¿A dónde está Silmān Alfereçí^yu ? ¿A dónde está Suhaybi? ¿A dónde está Bilāl ibnu Hamām?

I rrespondi^y éronle todos:

— ¿Ké te p^a laze?, ¡yā raçūlu Āl.lah!

Dixo a ellos el-annabī:

—Sallid, ¡api^y ádevos Al.lah!, por los barr^y os de Maka, i dezid: «¿En dónde son los de "almuhājirîna" (= *"emigrados" a Medina con Mahoma)* i de "alanṣar" (= *"auxiliares" del Profeta)?* Rresponded a vu^w est°ro a^l nnabî, aunqe..., ke le a venido de partes de Al.lah, ta῾alā» (= *tan alto es)*.

I k^i ridaron los almu^w édanos; i vini^y eron las jentes de todas partes; i^y -ajuntáronse todos. I la ora subi^y ó el-annabî sobre un poyo alto de la ti^y erra, i fizo alḥutba (= *una plática)* kunp^i lida, i loó a Al.lah loami^y ento; i depu^w és dixo:

— ¡Yā jentes, rraḥima-kumu Āl.lah! (= *tenga Dios piedad de vosotros)*. Estos son los de Hawāzin i los de Ṣaqib, ke ya me a fecho a saber Al.lah, mi señor, kómo se an-ajuntado, kon t^e renta mil de a kaballo i de a pi^e ed, en-el rrí^y o de Taun. I Al.lah me manda sallir a ellos, ke an jurado de dest^u ruir a Maka. Pu^w es ¿ké deziys vosotros?, ¡rraḥimakumu Āl.lah!

Dixeron los muslimes:

—Nu^w est°ro konsejo es el tuyo; i nu^w est°ro kerer es obedezer a Al.lah i depu^w és a tú, ¡yā raçūlu Āl.lah!

I di^y óles gu^w alardón por-ello, i p°rometi^y óles segurança i mucho bi^y en. Depu^w és mandó el-annabî ke se aparexasen para kaminar.

I depu^w és k^i ridó ῾Alî ibnu abî Tālib i dixo:

—Y jentes ki^y en esté de vosotros enfermo, ferido, deténgase de sallir a esta batalla, ke su fecho será g^a rande.

I rrespond^y óle un kaballero, ke su nonb^e re era ibnu Sufyān; díxole:

— ¡Yā ῾Alî! ¿Kómo ki^y eres menosp^e reçi^y ar a los barraganes, i^y -abatir i menosp^e reçi^y arnos?

I^y-ensañóse ʿAlî de la rrespu^westa de ibnu Sufyān. I arrankó
su espada. Alî, i arrankó la suya ibnu Abi Sufyān; i fu^wéronse
ell-uno ku^went^ara ell-otro; i^y-ent^oró el-annabî ent^er-ellos, i
puso su mano derecha sobre la espada de ʿAlî i la içki^yerda
sobre la espada de Sufyān; i fizolos abraçar ad-anbos, i^y-obe-
deçi^yeron su mandato.

I la ora salli^yó el-annabî de Maka, i kaminó kon doze mil
de sus konpañas. I la ora mandó t^araer una seña, i di^yola
ad-al-Ḥabāsi ibnu Bārdāsi, i tomóla en su mano, i^y-él
dix.^yendo *(sic)* sus aši ʿārās (= *coplas*).

I^l mandó kon otra seña, i di^yola a su ʿami (= *tío*) al-ʿAbbās
ibnu ʿAbdu āl-Mutālib, i tomóla, i kaminó kon-ella, i^y-asen-
tóse en su lugar. Ap^arés tomó otra seña, i di ola ad-Abū
ʿUbayda ibnu Alǰarrah; i depu^wés tomó otra seña, i di^yola
a Simāk ibnu ʿAw...iyyu. I mandó kon-otra seña, i di^yola
ad-Azubayr ibnu Al ʿawāmi. I demandó kon otra seña, i
di^yola a ʿAbdu a^lr-Rahmān ibnu ʿÛfi. I demandó kon otra
seña dezena, i di^yola ad-Abū Bakri I^lṣsidiq. Ap^erés demandó
kon dos señas, i di^yolas a ʿAli ibnu abî Ṭālib, i kaminó kon
ellas, i kaminaron kon-él los de Banî Hāšim. La ora tomó
A^lnnaṣari ibnu Zābit kon-el kabest^oro de la kamella del
annabî. I mandó el-annabî a su ʿami al-ʿAbbās ke kaminase
i gui^yase por-el kamino de Alǰaldāni. I^y-en-akel rrí^yo abí^ya
un árbol muy g^arande; i^y-era ke los de Qurayš eng^arandeçí^yan
ad-akel árbol, i degollaban por-él muchas nuṣakās en sak^ere-
fici^yo de sus ganados. I ku^wando oyeron al pasar por allí,
asaǰdaron (= *se postraron*) a él una *p*artida de los de Qurayš.
La ora dixo el-annabî Muḥammad... subḥana Al.lah (= *¡ben-
dito sea Dios!*) desk^ereyentes, ke ku^wando ibays a la guerra
levábades delante ad-a-Lāta wa-al-ʿUzā, i agora ir a la bata-
lla kon Al.lah i su mesajero, i kon perdonança de ivantaja
(= *ventaja*) g^arande.

La ora dixi^yeron:

—¡Yā raçūlu Al.lah!, demanda perdón a Al.lah por nos
otros de nu^west^oro pekado, ke ya sabes ke á pokos dí^yas ke
estamos en la k^ereyença, i^y-en-el aliçlām (= *el Islam*) i kamino.

El-annabî Muḥammad kon sus compañas, veos ke los kaballos rrefusaban a çaga; iʸ-ajuntábanse unos kon otros; i
kⁱridó el-annabî Muḥammad, i dixo:

— ¿I ké es akello ke rrefusays? ¡Apiʸádeos Al.lah!

Dixéronle:

— ¡Yā mesajero de Al.lah!... Un kulebro gᵃrande ke abarka
kon todo el valle.

Dixo el-annabî Muḥammad:

—Dadme a mí lugar fasta ke lo veʸa de todo en todo.

La ora ke lo viʸo el-annabî, asentóse sobre su koda, i
kⁱridó i dixo:

—Aˡssalāmu ʿalaykum, ¡yā raçūlu Āl.lah!

Rrespondiʸó el-annabî i dixo:

—El-assalām sobre los ke siguen la guíaʸa, i temen la
mala por çaga. Dime, ¡yā kulebro!, ¿eres tú de los aˡǰǰines
(= *seres entre hombres y animales*) o eres de los animales?

Dixo:

—Soy de los aˡǰǰines, ¡yā raçūlu Āl.lah! I yo soy de los
ke kᵉreen kon tí fasta el díʸa del juiçiʸo. ¡Yā raçūlu Āl.lah!,
e venido ad-ayudarte yo i una konpaña kon doze mil de los
aˡǰǰines.

I dixo el-annabî:

—I volvíme i oí ke leíʸan el-alqur'ān (= *Corán*) ke guíʸa
iʸ-adereça.

I dixo el-annabî Muḥammad:

— ¿Iʸ-en dónde están esas tus konpañas?

Dize ke açeñó enta un barranko adelante. I volviʸóse el-
annabî enta (= *cerca de, junto a*) sus konpañas, i díxoles:

— ¿Aben visto alguna kosa?, ¡apiʸádelos Al.lah!

Dixiʸeron:

—Sí, emos visto, ¡yā raçūlu Āl.lah!, komo un fumo verde.

Dixo el-annabî:

—Apartaos del kamino de los muçlimes, ¡yā aˡǰǰines!

I desviʸáronse, i la ora kaminaron.

Veos ke los deskᵉreyentes se mudaron al rríʸo de Taun,
iʸ-asentaron en Badri Hunayn. I la ora llamó Mālik a una

konpaña de los suyos, i mandóles ke korri^yesen sobre los de
Muḥammad; i^y-ansí vini^yeron sobr-ellos, ke pareçí^yan komo
ke ellos fu^wesen una parvada de ganado; i ku^wando vi^yeron
la weste del-annabî, volvi^yéronse enta su weste, i dixeron a
la otra jente:

¡Yā tan way de vosotros! ¡Por-a-Lāta wa-al-ʿUzā!, ke
Muḥammad vi^yene a vosotros kon su weste de a pi^yed i de
a kaballo. I la ora ke lo oyeron kayó la gⁱrita entr-ellos
todos; i fu^we ke un onb^ere abí^ya ent^arado a la west de Muhammad, i vi... Muḥammad ke a... kon su... nu, i mandó avançar
el-annabî a sus jentes. I la ora ke vi^yo akello Mālik, díxoles
a sus jentes:

—¿De ké es akese espanto i mi^yedo ke abéys tomado?
Dixi^yéronle:

—¡Yā Mālik!, por mi^yedo de los de Muḥammad, por-ke,
¡por a-Lāta wa-al-ʿUzā!, si llega a nos, no kedará de nosotros
chiko ni g^arande.

La ora llamó Mālik a un esk^alabo negro ke tení^ya, muy sabyo
i^y-entendido i^y-agudo, i díxole:

—¡Yā mançebo!, anda, ven konmigo i subiremos ençima
de akel kabeço alto.

I subi^yeron, i díxole Mālik:

—¡Yā mançebo!, mira akella weste, i mira ké vees en-ellos.

I miró i dixo:

—Yo veo un onb^ere ancho de f^erente; i^y-en su mano una
seña amarilla.

Dixo Mālik:

—¿Konóçeslo?

Dixo:

—No.

Dixo:

—Akel-es al-Ḥabbāsi ibnu Bārdāši Asulaymiyu.

Dixo más:

—Veo un onb^ere kon-una seña negra, i sus rropas negras.

Dixo Mālik:

—Akel es elʿAbbas ibnu ʿAbdu āl-Muṭalib.

I dixo más:

—Veo un onb᷊re kon-una seña amarilla *(sic)*, i las rropas bermejas de todos ellos.

Dixo Mālik:

—Akel-es Aqraḥ ibnu Ḥarbiz.

Dixo más:

—Veo un kaballero, i sobr-él rropas bᵃlankas, i la seña bᵃlanka.

Dixo:

—Akel-es ʿAbdu-āl.lahi ibnu Rraḥilata.

Dixo más:

—Veo un kaballero kon-una seña bᵃlanka i kárdena, i las rropas kárdenas, i las tokas kárdenas.

Dixo Mālik:

—Akel-es al-Miqdād ibnu al-Āzwad al-Mukandi.

Dixo más:

—Veo un kaballero largo, i de gᵃran forma, ancho de on-b°ros, gᵘruʷeso de muslos; una vegada va a mano derecha i otra vez a mano içkiʸerda; iʸ-en su mano dos señas.

Dixo Mālik:

—Ese kaballero es ʿAlî ibnu abî Ṭālib.

Dixo más:

—Veo en-el koraçón de la weste un kaballero, ni largo ni korto, bᵃlanko, i sus pelos ke rrelunbᵃran komo el sol, i mí-ranle a él las westes todas.

Dixo Mālik:

—Akel-es Muḥammad ibnu ʿAbdi-il.lahi, el derribador mayor, el destᵘruidor de vuʷesos barraganes, aⁱnnabî d-esta jente.

Dixo:

—Vámonos a nuʷestᵃra weste, ke ya sabemos su konto.

I tornóse a Duraydi, a su konpaña, i díxoles Mālik:

—¡Yā jentes!, no les ayades miʸedo ke akeste es Muḥam-mad ibnu ʿAbdi-il.lahi, ke viʸene a vosotros kon doze mil de a kaballo; i nosotros soy *(sic)* tᵉrenta mil: No sereys ven-çidos los muchos de los pokos.

Dixo ell-ordenador de las istori^yas, ke se asentaron las westes kara kon kara; i^yordenaron sus azes; i arreáronse kon sus
armas; i^y-enfestillaron (= *levantaron*) sus vistas, los unos i los
otros; i^y-endereçaron las rri^yendas de los kaballos; i tendi^yeron
sus lanças; i^y-aparecháronse *(sic)* para pelear; i^y-avançábanse
los onrrados, i^y-abatí^yanse los aviltados, i demost^arábanse los
barraganes i los kaballeros wabados (= *valientes*); i^yençen-
di^yóse el sol kon su kalor g^arande; i^y-ençendi^yóse el rruido
ent^ere las westes, ke s-esturdeçi^yeron los kaballeros i los peones
del t^aras... eço g^arande, i de sus polvaradas rreçi^yas, i de los
jemidos g^arandes, ke no se pareçí^ya el sol de las polvaradas
g^arandes. En ke la ora kⁱridó el-Eblis, lā ʿanahu Al.lah (= *no
le encuentre Dios*), i dixo:
— Mu^werto es Muḥammad ibnu ʿAbdi-il.lahi.
I kayó akello en los koraçones i^y-en los oídos de los muçli-
mes, i tomaron espanto g^arande. I^y-en-akella ora volvi^yeron
fuyendo, fasta ke no kedó delante del-annabī Muhammad
sino di^yez de la ṣiḥaba.
Dixo ibnu al-ʿAbbās, subḥāna Al.lah:
— ¡Por Al.lah! Nunka vi mayor barraganí^ya ke l-annabī.
En-akel dí^ya se tiró la toka de su kabeça, i kargó sobr-ellos;
i^y-iban fuyendo los desk^ereyentes delante dél, fasta ke los lançó
en Hunayn, alto en la montaña. I kaían las kabeças delante
dél komo el pedrisko del çi^yelo.
Depu^wés tornó a su a^lṣṣihaba, i no falló sino di^yeç, i dixo
ad — al-Abbās:
— Puya a la montaña i llama a los muçlimes.
Dixo al-ʿAbba*a*s:
— ¡Yā fijo de mi ʿami!, ¿i^y-a dó llegará mi voç, ke las
jentes an fuido por los valles i los barrankos?
Dixo el-annabī:
— Llámalos, ¡yā ʿami!, ke Al.lah rrevelará tu voz.
I subi^y al-ʿAbbās a la montaña, i kⁱridó, i dixo:
— ¿A dónde fuis?, ¡yā los del-aṣṣiḥaba de Muḥammad!
Katad-akí a vu^west^oro a^lnnabī vivo i no mu^werto. ¡Tornad,
tornad a la batalla, i^yapi^yadarvos Al.lah!

I oyeron la voz de al-ʿAbbās los muçlimes, i tornáronse al-annabī dixéronle:

—¡Yā raçūlu Al.lah!, rruʷega a Al.lah por nosotros, por-este pekado, ke aⁱššaytān (= *Satanás)* diʸo kⁱrido en nosotros, i fuʷemos espantados.

I rrogó el-annabī por-ellos. I depuʷés demandó el-annabī por ʿAlī ibnu abī Ṭālib, i dixo (çubhana Al.lah):

—Iʸ-en dó está ʿAlī, radiya Al.lah ʿanhu (= *esté Dios satisfecho de él)*, k-él no seríʸa vençido; i ya Al.lah es el sabidor dello i de toda kosa.

La ora deçendiʸó Jibril (= *Gabriel)* i dixo:

—¡Yā raçūlu il.lahi!, ke Al.lah te manda ke subas a lo alto de la montaña, i ke mires al fijo de tu ʿammi, ʿAlī ibnu abī Ṭālib.

Dize ke subiʸó el-annabī, i miró, i viʸolo ke peleaba kon los deskᵉreyentes, a man derecha i a man içkiʸerda, ke los llevaba komo el alano a los korderos, kuʷando a man derecha kuʷando a man içkiʸerda; i díxole Jibril:

—¡Yā Muḥammad!, los almalakes (= *ángeles)* en los çiʸelos se maravillan de ʿAlī.

I siguiʸóle- el-annabī, i fallóle todo una mar de sangᵉre; i miró en-él, i fallóle setenta feridas; i tomó el-annabī un vaxillo *(sic)* kon aguʷa, i pasó su mano, la bendita, por las feridas, i luʷego fuʷeron sanas, kon liçençiʸa de Al.lah i kon su gᵃraciʸa.

Dize, ke depuʷés ke salliʸó d-entᵉr-ellos un kaballero, ke su nonbᵉre era Dālḥimān; i era baṭal (= *héroe)* gᵃrande i fuʷerte; i paróse en medyo los dos kanpos, komo ke fuʷese una fiʸera bᵃrava; i demandó kanpo; i deziʸa sus aššiʿares *(coplas)*. I sallóle un muçlim, ke se llamaba Zayd ibnu ʿUmar; i kometiʸó kada uno dellos kontᵃra su konpañero; iʸ-enkontᵃráronse kon dos feridas; iʸ-avançose Duālḥimān kon-una ferida, ke l-echó en la tiʸerra muʷerto; iʸ-akuitó Al.lah kon su aⁱr.rūh (= *alma)* al-aljanna (= *paraíso)*. I depuʷés paróse entᵉre los dos kanpos, i dixo:

—¿Ay kiʸen me salga a mí?

I no rrespondi^yó ninguno. La ora dixo Dūlḥimān:

—¡Yā Muḥammad! ¿En dónde tus kaballeros, i tus ba-rraganes, i tus nonbªrados? ¿I-n dó es el león wabado, ʿAlī ibnu abī Ṭālib?

I dixo el-annabī:

—¡Yā ʿAlī!, ¿amas sallir a este kaballero?

Dixo:

—Sí, ¡yā raçūlu Āl-lah!

I salli^yó a él ʿAlī, dixi^yendo:

—¡Señor!, yo me defi^yendo de la deskᵉreyença kon tu nonbᵉre i tu potestad, i de aber temor i^y-espanto antes d-enkon-trar kon los baṭales.

I ku^wando lo vi^yó Dūlḥimār, konoçi^yólo, i díxole:

—¡Yā ʿAlī!, ya a korrido tu koraçón en kolpear i ferir; en tantas batallas as sallido vençedor, i agora as ensañado tu koraçón en guerrear kon mí, i^y-el koraçón de Muham-mad ibnu ʿAbdāl.lah. Pu^wes tira de ti la feúza, ke no as guerreado kon kaballero semejante del k-está delante de ti.

I la ora komęti^yó kada uno ku^wentªra el otro; i guerrearon largamente; i mirábanlos dos xércitos *(sic)* a ellos. Veos ke se levantó ʿAlī kon-una ferida, ke le parti^yó por medi^yo dos partes, i karpi^yó el kaballero i^y-al kaballo, i^y-entᵒró la-spada en la ti^yerra entªrami^yento rreçi^yo. I^y-akuytólo Al.lah kon su aˡr.rūh (= *alma*) a Jahannama (= *infierno*). I dixo ʿAlī:

—¡Al.lahu akbaru! (= *Dios es grande!*).

I aseñó a los muçlimes i dixeron todos:

—Al.lahu akbaru!

I sigui^yeron a ʿAlī kontªra los deskᵉreyentes; i volvi^yeron fuyendo, i parti^yéronlos partes, i mataron en el rrí^yo de Ṭaun muchos ḥaleqados (= *criaturas*); i kativamos muchos; i las aˡttakbiras (= *pronunciación de la frase* «*Al.lāh akbār*») de los muçlimes, i^y-atakbiras de los almalakes (= *ángeles*) ke era maravilla de oír. I tomó al-ʿAbbās un tokado de adibāj (= *brocado*) verde, i dixo al-ʿAbbās:

—¡Por Al.lah!, ke pensé k-era ku^walke donzella, i yo la levaba para p^eresentarla al-annabî. Veos ke llegó a mí un kaballero de los muçlimes, i díxome:

—¡Yā al-ʿAbbās!, ¿ké toka es?

Díxele:

—Yo kuydo k-es alguna aljāriya (= *muchacha*).

I díxole:

Mal kuydar ti^yenes, ¡yā al-ʿAbbās!; i si por ventura es Iblis, el-aššaytān malo; i vi^yene la-skuredad kon su negror de la noche, pu^wédese soltar, i fazer mal ad-alguno de los muçlimes.

La ora fízolo eskubrir. Veos ke era Duraydi el-Malʿun; i^y-este Duraydi era enemigo de Muḥammad.

I dixo al-ʿAbbās:

—I tú eres Duraydi, ¡yā enemigo de Al.lah i^y-enemigo de su ar.raçūl!

I rrancó la espada al-ʿAbbās, i firi^yó a Duraydi; i^y-estaba muy armado, i no firi^yó en-él la-spada kosa ninguna; i kitóle la fibilia de la baçineta al-ʿAbbās; i kotróle la kabeça i llevóla al-annabî, i díxole:

—¡Yā raçūlu il.lah¡, kata akí la kabeça de Duraydi el-Malʿun.

I alegróse el-annabî alegrí^ya g^arande. I mandó llegar todos los algos, i los ganados, i los kamellos; i di^yo a los kapitanes kada çi^yen kamellos, i a los muçlimes sus partes; i di^yole ad-Ašaye dos donzellas. I fu^wese el-annabî a la Medina muy alegre, gozoso, ganançi^yoso, vençedor de los desk^ereyentes, poblador del-aliçlām.

Akí se akaba la konkista del-annabî Muḥammad kon Mālik ibnu ʿUfî Ānantariyu, kon la bendiçi^yón de Al.lah, señor de toda kosa. Wa-ṣallā ʿalā çayyid Muhammad al-karîm wa-çallam (= *y bendiga Dios a nuestro Señor, Mahoma, el noble, y le salve*).

CEREMONIAS RELIGIOSAS DE LOS MORISCOS

Tomamos la descripción de varias «ceremonias de moros que hacen los moriscos» del apéndice documental de Los moriscos españoles y su expulsión, *de Boronat y Barrachina*[1]. *Se trata de los principales ritos islámicos tal y como los efectuaban los moriscos españoles, y cuyos nombres aparecen en las acusaciones de todo proceso inquisitorial*[2].

»*Atahor*.—Para hacer el atahor[3] se desnudan en cueros y ponen en una artessa con agua caliente y jabon y se laban todo el cuerpo y esto hecho bacian el agua y hechan otra limpia en un librillo y allí meten las manos de palmas diciendo: «A la huogbar A la huogbar A la huogbar[4], testigo me seas ante la cara de Alá», y desta manera se lavan todos los miembros començando de la cabeça hasta acabar en los pies diciendo las dichas palabras en cada miembro, y hecho esto se ponen de rrodillas en el artessa y juntas las manos toman agua tres beçes y la ·hechan por encima el onbro

---

[1] Vid. t. I, pp. 508-513.

[2] El principal estudio de las prácticas religiosas moriscas es el de Longas, *Vida religiosa de los moriscos*. Gayangos publicó (en *Memorial Histórico español*, V) el tratado del alfaquí segoviano Içа de Guebir, manual para moriscos en los que se describen los mandamientos y preceptos islámicos llamado «Suma de los principales mandamientos e devedamientos de la ley e çunna».
Véase también Credilla, «Ceremonias de moros que hacen los moriscos», en *Rev. de Archivos, Bibliotecas y Museos*, y aquellas obras que tratan de los moriscos y la Inquisición, principalmente Llorente y Dressendoerfer.

[3] Palabra que significa *Purificación*.

[4] *Allāh hu akbar*: Dios, él es el más grande.

derecho y luego ponen la mano derecha sobre el hombro
derecho y la izquierda por debajo del braço izquierdo y
para que ambas manos se alcançen por las espaldas y si no
alcanzan toman un palillo para alcançar y dicen como se
alcançan sus manos ambas: «Ansí alcance mi alma el alchana[1]
y hechan el agua con entramas manos por el hombro izquierdo otras tres beçes y otras tres por el derecho que an
de ser nuebe, y echo esto se visten camisas y rropas limpias.»

Guado ó guadox[2].—Para hacer el guado toman un jarro
de agua limpia fria y labanse tres veces las manos y cada
bez dicen: «Señor Alah labo mis manos de tomar con ellas
cosas de haran[3], labolas para afirmar y testimoniar y xahi-
dar[4] la palabra de «ley ele hi ille Alah mahomet Raçulyala»[5]
y labadas las manos se ponen de cuclillas y se laban las partes vergonçossas diciendo las mismas palabras y despues dicen:
«Señor labo mis carnes de toda cosa de haran etc.» y luego
se rraen las palmas de las manos tres beces con la misma
agua y despues se las tornan a labar tres beces diciendo las
mismas palabras y luego se laban la boca tres beces diciendo: «Señor Ala, la primera y postrera de mis palabras sea
la palabra de legile Alah Mahomet raçul Alah» luego se
laban las nariçes con agua diciendo: «Señor Alah, mis narices
huelan olorosas en el Alchana de la bendición»; despues se
laban la cara tres beces diciendo: «Señor Alah, resplandece
mi cara como luna de catorce noches y no me la oscurezcas
como la oscureces a los descreydos. Resplandecemela como
rresplandeceis a vuestros amigos y bien queridos, amen.»
Luego se lavan el brazo derecho hasta el cobdo diciendo:
«Señor Alah, dame mi carta de la berdad de mi bien y de

---

[1] *Alchanna* ó Paraiso.
[2] *Guaddo.*—Lavatorio ó ablución.
[3] *Haram.*—Cosa prohibida.
[4] Sin duda por *açaxdar*, humillarse, venerar.
[5] En vez de: *la palabra de Leyleha yie Allah Mahommad rasululiah*, que
quiere decir: No hay más Dios que Alá y Mahoma es su mensajero.

mi mal y de lo que obre en la casa del mundo, amen y Alah.» Luego se laban el brazo izquierdo diçiendo las mismas palabras y luego se laban la cabeça hasta la mollera diciendo: «Señor Alah pone mi cabeça con el alargue del Alchana de la bendicion el dia que no habra otra sobre si la vuestra no.» Luego se laban los oydos para que oyan los Alcoranes en el Alchana de la bendicion, amen y Alach. Despues se laban la garganta tres beces diciendo: «Señor Alah, guarda mi garganta de todo guego[1] y cadena de jeana[2] amen y Alah.» Luego se laban los pies tres beces primero el derecho y luego el hizquierdo diciendo: «Señor Alah, afirma mi pie derecho al pasar de la puente de la cirata[3], que no rresbale como rresbalaron los de los descreydos, syno que pase como pasa el relampago entre las gentes axaydando y firmando y testimoniando en la palabra berdadera de leyille ille Alah, que nunca murio ni morira ni hubo aparçero ni semejança sino Mahomett que fue su siervo y su mensajero y bino con la ley de la berdad, amen y Alah» y lo mismo dicen al pie izquierdo y dicen que una puente que esta sobre los abismos se llama *acirata*, que es tan angosta como un cavello y que pasan por ella las animas.

La çala.—Hay la *çala de cofe*: Consiste en poner en el suelo una savana y suben sobre ella los pies descalços y juntas las manos las ponen de palmas sobre la cara, llanas, trayendolas hacia baxo una vez, y diçe tres beçes a la çala y al alfala «naxe du ley illehi ille Ala» y bueltas las manos acia el suelo juntas, dicen una bez: «A la huogbar cofe y Ala» que quiere decir, alabanças a Dios, y luego ponen las manos desbiadas una de otra algun espacio y dicen: «Señor Alah, yo te ruego por la tu merced y piedad, que perdones mi alma y la de mi padre y madre y resçivas de mi esta

---

[1] En vez de fuego.
[2] *Jehanam* ó *chihaiam*, significa el infierno; en latin *gehenna*.
[3] *Çirat.*—Puente largo y estrecho como un cabello colocado sobre el infierno, y por el cual habrán de pasar los buenos y los malos; aquéllos para subir al cielo, éstos para ser precipitados en el fuego eterno.

çala de cofe mejor que yo la hago y digo como la resçiviras de todos los justos y justas y de todos aquellos y aquellas que creen y aferman y exchadean y testimonian bien y berdaderamente a la palabra de leyille hijala Mahomet raçur Alah, amen y Alah», y luego tornan a baxar las manos, las palmas acia el suelo diciendo: «A la huogbar» y luego ponen las manos en los muslos sobre la ropa y dicen: «Alhanduli lahi arabi alanima anahamen»[1] y luego teniendo las manos sobre los muslos dicen: «Colhua allahudo çamadu ahadu» y luego bajan la cabeça y todo el cuerpo dos veces acia el suelo y dicen: «Ala huogbar a la uira cara han», y luego ponen la cara junto al suelo encima de la sabana y dicen tres beces: «Señor Alah erre peque perdoname por tu piedad». Luego se ponen en pie y tornan a decir las oraciones del *handu collua*, y tornanse a bajar como primero y tornan a decir: «Ala huogbar alauira carahan» y ponen las caras al suelo y dicen las palabras que arriba estan dichas, y luego se ponen de rodillas y dicen: «Atayeto lilay haçiquieto lilay hacereguto lilay», y bolviendo la cabeça sobre el lado derecho dicen: «Açalemo alegualbabi de aguay ella çala y el apale del agua sea dado sobre nuestro onrrado y escogido caudillo de Mahoma sobre todo creyente y creyenta bivo y muerto de la luna de Mahoma, amen y Alah», esta çala se hace en saliendo el sol.

Çala de Dohar[2].—Esta se hace a medio dia y tiene quatro arracas que quiere deçir quatro veçes el *handu* y dos beces *colliba*, y se hace como la de cofe y con las palabras arriba dichas.

Çala de Alaçare[3].—Esta se hace a las bisperas haciendo y diciendo como arriba esta dicho; siempre la çala se haçe buelta la cara al alquibla[4] que es donde esta el sol, tres horas despues de aver salido en ynbierno.

---

[1] En vez de «Alhamdu billehi rabbii yl alamina el», que quiere decir: Alabado sea Dios señor de todo lo creado.

[2] La oración del medio dia.

[3] La oración de la tarde.

[4] Alquibla: El lugar que en las mezquitas indica la situación del Oriente y hacia el cual los muslimes se vuelven en sus oraciones.

Çala de Alajere.—Esta se hace despues de bisperas a las quatro de la tarde con las mismas cerimonias, salbo que no tiene mas de tres arracas; quiere decir arraca baxar y alçar la cabeça.

Çala de Alatamo[1].—Esta se hace despues de anochecido y tiene quatro arracas con las cerimonias y palabras arriba dichas.

Çala Jabalquet.—Esta se hace despues de todas las dichas, con las mismas cerimonias, y con esta se acaba el çala, y si son muchas las personas que hacen el çala se ponen en rengle unas tras otras y no juntas.

El ayuno de Ramadan.—Este ayuno hacen treinta dias, sin comer en todo el dia hasta la noche, salida la estrella, y cada noche çahoran[2] comiendo de lo que dexaron de por noche vn poco antes del dia y lavanse las bocas y hacen la çala y antes que comiençan el Ramadan se tahoran para entrar en el. Comiençanle con la luna y acabanle con ella misma, y despues dexan passar onçe lunas y la doçena siguiente es el rramadan[3], por manera que cada uno cay diez dias antes que el pasado, porque ansi entran las lunas y comiençan el primero dia que la luna paresçe hasta que paresçe la siguiente.

Pasado el Ramadan, que son los treinta dias de ayuno, luego celebran las pascuas del Ramadan, y el primero dia por la mañana besan los hijos las manos a sus padres y les piden perdon y ellos les dan su bendicion poniendoles la mano sobre la cabeza diciendo: «Alah te haga buen creyente o buena creyenta, su sierbo o su sierba» y los otros se piden perdon unos a otros diciendo «Perdoname, por que Alah os perdone».

Pascua de los Carneros.—Esta celebran al decimo dia de la tercera luna, despues de la del Ramadan, y ayunan los dichos diez dias de la dicha luna, no comiendo en todo el dia hasta

---

[1] Es el açala de *alatema* ó del primer tercio de la noche.
[2] Çahorar: Lo mismo que *tahorar* ó purificar.
Ramadan. Noveno mes del calendario musulmán en el cual se ayuna.

la noche y çahoran por la mañana como diximos en el rramadan, y para la pascua matan un carnero degollado, a modo de moros; dicen que celebran esta pascua por el sacrificio que hiço Abraham del carnero en lugar de su hijo.

Noche Buena.—Ocho meses despues de la Pascua de los carneros y un mes antes de la de Ramadan, celebran una fiesta que se llama nochebuena que dicen de escrivir las almas, por que dicen que Alah escrive aquella noche las almas que han de morir aquel año, y hacen atahor y çala aquella noche y dicen que han de hacer cien arracas escepto que una vez dicen alhandu y colhua y otra alhandu y nathaguera y otra alahandu y riçayllo, hecho el atahor se ponen de rodillas y se miran la sombra que tienen, que si uno bee la sombra del otro sin cabeça que aquel ha de morir aquel año.

Viernes.—Guardan por fiesta el viernes cada semana, y cuando no lo pueden hacer sin ser bistos guelgan la hora del *dohar*, que es al medio dia.

Muertos.—A los muertos atahoran primero y despues los amortaxan con siete paños de mortaxa y le ponen su chicafa para cubrir las partes bergonçosas, porque dicen que, sin el no pueden salir el dia del juicio ante Ala, y cuando los amortaxan cubren la cabeza y pies sin que se parezca nada.

Noche del Ayla Turcal[1].—La noche del ayla turcal la velan toda, haciendo la çala y atahor despues de haver cenado y llaman la çala de dias de deudas.

Arracas del alnabi[2].—Se hacen con quince alahandu y quince veçes ataineque y otros quince çurayro vinavibece y nueve veces colhua, y esta se hace en nombre del alnabi Mahoma y su hija hatimacora.

Natayneque.—El nataineque se hace, puestos los ojos en el suelo y las manos sobre el vientre, de palmas, dicen «nataineque alcançara facali linasica ganahari, huala petara».

En vez de Laylatulcadre: asi llaman al día veintisiete de la luna de Ramadan.

Alnabi quiere decir el profeta.

Çurayro Biran Falaque.—La oracion del çurayro biran falaque, se hace puestas las manos y los ojos como esta dicho,
dicen «Çurayro hariguari biran falaque minjare ayjare mar-
chiar fari fixari», etc.

Çurayro Vinabiuece.—La çora de çurayro binavibece se
hace puestas las manos y ojos de la misma manera, diciendo:
«Çurayro binabiuece» etc. Acavadas las dichas açoras train
las manos por la cara acia abaxo diciendo: «Nexedec ley lehi
hilala», y acabado esto baxan las cavezas y cuerpo a manera
de savadear diciendo «nexedec leyde hileala, Ala huobar»,
y luego se tornan ahenestar[1] y dicen las dichas cosas. Luego
se ponen de rrodillas en tierra sobre la sabana y las bocas
y las palmas asi mismo dicen: «Señor Alah, vos prometistes
en vuestro alcoran el onrrado, oyr a quien os llamase,
rresponder a quien os sirviese, yo soy uno de vuestros siervos
que estoy a vuestra puerta, que os pido y os demando el
alchana para mi alma y para las de mi padre y madre, y
para todos aquellos y aquellas que creen y afirman en su
palabra la onrrada», y acauado esto dicen la *çora de atayeto*
trayendo las manos por la cara y dicen «Quien nos agunto
aqui nos agunte en el alchana de la vendicion.»

Deguello.—No comen cosa ahogada sino degollada, las mujeres no pueden degollar y llevan a degollar las aves a los
hombres, los quales deguellan las rreses o aves vueltos ellos
y la cara de la rres o pico de ave a la alquibla, y deguellan atrabesado y dexan la nuez con la parte de la cabeça
y suelen aguçar el cuchillo y provar el filo en la mano, y
cuando deguellan dicen: «Virmiley»[2].

Baptismo.—Echan en un librello granos de trigo y cevada
y cosas de oro y plata, y sobrello agua caliente y ponen
la criatura desnuda sobre el librillo y hacenle el Athaor, y
luego el guado, y luego le enbuelben en ropas limpias y le
ponen nombre; luego le ponen una toca de seda sobre la

---

[1] Henestar, ponerse inhiesto ó derecho.
[2] Bismillehi: En el nombre de Dios.

criatura, y las personas que alli estan toman todos de los cabos de la rropa y preguntan, la que baptiça como a nombre y responden las otras el que le han puesto y alçan todas la criatura y toca, en boz alta dicen todas: li li li li li y quitan la toca y toman un libro arabigo y ponenlo sobre la boca, narices y oxos de la criatura, diciendo: «Alah te haga buen creyente», y echo esto quitan el oro y plata y lo demas del librillo, y tomale una mujer y ba a echar el agua en baxo de la cama de la parida y alli la derrama dando una gran risa; no se hallan presentes hombres a este cerimonia y hacenla al seteno dia del nacimiento de la criatura.

Axaydar.—Es decir, nexedec ley lehi ille Alah, que son las palabras que se dicen a los moros que se mueren para que entrando en la guesa Alah les muestre el almaliche, que es angel de buena figura.»

ACUSACION Y SENTENCIA DEL PROCESO INQUISITORIAL CONTRA FRANCISCO DE ESPINOSA, MORISCO DE EL PROVENCIO (CUENCA), 1561-62[1]

«Francisco de Espinosa, cristiano nuevo de moro.

Visto por nosotros los Inquisidores contra la heretica pravedad y apostasia en los Obispados de Cuenca y Sigüenza y su partido por la autoridad apostólica. En audiencia juntamente con el hordinario del obispado de Cuenca un proceso de pleito y causa criminal que ante nos apendido y pende. Estando presentes de la una el licenciado Santos promotor fiscal desde Santo Officio autor acusante y de la otra reo acusado, Francisco de Espinosa, cristiano nuebo de moro vezino de la villa del provencio sobre y en razon que el dicho promotor fiscal parescio antenos y presentó su acusación y demanda contra el dicho Francisco Espinosa diziendo que estando el suso dicho en posesión de cristiano y tal se nombrando y gozando de los privilegios libertades e ynmunidades de que los fieles y catolicos cristianos gozan y deben gozar pospuesto el temor de Dios nuestro Señor y de su bendita madre la gloriosa virgen maria avia heretiçado y apostatado de Nuestra Santa fee catholica y Ebangelica y delo estatuydo y hordenado por la santa madre Yglesia de Roma y cometido muchos delictos hereticos y dijo palabras yrreberentes e injuriosas y escandalosas, especialmente los siguientes.

I.—Primeramente siendo como era el dicho Francisco Espinosa conbertido de moro que se bautizo siendo de hedad

[1] Archivo Diocesano de Cuenca, Leg. 218, núm. 3670.

de veynte años, por la afection que a la perbersa y malvada seta de mahoma tenia y con la crehencia que en sus palabras mostraba tener en la dicha seta en aprobacion della estando en cierta parte el dicho Francisco de Espinosa avia dicho quexandose de su muger bendiçion de dios en aquellas tierras de aculla, diziendolo por las tierras de los moros, que dan al hombre cinco o seys mugeres y quando esta enojado con la una se pasa con la otra y dize esta quiero y esta otra no quiero y que avia tenido y aprobado por buena la dicha seta de mahoma que permite tener un hombre muchas mugeres.

II.—Yten que tractando el dicho Francisco de Espinosa con otras personas sobre la guerra que los christianos yban hazer contra moros avia dicho que no aprobechaba nada yr aguerra contra moros porque hera mucha mas la moreria que la cristiandad y que para un cristiano que fuese abria quinze moros lo cual avia dicho con mucho contento y alegria riendose y holgandose como si le fuera la vida.

III.—Yten que como muy edificado en la dicha seta y que mostraba estar en los herrores en que fue enseñado antes de baptizarse quando se dezia que los moros avian bencido a los christianos mostraba gran alegria y daba a entender que se holgava mucho dello y del mal de los christianos[1].

IV.—Iten que con la dicha falsa crehencia quando se dezia que nuestra señora avia sacado algun captivo de tierra de moros el dicho Francisco de Espinosa dezia: dizen que santamaria asacado los captivos y llaman a santa maria para que los saque y sacarlos an sus tesoros o sus dineros y ponen los en los umilladeros.

V.—Yten que tractando de las perdidas de los christianos en las guerras contra los moros el dicho Francisco de Espinosa avia dicho muchas vezes mal lo sabia yo estos cosco-

---

[1] El morisco se siente identificado con el mundo islámico. La alegría por victorias turcas es una de las acusaciones más frecuentes en los procesos.

rrones en que avian de parar que las profeçias de San Ysidro no podian mentir[1].

VI.—Iten que estando tractando çiertas personas de las ceremonias de moros el dicho Espinosa avia entendido la platica de que se tractava y se avia buelto para hablar a una persona descendiente de moros que con el yba y dixo ala persona veras lo otro, no te acuerdas eso y años lo sabiamos aca, lo cual dixo holgandose mucho de manera que se entendio que lo dezia por las dichas ceremonias de que tractava.

VII.—Iten que estando en otra cierta parte donde se bendia yesca y piedra una persona hizo la prueba con una aguja y pasando por alli el dicho Francisco de Espinosa avia dicho a otra persona descendiente de moros que con el yba a la assiesta: lo otro, y la dicha persona respondió yaya lo cual avia e entendido cierta persona que lo vio que lo dezian por el zancarron de mahoma[2], y esto por cosas que avia leydo en la ystoria de los moros la dicha persona.

VIII.—Yten que estando el dicho Espinosa en una casa avia entrado de fuera cierta persona descendiente de moros diziendo que hazen los moros honrrados y el dicho Francisco Espinosa no avia respondido a la dicha persona antes sino turbacion de que entendieron que lo avia oydo otra persona que no era de su generacion.

Yten que estando el dicho Francisco de Espinosa a visitar a cierta persona enferma descendiente de moros el dicho en-

---

[1] Las profecías de San Isidoro fueron interpretadas a su favor tanto por cristianos como por musulmanes. Guadalajara y Javier en su *Prodición y destierro de los moriscos de Castilla*, fol. 12, hablando de las profecías en que se anunciaba la total reconquista de España a manos cristianas, dice: «Esta restauración de España (conquistándola de los musulmanes) profetizaron muchos y santos varones ilustres lo que había de durar: entre ellos, el santo Arzobispo de Sevilla, Isidoro, tan leido de los moriscos quan mal entendido dellos.»

[2] Según Guadalajara y Javier, *Prodición y destierro...*, fol. 72, el «zancarron de Mahoma» era «un brazo adornado conforme la posibilidad de de cada uno, de pedrería, anillos y otras riquezas» que los moriscos guardaban en representación y símbolo del Profeta.

fermo avia dicho en ora buena benga el buen moro que
si de tales moros tuviera el turco muchos, bien pudiera hazer
y dezir y el dicho Espinosa no avia contradicho las dichas palabras que la dicha persona le avia dicho.

IX. Yten que hablando con ciertas personas sobre la
substentación de la vida el dicho Francisco Espinosa dixo
dos alcahuetes malos tengo y el uno es dios y el otro mi
borrico y otra vez dixo dos alcahuetes malos tengo y el uno
es dios y el otro mis hijos.

X.—Yten que como ingrato alas gracias y beneficios que
de dios avia resçevido el dicho Francisco de Espinosa avia
dicho que tenia pocas gracias que dar a dios porque le
avia dado las viñas pues no querian yr a trabajar sus hijos.

XI.—Yten que el dicho Francisco de Espinosa estuvo
presente quando ciertas personas leyan en un libro cosas de
mahoma y su perversa seta especialmente[1] como mahoma
avia ganado y señoreado muchas tierras[1] y otras cosas y de
oyr leer lo suso dicho Francisco de Espinosa se holgaba
mucho.

XII. Yten que hablando con otras personas avia contado
muchas cosas de la seta de mahoma e yntroduccion della
y entre otras avia dicho que los moros a nuestra señora
llamaban maria y que dezian que pues dios era tan gran
señor y generoso, porque se avia dexado crucificar de tan
ruin gente.

XIII.—Yten que hablando con otra persona el dicho Espinosa avia dicho que si no fuese por aver esta Inquisición
que segun estaba la gente todos serian infieles porque los
que avian de amonestar caían primero.

XIV.—Yten que tractando ciertas personas con el dicho
Francisco de Espinosa de los moros le dixieron que si tenian
los moros oraciones y el dicho Espinosa avia respondido que
lo dexasen que no hera tiempo de hablar en aquello y tor-
nandole a preguntar las dichas personas dixo esta oracion:
handurilá dela lazazmin hurrazman hurrazmin.

---

[1] Véase «Relato caballeresco aljamiado».

XV.—Yten que el suso dicho avia perjurado en gran ofensa deste tribunal diziendo unas veces que no sabe nada de la seta de mahoma y otras vezes que si.

XVI.—Yten que el suso dicho avia sido fautor y encubridor de Hereges porque sabiendolo no los avia manifestado.

XVII.—Yten que tractando de la guerra de moros contra cristianos el dicho Francisco de Espinosa avia dicho que vendria tienpo que se tendria por vienabenturado el que tuviese un pariente morisco porque reinarian los moros en Granada y que avia un astrologo que dezia que el rey moro avia de entrar por la puerta dorada de granada y ganaria toda la tierra y avia de quemar los huesos de la reyna doña Ysabel y despues hechallos a volar[1] y diziendo cierta persona no querra dios que os veais en eso el dicho Espinosa avia respondido: no pues cuando vengan los moros el que tenga un amigo morisco tendrá mucho lo cual avia dicho con muestras de gran alegria de manera que parescia en sus palabras que se olgaria con la victoria de los moros y perdida de los catholicos christianos.

XVIII.—Yten que con la afection que debia tener a la seta de mahoma avia dicho el suso dicho que no se corria de que le llamasen morisco[2].

XIX.—Yten que aviendo tirado cierta persona con un arcabuz avia dicho mirad asi tengo de tirar a los moros quando esten en la guerra y una persona que alli estava avia dicho pues sois tan esforçado traedme una morisca de hasta catorce años y aviendo oydo esto el dicho Francisco Espinosa mostrando enojo y que le pesaba avia dicho mira

[1] Los *jofores* o profecías que anunciaban una recuperación del poder político eran muy frecuentes (véase «Profecía morisca»). Obsérvese que, más por delitos contra la religión, se procesa a Francisco de Espinosa por opiniones «políticas», por un sentimiento nacional opuesto al del cristiano viejo.

[2] Al contrario que el judeo-converso que trata de borrar su linaje e integrarse en la sociedad cristiana, el morisco se siente orgulloso del suyo y de los epítetos (peyorativos para el cristiano viejo) que lo ponen de manifiesto.

ahora rey de puta bellaco si avia criado el otro la hija para
que la trujiesen aque sirbiese aca.

Y que avia hecho dicho y cometido otros muchos delictos
de heregia y apostasia contra nuestra santa fee catolica y
ley Ebangelica como constaria de su proceso de los cuales
protesto acusar quando a su noticia viniesen. Por tanto que
nos pidia mandasemos proceder y procediesemos contra el
dicho Francisco de Espinosa por todo rigor declarandole por
hereje apostata fautor y encubridor de herejes y por ello
haber caido e incurrido en pena de excomunion mayor y
estar en ello ligado y enperdimiento y confiscacion de todos
sus bienes los cuales mandasemos aplicar a la camara y fisco
de su magestad desde el dia que cometio los dichos delictos
y relaxasemos su persona a la justicia y brazo seglar declarando sus descendientes por inhabiles e incapaces para poder
haber tener y poseer dignidades beneficios officios asi eclesiasticos como seglares y otros cualesquier officios publicos
y de honrra conforme a derecho instituciones y estilo deste
santo officio y sobre todo pidio serle hecho entero cumplimiento de justicia y juro la dicha acusacion en forma. Y siendole leyda la dicha acusacion al dicho Francisco de Espinosa y respondiendo a ella dixo que hera verdad que el avia
dicho quexandose de su muger bendicion de dios en aquellas
tierras de aculla diziendolo por las tierras de los moros que
dan al hombre cinco o seys mugeres y quando estaba enojado
con la una se pasaba con la otra y dizen esta quiero y esta
otra no quiero y que cuando dixo las dichas palabras le
parescio que hera buena ley aquella de tener muchas mugeres. Y que tanvien avia dicho que no aprovechaba nada
yr a guerra contra moros porque hera mucha mas la moreria que la cristiandad y que para un cristiano que fuese
avia quince moros y que le plazia de contallo. Y que tan-
bien avia dicho dizen que santa maria a sacado a los cav-
tivos y que llaman a santa maria para que los sacase y
sacanlos de sus thesoros o sus dineros y ponenlos en los humi-
lladeros. Y que contando de las perdidas de los cristianos

en las guerras con los moros avia dicho muchas vezes mal
lo sabia yo estos coscorrones en que avian de parar que la
profecias de Sant Ysidro no podían mentir porque dezian
que se havian de levantar guerras. Y que el no savia mas
palabras en arabigo que eran El handurila dela bradamin
hurrazmin herrazmin y que no sabia que se querian dezir[1].
Y que tenia pocas gracias que dar a Dios porque le avia
dado las viñas pues no queria yr a travajarlas sus hijos. Y que
avia contado muchas cosas de la seta de mahoma e intro-
duccion della y entre otras dezia que los moros a nuestra
señora la llamaban maria y que dezian que pues dios era
tan gran señor y poderoso porque se avia dejado crucificar
de tan ruin gente y que ansi lo dezian sus padres y aguelos.
Y que si no fuera por haber esta Inquisicion que segun
estava la gente todos serian infieles porque los que avian de
amonestarlos cayan primero. Y visto por nos como el dicho
Francisco Espinosa no dezia ni confesava enteramente la verdad de lo que estava testificando le mandamos dar copia y
traslado de la dicha acusacion y letrado para que le ayudase
al cual le fue echa relacion del negocio e leydas las confesiones que el dicho Francisco de Espinosa avia hecho y la
acusacion que se le avia puesto y con su acuerdo y parescer
respondiendo a ella dixo que se afirmaba en sus confesiones
y negava lo de mas con conprotestacion que hacia de alegar
mas conforme a lo que conbenia a la justicia en su tiempo
y lugar y los partes presentes concluyeron y por nos fue
avido el dicho pleito por... y los rescevimos a prueba con
cierto termino y se hizo publicacion de testigos y se dio copia
y traslado dellos al dicho Francisco de Espinosa y respondiendo della dixo y confeso que era verdad que el avia dicho
hablando con cierta persona y diziendole que le yba mejor
que no cuando era carretero avia respondido el dicho Francisco de Espinosa entonces tenía yo dos alcahuetes que el uno
era dios que no le daba alimento para sustentar a sus hijos

---

[1] Los moriscos castellanos, en general (y exceptuando los granadinos de-
portados), desconocían el árabe.

y el otro heran sus hijos que heran muchos. Y que hablando
con ciertas personas de la guerra de Mostagan[1] avia dicho
no piensan mas los cristianos que yr contra moros que es
todo el estruendo y remor y algazara que traen consigo que
no vastaba todo el mundo a resistirlos. Y que no tenia mas
que dezir y pidia perdon a dios nuestro señor y a nos penas
con misericordia y comparescer y acuerdo del dicho su letrado
dixo que el tenia confesada y dicha la verdad y que en ella
se afirmaba y negava lo de mas y que no tenia que dezir
ni alegar en esta causa mas de lo que dicho y alegado tenia.
Y estando la causa en este estado y visto como el dicho Francisco de Espinosa todavia no confesava enteramente la verdad
de lo que avia echo dicho y cometido y estava acusado y
testificado por mucho numero de testigos deseando la salvación de su anima y para que no se quedase en sus delictos
y horrores fue por nos tornado a amonestar benina y cari-
tativamente dandole a entender quanto le era necesario confesar la verdad. El dicho Francisco de Espinosa movido con
buen animo e intencion segun mostró dixo que era verdad que
el avia sido moro y temido y creydo hasta el dia de oy que
hera buena la ley y seta de mahoma porque en ella pensava
se havia de salvar el y los otros y que esto lo avia tenido
en su pecho. Y que aunque avia ydo muchas veces a misa
y en ellas rezaba que siempre estava moro. Y que hera verdad
lo que los testigos dezian y que el se pensava salvar en la dicha
ley de mahoma como los cristianos en la suya y que no havia
echo otras cerimonias ningunas de la dicha ley y que desde
oy en adelante el maldezia la dicha secta de mahoma y se
apartava della porque entendia que hera secta mala y no
de todo en lo que avia ofendido a nuestro señor y le pesava
dello en el alma y suplicava a nuestro señor le perdonase
sus pecados y a nos pidia husasemos con el de misericordia
porque de oy en adelante queria vibir y morir en la fee de

---

[1] Mostaganem, en la costa argelina. Plaza que los españoles perdieron,
frente a los turcos, en una importante batalla, en 1558.

Jesucristo como buen y fiel cristiano segun que mas largamente... se contiene en el dicho proceso... lo cual todo por
nos visto con personas de letras y rectas conciencias y temiendo a dios ante nuestros ojos que es recto y verdadero
juez.

Fallamos. Atentos los autos y meritos del dicho proceso
y lo que del resulta que el dicho promotor fiscal provo vien
y cumplidamente su acusación e demanda, damos y pronunciamos su intencion por bien provada en consecuencia de lo
cual debemos declarar y declaramos al dicho Francisco de
Espinosa haber sido herege apostata e por tal lo pronunciamos y declaramos e por ello haber caydo e incurrido en
sentencia de excomunion mayor y en todas las otras penas
e inhavilidades en que caen e incurren los que cometen
delictos de heregia y en confiscacion y perdimiento de todos
sus bienes los quales mandamos aplicar y aplicamos a la camara e fisco de su magestad e a su receptor en su nombre desde
el dia e tienpo en que aquel cometio los dichos delictos que
abra sesenta años y como quiera que conforme a derecho
pudieramos relaxar su persona a la justicia y brazo seglar
mas queriendo usar con el de hequidad y misericordia y no
seguir el rigor de la justicia atento que el suso dicho de las
confesiones que ante nos hizo mostró señales de contricion
y arrepentimiento y se arrepintio de los delictos herrores por
el confesados y dixo que se queria conbertir a nuestra sancta
fee catholica y estava presto de cumplir qualquier penitencia
que por nos le fuese impuesta e de abjurar de los dichos
herrores e de fazer todo lo demas que por nos le fuese mandado. Si ansi es que el dicho Francisco de Espinosa se
convierte de puro coraçon y fee no fingida a nuestra santa
fee catholica. E que a confesado enteramente la verdad que
le debemos admitir y admitimos a Reconciliacion y le rein-
corporamos al gremio de la sata madre Yglesia e union de
los fieles cristianos y mandamos que en pena y penitencia
de lo por el cometido mandamos que el dia del acto salga
con los otros penitentes con un sanbenito amarillo con dos as-

pas de sant andres donde le sera leyda esta nuestra sentencia e abjure publicamente los dichos herrores que ante nos tiene confesados e toda otra cual quier especie de heregia y fecha la dicha abjuración le mandamos absolver y absolvemos de la excomunión en que está ligado y más le condenamos a carcel y avito por tres años e que hayga el dicho san benito sobre todas sus bestiduras e guarde y tenga la carceleria en la carcel perpetua desta ciudad y que todos los domingos y fiestas de guardar vaya o oyr la misa mayor y los sermones a la yglesia mayor della con los otros penitentes y los sabados en romeria a nuestra señora de la Puente y alli rece cinco veces el pater noster con el abemaria y el credo y la salve regina e que confiese y resciba el santisimo sacramento del altar las tres Pascuas del año los dias que vibiere y declaramos el suso dicho ser inhavil o incapaz de poder tener ni obtener dignidades beneficios ni oficios ansi eclesiasticos como seglares que sean publicos y de honrra ni traer arrmas ni andar a cavallo ni traer seda oro ni plata ni piedras preciosas ni otras cosas arbitrarias a los tales inhaviles prohividas ansi por derecho leyes y prematicas de los reynos como por instrucciones y estilo deste santo officio lo qual todo mandamos que ansi haga y cumpla sopena de impenitente relapso. E ansi lo pronunciamos declaramos sygnamos y mandamos por esta (firma).

En la çiudad de Cuenca a cinco dias del mes de julio de mill e quinientos e sesenta e dos años.

CONVERSION DE LOS MORISCOS VALENCIANOS

En las luchas que enfrentaron en Valencia a señores y agerma-nados, los moriscos, vasallos de aquéllos, fueron considerados como uno de los soportes del enemigo y perseguidos encarnizadamente por los rebelados. Una de las medidas que los agermanados impusieron fue el bautizo de los moros para impedir con ello que tuvieran que seguir pagando el diezmo que en calidad de tales debían a sus se-ñores. Escolano, *en sus* Décadas de la historia de la ciudad y reino de Valencia [1], *relata así los acontecimientos:*

[Los agermanados]... «se derramaron por aquellos lugares buscando a los moros y a sus señores para acabar con todos: y solo perdonaron a los moros que se dejaban bautizar por escapar de morir. Los primeros que bautizaron por fuerza fueron todos los de Gandia grandes y pequeños: bautizabanlos con escobas y ramos mojados en una acequia.

Lo mismo continuaron por todas las aldeas de Gandia, Oliva y marquesado de Denia y todos los demas lugares que se siguen hasta Polop.

Los moros deste lugar, por el miedo del saco y del bautismo se habían subido al castillo que es fuerte, y al cabo de algunos dias que se defendieron se dieron a partido ase-gurados de los comuneros que no los enojarian como recibie-sen el bautismo.

---

[1] T. II, libro X, p. 690. Sobre este tema véase también García Carcel y Ciscar Pallares, *Moriscos y agermanats;* Piles, *Aspectos sociales de las Germa-nías de Valencia,* y Danvila y Collado, *Las Germanías de Valencia.*

Con su palabra abrieron las puertas y se bautizaron; y acabandolos de bautizar degollaron a seiscientos dellos sin resguardo de la promesa diciendo que aquello era echar almas al cielo y dineros a la bolsa».

Acabada la Germanía, los moros volvieron a su fe.

Se planteaba entonces el problema de si el bautizo ha sido válido o no, y si debe permitirse esta vuelta a la fe de los moros.

En 1525 Carlos V zanja la cuestión decretando la conversión de los moriscos valencianos, lo cual provocará las rebeliones de Benaguacil y la Sierra del Espadán.

A partir de esta fecha será un problema ampliamente debatido el de la instrucción de los moriscos en su nueva fe, de la cual desconocen todo.

INSTRUCCION DE LOS MORISCOS VALENCIANOS

Acuerdos tomados por la junta que presidió don Francisco de Navarra sobre el negocio de la conversión de los moriscos. 1561 [1].

Los capitulos que se platicaron sobre lo que toca a los moriscos de Valencia.

Que se haga la visita por los ordinarios, o sus comissarios, o diputados para ello, y que sea para cada obispado su comissario, por que se acabe mas presto la Visita, y que lleuen cartas de su magestad para los barones, que den todo favor y ayuda, y que los officiales Reales vayan a acompañarlos para que tanto mejor se execute, que se junten en Valencia o en algun otro lugar que sea a proposito el arzobispo de Valencia y los otros prelados que tienen moriscos, y de allí salgan los comisarios a vn tiempo y se hiciere la visita uniformemente.

Que estos Comisarios lleuen orden de predicar y persuadirlos a los moriscos que confiesen sus culpas, y que sean admitidos con toda misericordia.

Que demas desto les auisen y amonesten que de aquel dia en adelante no hagan zala, ni ayunen el Ramadan, ni circunciden sus hijos, ni hagan bodas a la morisca ni otra ninguna cerimonia morisca, porque de otra manera seran castigados por el Santo Oficio, como la calidad de los delictos

---

[1] Apud Boronat, *Los moriscos españoles...*, t. I, pp. 524-529. Sobre instrucción y doctrinamiento de moriscos, véase la obra del arzobispo Martín de Ayala.

requieren. Si sera bien que estos Comisarios puedan subdelegar algunas personas en las cabezas de los lugares principales para oir las confesiones a los moriscos y darles las penitencias saludables conforme a sus delictos.

Que los dichos Comisarios o Visitadores procuren de tratar este negocio con toda benignidad, de arte que esta gente no se escandalice, que ser pudieren, para que estos biuan christianamente y reciban la doctrina mas por amor que por temor.

Al Capitulo de la visita de las Iglesias o Rectorias: Que se haya breve de su Santidad, que las Rectorias sean amouibles ad nutum de los ordinarios, y que las que son gruesas se repartan y se hagan yguales, y que en las que tienen algunos derechos de Patronazgo Laycal, que se vea lo que en esto dize el Concilio, y se guarde el Concilio, en el Capitulo que trata desto.

Al Capitulo 9 B: Que en todo caso los alfaquies y dogmatistas salgan fuera del Reyno, y que no esten ally, porque destruyran toda la instruction que se hiziere, y que la forma como se huviere de echar, se platique con el ordinario y con el Visorey. Y lo mismo en lo de las madrinas, o parteras, que donde huviere christiana vieja paran con ella, y donde no, que se halle presente el cura y el sacristan porque en nasciendo los suelen circuncidar.

Que se les quite el leer, y escribir en Arabigo: y se de orden como aprendan la lengua vulgar del reyno.

Lo que resulto de la consulta que su Magestad mando hacer en Valencia con el duque de maqueda visorey, al arzobispo de Valencia y obispo de tortosa que agora es [de] tarragona y al licenciado miranda inquisidor es lo siguiente y de otros papeles que estan en poder de mi el licenciado miranda.

Primeramente que se haga la visita por todo el reyno de Valencia, y para ello se nombren comisario o comisarios en nombre de su magestad para que la agan como a mi esta mandado por su magestad y muchas vezes consultado y nunca auido efecto, los quales dichos comisarios tengan autoridad de su santidad o del inquisidor general para poder admitir a rreconciliacion todos los que asta aora huvieren delinquido y perdonarles lo pasado con que aya enmienda para delante y castigar moderadamente los que despues delinquieren y no sean obligados a guardar el rigor del derecho.

Item que lleuen prouision de su magestad para todos los gouernadores, justicias y officiales reales y señores de uasallos y otras cualesquiera personas para que den fauor y ayuda a la dicha visita no contradeziendo ni consintiendo que en sus lugares ni por sus vasallos se haga ninguna cerimonia de moros, mandandoselo so graues penas y dando a los dichos comisarios todo el fauor posible.

Item que los dichos comisarios vayan con titutlo de inquisidor y lleuen sus alguaciles y ministros aunque no prozedan como inquisidores ni abiten en la inquisicion sino solo con la autoridad del inquisidor general como se a echo con los pasados, porque así es menester para que estos tengan respeto y nadie se desmande.

Item que con los dichos comisario o comisarios vaya el visitador del perlado, cada vno en su obispado, el qual tenga las vezes del arzobispo o obispos para que juntamente con ellos visite en lo que a ellos tocare; por que sin el comisario o comisarios a los dichos visitadores no les tendran respeto alguno como se a visto por experiencia.

Item que los dichos comisarios juntamente con los visitadores de los perlados visiten las retorias y los lugares donde estan personalmente, para ver si las dichas retorias estan bien señaladas, porque quando se erigieron quedo que quando se uisitaren se ueria lo que se auia de emendar y si estauan bien señaladas o no.

Item saber si los retores residen y son personas abiles y sufficientes y onestas, y si las iglesias estan bien reparadas de ornamentos y cosas necesarias al culto diuino, y quitar

los retores que no fueren tales, y poner otros abiles y sufficientes, y compeler a los retores que estan ausentes de las
retorias viejas y tienen la renta situada que sirvan personalmente, donde no poner personas abiles y sufficientes a sus
costas que las siruan.

Item saber y aueriguar las rentas y eredades que fueron
de las olim mezquitas que estan enagenadas en poder de los
señores y otros particulares, las quales fueron despues de la
conuersion aplicadas para las iglesias y restituirselas, haziendo
justicia si fueren rebeldes y no lo quisieren hazer y se saque
una paulina para todos los que supieren de estas rentas y
no lo manifestaren.

Item visitar los dichos nueuamente convertidos, y saber
como biuen y les quiten los ritos y cerimonias que tienen,
las quales consta por la visita que hizo el dicho inquisidor
Miranda, compelerles que bautizen sus hijos, que no los circunciden ni les pongan nombre de moros, se confiesen, vayan
a misa [y] guarden las fiestas, las que les estan mandadas
por las instrucciones y no poniendoles otros cargos y hazien-
doles hacer todas las obras de cristianos, y a lo menos trabajar que no las agan publicamente castigando con todo
rigor a los alfaquies y dogmatizadores y circuncidadores y
otros que vienen de Argel y de otras partes, granada, castilla
y aragon.

Item dar orden como los dichos nueuamente convertidos
sean enseñados y dotrinados por los curas y retores que les
lean la dotrina cristiana, llamando a los niños a cierta ora
del dia una hora de la mañana y aun a los grandes si
·fuere posible y alli enseñarsela y las fiestas a la tarde.

Item ponerles alguaziles y otros ministros que les hagan
guardar lo sobredicho los quales esten debaxo la protection
y amparo del santo oficio y de los dichos comisarios y gozen de
todos los privilegios que gozan los familiares dandoles algun
competente salario y la quarta parte de las penas que lleuaren.

Item prouer como en los lugares que no ay iglesias ni

se dize missa se agan, y ponerles retores y curas en ellas y
alguaziles y si los lugares fuesen peligrosos entregarlos al señor
del lugar con la caucion y orden que tuvo el inquisidor
miranda en la visita que hizo, que de otra manera por
miedo nadie osara residir.

Item que los dichos comisarios puedan a los que delinquieren ponerles algunas penas pecuniarias aplicadas para
la fabrica de las iglesias y pobres de los dichos lugares, por
que no piensen que esto se hace por llevarles sus dineros
y tengan algun miedo de ser castigados.

Item porque algunos destos nueuamente convertidos son
gentes principales y desean acreditarse y estar debaxo de la
proteccion y amparo de su magestad y del santo officio y
son parte para atraer esta gente y sin ellos y su fauor no se
ara tan bien esta visita y reformacion, conuiene mucho que
algunos dellos sean familiares de los que mas credito se
tienen los quales se dexo al dicho inquisidor miranda que
los conosce porque por estos principales se rigen toda la otra
gente vulgar.

Item que los dichos comisarios puedan castigar a los cristianos viejos si desonraren a los cristianos nuevos llamandoles
perros moros o otras palabras semejantes que sera parte
para atraerlos viendo que los que los afrentan son castigados.

Item que los mesoneros en los dichos lugares sean cristianos viejos y no moriscos por lo que se a visto por experiencia de algunos caminantes que se an cautiuado y pasado a
argel.

Item que los dichos comisarios castiguen algunos señores
de vasallos que solemnizan las bodas y fiestas destos y no
consienten que el retor y alguaciles agan sus officios den dello
noticia a los inquisidores para que ellos lo agan[1].

---

[1] Los señores de Aragón y Valencia protegieron siempre a sus vasallos
moriscos, lo cual creó múltiples problemas con la administración central
y la Inquisición (véase «Extracto del proceso de D. Sancho de Cardona», p. 137).

Item que los dichos comisarios se informen de las armas que tienen los dichos nueuamente conuertidos &, pero porque se presume que despues de quitadas ay muchas escondidas facilmente aora visitando la tierra se podran informar y dar noticia al visorey para que las quite.

Item por que ay algunos lugares en los quales se an echo por los nueuamente conuertidos algunas rapitas o mezquitas en las quales hazen sus ajuntamientos y tratan de sus cerimonias y hazen otras cosas no licitas asi en deseruicio de Dios y de su magestad como en gran daño deste reyno que los dichos comisarios las puedan desacer y derocar o azer dellas iglesias o lo que les pareciere y les proyban sus ajuntamientos y trompetas y les quiten los alcoranes, çunas y otros libros y instrumentos que tienen proybidos con que celebran sus fiestas y cerimonias como mas largamente tiene noticia el inquisidor miranda.

Item que la dicha visita se escomience agora por el inuierno mayormente en los lugares que estan cercanos a la mar y se prosiga por el uerano por los otros que estan mas apartados por el peligro que ay de las fustas.

Item que los dichos comisários quando fueren a uisitar lleuen consigo predicadores religiosos y ombres de buena vida y otros que sepan la algarauia y si no los uviere buscarlos en otras partes para que estos los enseñen y doctrinen y despues de echa la visita tengan cuenta con ellos y aunque a los monasterios que ay en dicho reyno que son muchos se les podía encomendar alguna partida desta gente y aun los arcidianos donde caen los partidos destos tuviesen cuenta con uisitarlos pues que lleuan la renta de los lugares y lo que allasen mal echo diesen cuenta a los comisarios para que lo remediasen.

Item que los dichos comisarios y visitadores agan los interrogatorios por donde se han de regir en la visita conforme a los que tiene el licenciado miranda y no pongan otras preguntas superfluas que no toquen a su officio los quales interrogatorios estuuo ya visto y examinado por los que extendieron la consulta pero si les pareciere añadir o quitar conforme al tiempo alguna cosa lo puedan hazer de tal manera que en ello no sea perjudicado el sancto officio ni aun los señores de uasallos ni los ordinarios pues que a todos an de estar conformes en este negocio.

Item que los dichos comisarios tengan en gran cuenta con el colegio que su magestad mando hazer en la ciudad de Valencia para que se criasen y doctrinasen los niños de los nueuamente conuertidos de aquel reyno tomando cuenta al retor y saber los niños que ay y que es lo que saben y la facultad que estudian; y porque algunos padres y aun otras personas an procurado y procuran de sacar los niños del dicho colegio por donde andan distraydos y se uan a sus lugares y tornan a los ritos y cerimonias de sus padres y si los quieren sacar no ay remedio y con muy gran dificultad, que los dichos comisarios compelan a los sobredichos que bueluan los niños y que los reciba el colegio y tengan muy gran cuenta con el por que se a cometido a muchas personas y dello no an sucedido los mejores efectos.

Item porque los comisarios nombrados por su magestad an siempre estado y residido en la ciudad de Valencia y nunca an vesitado los lugares de moriscos por lo qual se ha perdido este negocio, que de aqui adelante los comisarios no solamente residan en Valencia sino que anden los lugares de moriscos de todo el reyno, por que desta manera haran fruto, donde no, sera como asta aqui.

Item que los dichos comisarios quando fueren a la uisita lleuen algunos dineros para repartir entre los pobres de los dichos nueuamente conbertidos que esto sera mucha parte para hatraerlos.

Item que en cada lugar que uisitaren se ponga por el ordinario un obrero o mayordomo cristiano viejo si lo uviere en el lugar, sino cristiano nueuo que tenga cargo de las fabricas de las dichas iglesias y de la entrada y salida dellas juntamente con el retor, los quales con licencia puedan ir a pedir limosna para la fabrica de las dichas iglesias en los tiempos de la seda, trigo, vino, y azeite y otras cosas que podran demandar que para esto ayudaran mejor los nueuos conuertidos y veran que tienen confianza dellos y que los onrran dandoles estos cargos.

Item que los dichos comisarios tengan facultad de su magestad y la que fuere mas necesaria para que puedan, comunicando con el visorey por el tiempo que durase su ministerio, dar licencia a los nueuamente conuertidos de moros que se an pasado a tierra de infieles si se quisieren bolber al reyno y biuir como cristianos que puedan venir sin miedo o peligro de su vida y perdicion de bienes y que los dichos comisarios los asueluan y perdonen del mal que an echo y cometido no obstante qualquiera prohibicion, ley pramatica en contrario: precediendo de parte dellos confesion y arrepentimiento de lo pasado y enmienda para delante con [la] caucion que a los dichos comisarios pareciere.

Uno de los informes enviados desde Madrid a la junta de prelados y teólogos reunida en el palacio del Real de Valencia es el que damos a continuación. En él se hace un resumen de lo que se ha hecho por la instrucción de los moriscos y de lo que en adelante se debería procurar para conseguir mejores resultados:

Algunos medios que podrían aprovechar para la conversión de los moriscos del Reyno de Valencia[1].

Primeram.^{te} es summam.^{te} necessario, que aquellos a quien toca procurar esta conversion se persuadan que no es imposible moralmente hablando[2] pues nuestra Sta ley es de tanta fuerça y la misericordia del S.^r tan grande que donde quiera que se ha predicado con buen modo, ha trocado los coraçones, con su divino favor, de los Herejes, Gentiles y Apostatas, como hoy dia se ve en muchas partes, y aun en este

---

[1] Apud Boronat, *Los moriscos españoles...*, t. II, pp. 493-99.

[2] Obsérvese con qué recomendación tan curiosa comienza el documento: los cristianos viejos tienen tal conciencia de su fracaso ante los moriscos que consideran inoperante una campaña de adoctrinamiento antes de comenzarla.

Reyno se ha experimentado en los mismos moriscos, que predicandoles de proposito algunas personas religiosas se hizo, havra pocos años, mucho fruto, aunque se perdio presto, porque con los medios convenientes no se llevo adelante.

Y si a esto se oppone que ya se ha ussado con ellos de muchos y buenos medios, y que con todo esto estan empedernidos, se responde que esto no es causa bastante para star desconfiados de sanar estos enfermos pues es cierto que nunca se han puesto las diligencias que convenian, antes la cura ha sido errada, pues estando el mal en el coraçon todas las medicinas se han applicado en lo de fuera, lo qual es causa que el humor se encierre mas adentro, y assi se vee que con el forçarles a hoyr missas y otras cosas exteriores no medran antes no ganandoles lo interior se endureçen y irritan más, tratando a ratos de rebelion, lo qual no es de maravillar, pues en lugar de hazer una obra de servicio de Dios en la missa, estando en su infidelidad y descomunion, cometen en ello gravissimos sacrilegios.

Y para que esto se entienda mejor y brevemente se dira aqui lo que se ha hecho con ellos. El año de 1525 el Emperador Carlos quinto, de inmortal memoria, mando con publico edicto que todos los moros destos Reynos, saliessen fuera de Spanya dentro de un mes si no se querian hazer xpianos. Haziendoseles de mal el salir, embiaron las aljamas doze moros a su mag.[d] para alcançar prorrogacion deste mandato, diciendo que muchos se convertirian con condicion que en quarenta años no tuviesse que ver en ellos la Inquisicion, lo qual se les concedio por el Inquisidor general Don Alonso Manrique, Arçobispo de Sevilla, y con esto fueron embiados algunos comissarios apostolicos y predicadores, los quales dieron una buelta por los lugares de moros, predicandoles muy de passo, y como las cabeças les dixessen que todos se querian convertir, sin tratar de instruir a cada uno en particular, ni de examinarlos ni saber su voluntad, los baptizaron a manadas, y de modo que algunos dellos (segun es forma) pusieron despues pleyto que no les havia tocado el agua que en comun les hechavan y desta manera se los dexaron sin ponerles Curas ni predicadores permanesciendo ellos en su maldita secta como antes. Despues, el año 1535, les tornaron a embiar otros Comissarios apostolicos y erigieron 122 curados dotando cada uno a treynta libras y por ser ellos tan tenues que apenas hay quien los quiera, hasta hoy no se han acabado todos de proveer. Despues se han tenido juntas sobre el remedio desta miserable gente y nunca se ha visto execuçion alguna en los principales medios de la conversion, y assi universalmente no se les ha predicado el evangelio de proposito ni segun su necesidad, y donde mas cuydado ha havido, ha sido de que oygan missa y de otras cosas exteriores, forçandoles con injurias y penas pecuniarias y justiciando algunos dellos. De donde se collige claramente, que el no sanar estos enfermos hasta agora no se puede imputar a ser incurable su enfermedad, sino ha haverse errado la cura, y tambien se vee que hasta hoy no stan bastantemente descargados delante de Dios Nuestro S.ʳ aquellos a quien toca este neg.º pues no han puesto los medios que Xpo. nuestro S.ʳ tiene ordenados para la cura deste mal y aunque no se sacasse desta empressa mas que quedar los superiores descargados delante de Dios seria bien empleado qualquier trabajo que en ello se pusiesse, y porque gran parte del danyo deste neg.º consiste en no star persuadidos desto aquellos que lo han de remediar, se ha dicho esto con menos brevedad que se dira todo lo demas.

Tambien se ha de advertir que aunque este neg.º no es impossible, es muy difficil, por star estos moriscos mas obstinados que los moros de Berberia, haviendo endurecido con los sacrilegios y peccados que hazen contra nra. S.ᵗᵃ fe y assi es necessario que se tomen medios mas efficaces que hasta aqui, y que todos los superiores assi spirituales como temporales, mediatos y immediatos, se hagan a una para esta conquista, que de otra manera, todo quanto se hiziere sera perder el tiempo.

El medio principal de que quiso nro. S.ᵗ que ussassen los

los apostoles para la conversion de todo el universo mundo fue el de la predicacion del S.to evangelio mandandoles que lo predicassen a todos los hombres, y assi con este medio concurrio su divina Mag.d como lo notó el Evangelista S.t Marcos, de lo qual se entiende manifiestamente que por este mismo medio quiere tambien agora ayudar a los infieles como se vee en las indias y otras partes y assi la mas principal fuerça, se ha de poner en buscar predicadores de buena doctrina, discreccion y exemplo de vida que con zelo puro de las almas, sin buscar otro interes alguno, mas que convertir infieles y peccadores, les prediquen con amor y blandura y conforme a su necessidad, que es como de quien no cree nada de nra. fe, antes sta muy averso a ella y que para esto se haga una instruction con mucho acuerdo juntamente con un cathecismo accomodado a ellos porque el modo que se tiene de predicar y ensenyar la doctrina en las iglesias de los xpanos sera para los moriscos de ningun provecho, y seria bien que estos predicadores llevasen consigo algunos de los moriscos que se han criado en el Collegio que hay para ellos en esta ciudad de Valencia que podria ayudar por razon de la lengua Arabiga y por el amor que esta gente tiene a los suyos, y porque para esto y otros medios se offrecen algunos gastos sera necessario que su Mag.d muy de veras encargue a los Perlados que se animen a gastar, pues stan por tantas vias obligados a ello.

Para ver la gente que es menester para esta empresa y como se han de disponer las cosas, se ha de advertir que solo en el Arçobispado de Valencia, hay catorze mil y cient casas de moriscos repartidas en trezientos y noventa y nueve lugares, de los quales hay muchos juntos en algunos valles, y en quarenta y seys dellos hay mezclados muchos xpanos viejos y para todos estos lugares hay ciento y ochenta y cinco Rectorias.

Importaria mucho para que fuesse de provecho la predicacion, que se tomasse una partida junta, aunque fuesse necess.o traer predicadores de otros Reynos de Espanya, por-

que si no se lleva una comarca a una, aunque se convierta
algun lugar o buena parte del luego los moros los mas cassos
trataran de pervertir a los convertidos con industrias y amenazas estranyas, como se tiene experimentado, y porque
algunos so color de arrieros andaran procurando que unos
no se conviertan y que otros buelvan atras, seria de mucho
momento que se vedasse en cuanto se pudiese, que durante
el tiempo de la predicacion, los moriscos no anduviessen de
una parte a otra.

Tambien seria de grande importancia que algo antes que
se començasse la predicacion, en alguna parte, el S.^{to} officio
prendiesse a todos los que se supiesse que son Alfaquines y
que han de impedir el fruto del Evangelio y durante la
predicacion del no prendan a nadie sino que todo por
entonces sea amor, y si alguno de ellos fuesse grande
impedim.^o que se prenda por medio del S.^r temporal con
color de algun otro delicto que no faltara, porque de otra
manera se haria odiosa la predicacion.

Para que los Predicadores puedan hazer fruto, sera
necess.^o que lleven tres facultades: la primera, que vayan libres de denunciar ningun morisco al S.^{to} officio, por qualquier cosa que vean o oyan, y que publicam.^{te} avisen al
pueblo, que ellos no van para denunciarlos antes para
remediar en quanto se pueda si en algo stuviessen denunciados y principalmente para salvar sus almas, y que podran
libremente tratar con ellos, sin peligro que hayan de ser
denunciados, todas quantas dudas se les offreciere, y que con
esto procuren de hablar con las cabeças en conversaciones
particulares confundiendo sus errores y respondiendo a sus
razones, porque si ellos se ganan sera muy facil ganar a
todos los demas. La segunda es que lleven licen.^a de absolver
de todos delictos y censuras en el fuero de la conciencia
porque alguno en diziendo que se quiere convertir y se viene
a confessar [se le responde] que es necess.^o vaya a la inquis-
sicion para ser absuelto de la apostasia [y] como temen
tanto esto y sta tierno responde que no yra por todo el mun-

do, y como este diga a los otros lo que passa ninguno mas
viene a confessarse si no es para engañar no diziendo verdad,
y quedan persuadidos los desdichados [de] que solamente
se trata de la predicacion y confession para hazerlos yr al
S.^{to} officio. La tercera es que se quite a los que se convir-
tieren la obligacion que tiene puesta el S.^{to} officio de denunciar los que supieren haver incurrido en algun error contra
nuestra Sta fe porque en diziendo el confessor a los tales
que stan obligados a yr a denunciar como en estos entren
de ordinario sus deudos y amigos y ellos tengan tanto temor,
se van enojados de los pies del confessor y avisan a otros y
solo sirve esto de espantar la caça, y assi convernia muchis-
simo que por el tiempo que pareciesse que esto les ha de
ser impedimento para su conversion, les quitassen esta oblig.^{on}
dexandoles solamente la del Derecho Divino quando conside-
radas bien todas las circunstancias pareciesse necess.º al bien
comun denunciar algun dogmatizador, etc. Y que en tal caso
huviesse cerca algun comissario del S.^{to} officio con quien pudiessen descargar, sin yr lexos, sus consciencias, y si estas
tres cosas no se conceden por su Sanctidad o el Inquisidor
general, es cierto que ningun hombre cuerdo querra yr a
predicarles y quando fuesse se bolvera presto cargado de
escrupulos y aflictiones.

A estos predicadores sera muy conveniente que los Prelados les provean de todo lo necessario de manera que por
ninguna via hagan costa a los moriscos porque los miserables
tomando occasion del trato que se ha ussado con ellos,
piensan q. todo quanto con ellos se haze va fundado en
interes, y, por serles esto grandissimo estorvo para recibir
el S.^{to} evangelio, ayudaria mucho que se affloxasse en lo de
las penas pecuniarias, y que no se edifficassen las Iglesias
a su costa, y que los legados que han dexado sus deffunctos
para sus pobres no se appliquen a la Iglesia ni otra obra
pia, porque desto se escandalizan notablemente, y que los
Señores se moderassen en las imposiciones y extorçiones y
que antes los Predicadores llevassen algunas limosnas para

repartir entre ellos, y sobre todo es necess.º que si estos
tuviesen de dar alguna summa de dinero para alcançar
perdon en cosas tocantes a la fe, que en ninguna manera
se les de oydos sino que se les de a entender que no pre-
tenden sus haziendas sino sus almas para Dios nro. S.ʳ y
si en este puncto se falta, este neg.º se destruyra del todo
por que ellos quedaran totalmente persuadidos que quanto se
habla de su converçion es artificio para sacar dineros de ellos.

Tambien es necessario que su Mag.ᵈ mande con mucha
fuerça a los S.ʳᵉˢ, a quien tienen gran respecto los moriscos,
que den calor a este neg.º y que sten en sus lugares al
tiempo de la predicacion, y si esto no pudiesen hazer en
todos que enbien personas de zelo y auctoridad, que en todo
tengan sus veces, los quales con amor y buen exemplo procuren que todos, y en special las mugeres que stan mas
obstinadas acudan a los sermones, que favorezcan y honrren
muy particularm.ᵗᵉ a los que dan muestra de converçion,
mayormente si ayudan a otros, y por que se teme que
algunos señores favoreceran poco a esta converçion pensando
que standose los moriscos como agora les seran de mas provecho, convernia mucho que les diesen a entender que cierto
se lo[s] sacaran de aqui si no se convierten.

Si con la predicacion se viesse en algun pueblo señal de
converçion general seria bien hechar de alli los que no dan
muestras della, y si son pocos los que se convierten, persuadie-
les con blandura que se passen a otra parte donde sten seguros
y los reciban con amor, y converna a todos estos adminis-
trarles todos los sacramentos para que reciban esfuerço para
perseverar contra las tentaciones grandes que el demonio
les ha de traer, y si passado el tiempo que pareciere bastante para la predicacion quedasen algunos pertinaces, que
los castiguen muy bien o hechen de Spanya por q. en poco
tiempo desharan lo que los predicadores hubieron hecho en
mucho, y a estos se les havian de quitar los hijos que no han
llegado al usso de la razon, y los que haviendo llegado quisieren ser xpianos, y si algunos se quedassen moros entre

nosotros, se havia de mirar con que consciencia les administran el Sacramento del matrimonio y les admitten a las missas stando descomulgados y los entierran en sagrado y les dexan los hijos, que stando baptizados stan a cargo de la Iglesia y de los principes xpanos sabiendo que los han de pervertir, y que de todo esto, resultan tantos y tan graves sacrilegios que si no se remedian, es de temer que ha de embiar Dios nro. S.ʳ algun grandissimo castigo a Spanya.ʳ

Para que lo de la predicacion suceda bien y el provecho sea de dura, convernia mucho usar de otros medios particulares, principalmente que se pongan curas de doctrina y virtud lo qual no se puede hazer si no se pone en ex.ᵒⁿ la nueva dotacion de los curados dellos hecha y confirmada por su Sanctidad.

Que se hagan Iglesias aunque pobres pero capazes y bien traçacadas y polidas, y ornamentos y calices porque como agora stan, mas provocan para perder la fe a quien no sta muy firme en ella, que no para cobrarla quien no la tiene, para lo cual ayudaran treynta mil ducados que stan en la tabla de Valencia señalados por su Sanctidad y Mag.ᵈ para ello. Item, que en cada Iglesia o cimenterio se haga un carnero o dos para el entierro dellos y con esto cessaran todas las ceremonias malditas que usan en sus entierros. Item que se augmentase la renta de un Colegio que hay aqui para hijos de moriscos y se fundassen otros en otros obispados y se diesse el cargo dellos a los de la companya de Jesus que con amor y industria les criarian de modo que pudiessen aprovechar despues a los suyos. Item, que en cada lugar se pusiessen algunas casas de xpianos viejos de los quales hubiesse algun maestro para los ninyos que los ensenyassen a leer y maestras que enseñasen a labrar a las ninyas y a bueltas desso les enseñassen la doctrina xpiana. Que los S.ʳᵉˢ y otros xpianos viejos se sirvan de los hijos de los nuevos y se comuniquen con amor y que tomen de sus hijos para monecillos de la Iglesia.

Y para que todo se execute bien sera necesario que despues

de la predicacion se señale bastante numero de visitadores
los quales muy a menudo den buelta por los lugares de los
moriscos y scrivan ante notario todas las cosas de los xpianos
nuevos con todas las personas que hay en ellas y a cada una
tomen cuenta en particular de como sabe las cosas que son
necessarias segun nuestra fe y no solamente las oraciones como
se hazia hasta aqui en algunas partes, y que las que no las
las supieren encarguen particularmente al cura dexandole
una lista dellos, y llevandose ellos otra, y que con amor vean
sus casas y les acostumbren a poner imagenes en ellas, y les
den limosnas, y los junten a menudo en las Iglesias para
enseñarles los mysterios de nuestra Sta fe, y al fin sean muy
cuydadosos en bolver y tomar cuenta a los Curas de como
hazen su officio, y que ellos con ayuda de los S.^{res} quiten
qualquier rastro de mezquita de manera que no quede memoria, y los banyos de sus casas, y las carnicerias particulares
si quedan en alguna parte, y todo lo que puede ser occasion
de usar sus perversas ceremonias.

Item, que haya alguaziles xpianos viejos de mas autoridad
y confiança que hasta aqui, los quales fuessen familiares
tambien del S.^{to} officio, y que estos con los curas scriviessen
los niños que se baptizasen y los reconociessen de quando en
quando porque casi todos al presente stan retajados, y que
al tiempo de sus ayunos entrassen con algun achaque a hora
de comer en sus casas y si se viesse que guardan sus perversas cerimonias avisassen dello a los ynquisidores, y que
estos alguaziles tuviessen comiss.^{on} de la Real Aud.^{a} para
poner en ex.^{on} lo que los curas dixessen ser necess.^{o} para
el bien de los nuevos convertidos.

Y porque seria possible que algunos fuessen negligentes
en executar las cosas que se ordenassen, seria bien que se
procurase un comissario apostolico, al qual se señalasse alguna
renta de los mismos obispados, que con grande vigilancia
viesse lo que pudiesse y de lo demas se informasse y pro-
curasse remediar todas las faltas con mucho zelo y fidelidad,
y que todo se llevasse muy adelante.

Tambien aprovecharia ver algunas instructiones que acerca desta materia hizieron algunos Prelados que en años atras se juntaron aqui y otros en otras partes tomando tambien el parecer de los Prelados que tratan moriscos que de razon han de saber mucho en esta materia, aunque es cierto que si lo dicho con zelo de la honra divina y caridad de los proximos se pone en ex.^{on} que Dios nuestro S.^r yra dando nueva luz en este particular y tambien ayudara la misma experiencia. El S.^r por su bondad lo provea todo de la manera que la salvacion desta desdichada gente y seguridad de Spanya lo ha menester. Amen.

Memorial de Fr. Nicolás del Río a Felipe II, fecha en Valencia 13 de junio de 1606, acerca del adoctrinamiento de los moriscos y su comportamiento con la Inquisición[1].

Memorial

†

Muy P.^{so} S.^r

Muchas y diversas vezes los catholicos Reyes y SS. nuestros Carlos quinto y D. Philippe segundo de feliçe memoria con su buen çelo y christianissimo pecho movidos del aumento de nuestra santa fe catholica y Religion christiana viendo tan a la clara y con las veras y pertinaçia que los nueuamente conuertidos de moros deste Reyno de Valencia y los que ay en el de Aragon, Cataluña y Murcia biuen en su mala secta procuraron de remediarlo y aunque para ello se hiçieron diversas juntas y particularmente las que mando hacer su mag.^d en el año de 1564 asi en la villa de Madrid como en otras partes y aunque de lo que dellas y otras que despues se an hecho resulto que se hizieron muchas diligencias para doctrinar a los dichos moriscos dandoles quien les predicase y enseñase, claramente se a visto el poco efecto que dello a resultado porque realmente biuen oy dia en la dicha su mala secta con tanta publicidad y desuerguença

---

[1] Apud Boronat, *Los moriscos españoles...*, t. II, pp. 444-49.

vituperando y burlandose de los thesoros y santissimos sacramentos de nuestra santa madre yglesia como los christianos
biuen en su santa fe catholica y es en tanto extremo su
mal biuir que publicamente tienen en todos los mas lugares
mezquitas a donde todos chicos y grandes, hombres y mugeres
acuden a hacer sus rictos y cerimonias y el mayor mal y
lo que es mas de doler que a muchos christianos y christianas viejas que acuden a los dichos lugares los peruierten y
bueluen moros que desto hay muy grande notiçia en el santo
oficio y esto haçen con tanta desoluçion que los que dello
tienen notiçia y lo saben no lo podian significar sino con
biuas lagrimas y como los ministros antigos del santo oficio
tengan desto tanta noticia y esperiencia lo ven ocularmente
y mouido por el serviçio de nuestro señor y de su mag.^d y
bien de la christiandad y que no venga a dar en mayores
inconuenientes, puestos los ojos en Dios, me he atreuido a
hacer este memorial para que si V. Al.^a fuese seruido ver
y, pareçiendo de algun momento, tratar del y sino se resçiba
mi buen çelo y para esto digo lo siguiente.

Primeramente porque aunque en las dichas juntas se acordo
les diesen maestros porque pareçia y ellos lo decian que
estauan faltos de quien los enseñase y doctrinase, a lo qual
no se les deue dar credito porque si ellos tubiesen algun
amor y aficion a la fe de nuestro señor, rectores tiene en
todos los lugares y mucha noticia dello y los que mas
instruydos estan en las cosas de nuestra santa fe son los
alfaquines y aquellos son los que sustentan toda la morisma
y aunque se les dieron maestros que los doctrinaban y muy
bien, se vio muy a la clara que no *(sic)* fue de ningun
efecto y asi mismo se hecha de ver su dureza y pertinaçia
en que aunque se les an conçedido diuersos edictos de graçia,
en algunos, que yo e alcançado, no an sido seys christianos
nuebos los que an venido a goçar de ellos y estos se vio
que se boluian tan moros como se venian y que sus confesiones eran fictas y simuladas, porque si confesaban una
çerimonia se dejauan las demas que son muchas y si decian

de si no lo haçian de sus mugeres o maridos, hijos, familia ni veçinos cosa tan yncreyble por lo qual se vee claro que no es falta de doctrina sino su dureza; yo puedo certificar a V. Al.ª que en 28 años que a que siruo con auer tenido tantos por las manos no e visto ninguno de quien se pueda tener genero [alguno] de confiança.

En el santo oficio ay diferentes maneras de determinar las causas asi como ellas lo requieren: unas que algunos temerosos de questan acusados se vienen a diferir que ya son muy pocos, estos hacen una confesion ficta y simulada porque si confiesan el ayuno no confiesan mas y no diçen de su familia ni de otra persona. A estos los reconcilian en la Sala y se bueluen a sus casas mas moros que binieron.

Otros que los prenden con solo un testigo fulminanlos sus causas asta ponerles a question de tormento vençenle y los suspenden, estos van a sus tierras y dan abiso a todos los demas que aunque les prendan ninguno confiese porque mas vale pasar una ora de tormento que no yr a las galeras si confiesan.

Otros aunque tienen tres o quatro testigos singulares les dan tormento y [si] le vençen, danles tres o quatro años de galeras, quando bueluen a sus casas los tienen por mártires[1], y otros que confesando tan mal como esta dicho les reconcilian y ponen en la carçel perpetua donde por el mal recado que hay en ella biuen peor que en sus lugares y otros que convencidos los relajan con esta manera de proceder, son muy pocos [los] que se castigan por estar tan puestos en negar y asi tienen perdido el miedo y respecto a dios y al santo oficio, y para que le tuuiesen y la diuina mag.ᵈ no fuese tan ofendida a los ojos de sus catholicos les seria de grandisimo temor y castigo que siendo V. Al.ª seruido se rescibiesen las deposiciones de personas de fe y credito como son Inquisidores fiscales y secretarios que an estado y estan en esta Inquisicion y, en las demas donde ay moris-

---

[1] Los moriscos solían llevar el sambenito como una condecoración honrosa, prueba de su fe inquebrantable.

cos, de algunos caualleros y gente docta que conozcan a los
dichos moriscos los quales [caballeros] digan en la opinion
reputacion y christiandad que los tienen.

Que destas testificaciones los Inquisidores tomasen tres o
quatro, las que les paresciesen, pues tenian de todas noticia
en general y que a todos los que estubiesen testificados por
un testigo que fuesse de sustançia se les acumulasen aquellas
testificaciones y con aquella testificacion avnque no ouiese
mas se les causase (?) sus proçesos asta darles tormento porque si confesauan asi de si como de otros, y sino aunque
le vençiesen que ninguno quedase que no fuese a las galeras
por el tiempo que pareçiese y alla que su mag.^{d} diese orden
a sus capitanes que les diesen libertad quando su mag.^{d}
fuese servido, y a los que pareçiese que les desterrasen fuera
del Reyno porque en realidad de verdad la mayor pena
y lo que mas sienten es que los hechen de sus tierras y
casas.

Que para los impotentes de galeras y mugeres se hiziese
una carcel perpetua de la qual ninguno saliese por ninguna
via si no fuese con licencia de V. Al.^{a} pues para eso es
aquella carçel, la qual fuese en esta forma: Que a todos
los que saliesen de las carçeles secretas que fuesen ricos asi
hombres como mugeres se les impusiese una buena pena apli-
cada para la carçel en la qual ouiese yglesia donde se dixese
misa y un capellan que fuese docto [y] de buena vida que
les predicase y doctrinase y tubiese muy grande quenta de
la manera que abian de biuir todos, y que tambien ouiese
un alcayde que fuese de mucha confiança, a los quales se
les diese algun salario a costa de los moriscos.

Questa carcel si pareciese hacella y comprar casas, adonde
agora la tiene la Inquisicion esta en parte donde se compra-
rian muy baratas, por estar en lo mas ruyn de Valencia
donde ay muchos corrales y casas de muy poco preçio y
junto a la Inquisicion, y questa casa tubiese sus apartados
diferentes para los hombres y mugeres.

Questa casa se podria hacer sin que la Inquisicion gastase

cosa ninguna porque agora estan presos en ella hombres y mugeres tan ricos que se les podian imponer penas en mas de dos mill ducados que los daran de buena gana porque no los hechen en las galeras o los destierren y de cada dia se van prendiendo mas.

Que si los moriscos alegasen que no se les podian imponer penas, por la concordia que tienen con el santo oficio, ella es la mas perjudicial y que mas ocasion les da para biuir tan mal como biuen, porque en el districto desta Inquisicion ay veynte y quatro mil y doscientas y sesenta y una casa y en ellas nouenta y ocho mill y noventa y ocho personas porque asi los hallo el señor don Philipe de Tasis comisario que fue del consejo de la santa general Inquisicion en el año 1594, siendo aqui ynquisidor por mandado de V. Al.ª

Estas casas pagan al fisco cada un año cincuenta mill sueldos que son veynte y seys mil y trescientos Reales poco mas o menos, que aunque a algunos lugares que no entran en la concordia son muy pocos y los que pagan no sale cada casa por Real y medio y con aquellos estan siguros que no les an de quitar sus aciendas y biuen con la libertad y publicidad que quieren en su secta y aunque por otra parte les penasen como esta dicho para la carcel de la misericordia no se les daria nada y mas siendo la casa para ellos.

Que a esto desta casa y sustento della ayudaria muchisimo lo que darian muchos que fuesen condenados a las galeras y desterrados por el rescate dellas.

Que el capellan tubiese mucho cuydado con que los penitentes biuiesen bien y amonestase a los que no ouiesen confesado que lo hiciesen porque diciendo de si y de otros V. Al.ª vsaria con ellos de misericordia y a los que asi lo hiziesen yr sacando a los que pareciese para darles animo, y de esta manera confesarian muchos y aun parece que con el fabor de Dios seria de grandisimo provecho y se conuertirian muchos porque vernian alli muchos ignorantes que con las amonestaciones que se les hiçiese y buena doc-

trina y aguardando la merced y libertad de V. Al.ª se
boluerian a la fe de nuestro señor.

Es cosa llana que los moriscos ninguna cosa temen mas
ni la sienten como salir de sus tierras y casas y viendo esto
seria mucha parte para que todos biuiesen con grandisimo
recelo y temor y avnquesto no parezca remedio general para
que todos sean castigados como merecen, serialo para estar
amedrentados y muchos castigados asta que se ponga otro
mejor remedio.

El mayor y mas necesario e importante seria el quitarles
los alfaquines [y] alfaquinas que las ay y muchas y las madrinas porque estos son los que sustentan toda la morisma
y quitalles todos los libros y papeles arabigos aunque fuesen
de medicina y otras cosas y que en todos los lugares ouiesen
alguaciles por el santo oficio que goçasen como familiares.

Que para prender los alfaquines en realidad de verdad
parece que la Inquisicion esta imposibilitada porque si va el
alguacil a qualquiera lugar a prender alguno luego [se] tiene
noticia y se pasa de una alxama en otra y alli con el trato
que entre todos tienen y lo mucho que se faboreçen los as-
conden de tal manera que jamas la Inquisicion los prende
y es cierto que quitados los alfaquines los demas con mucha
facilidad se conuertirian.

Especialmente ay en el districto desta Inquisicion una villa
que se llama Xea, donde no ay ningun christiano, cerrado
con solas dos puertas y tienen sus atalayas y las casas
cont[ram]inadas que se pasan de unas a otras toda la villa
y aunque siempre ay de alli muchos testificados y al presente
los ay no es posible prender a ninguno ni osa entrar en ella
ningun ministro del santo oficio y si entrase a mas de que
no es posible ni jamas se a prendido ninguno dentro le
matarian y estan con esta determinacion como se a visto
en los años pasados entrando un alguacil de Teruel con
orden del santo oficio que escapo, por grande ventura, muy
mal herido y si alguno se prende, que son muy pocos, es
porque los cogen en Albarracin o Teruel y la mesma difi-

cultad ay en prender los questan testificados de alfaquines
en los demas lugares de moros.

Que el mayor mal y lo que a V. Al.ª mas a de mouer
a poner remedio por la pasion de dios es que ay noticia
en el sancto oficio que quiriendo prender algunos alfaquines
o otros moriscos graues los señores de los lugares amenazan
a los familiares que si les prenden sus vasallos los aran
matar y lo mesmo hacen los moriscos y es cosa muy llana
y verdadera que reciuiendo notiçia o sospechando que uno
les testifica en la Inquisicion luego le matan como a muy
pocos dias, que fue el de sancta luçia pasado, que por esta
sospecha mataron al Rector de Sot y poco años a [a] un
familiar de Cofrentes y antes a otros en Gandia, Onda y
otras partes de manera que no ay hombre que ose venir a
testificar al santo oficio y asi los que se mandan prender
se açe con mucha dificultad como sean alfaquines.

Que para que el santo oficio pueda haçer su uso y
exercicio tan santo y necesario siendo V. Al.ª seruido seria
grandisimo remedio y con que se les pusiesse un grande freno
que en la dicha villa de Xea embiando los ynquisidores al
alguaçil a prender alguno açiendo sus diligençias y no le
pudiendo prender que se notifique y mande al justicia y
alxama que para el serviçio de dios, de su mag.ᵈ y del
santo oficio conuenia que dentro de diez dias presentasen
en el a tal persona so pena de doscientos ducados o la pena
que V. Al.ª fuese servido y esta se executase con grandisimo
rigor dejando su derecho a saluo para que pudiesen cobrar
de la persona y açienda del que se vuiese de prender y
questo mesmo se guardase con los demas moriscos del districto como fuesen alfaquines los que stubiesen testificados
y mandados prender.

Que luego en el santo oficio a todos los que no pareciesen,
asi a los de Xea como a todos los demas lugares del districto
especialmente a los que estubiesen testificados de alfaquines
y alfaquinas, se aduirtiese a los ynquisidores que tubiesen
muy grande cuydado con que les hiziesen proceso de ausen-

cia asta relaxarles las estatuas y a los que estan compre-
hendidos en la concordia condenarles en algunas penas aplicadas para el sustento y aumento de la carçel de la misericordia, y a los que no lo estan condenarles en mucha parte
de sus haçiendas para el fisco executandolo con mucho rigor
porque en teniendo noticia que los quieren prender se ab-
sentan y como no proceden contra ellos y se estan en otras
partes muy cerca de sus casas y lugares y aun en ellos
quedanse sin ningun genero de castigo y esto es de grandissimo inconveniente y cosa muy dina de notar y remediar.

Que paresciendo a V. Al.ª que para el buen despacho de
las muchas causas que ay en esta Inquisicion de Valencia
no se aguardase con los moriscos a que ouiese auto publico
sino quenestando acabadas diez o doçe causas las despacha-
sen en la yglesia o en la Sala si ya no fuese hauiendo quantidad de otros diferentes y relaxados porque desta manera
se despacharian muchos mas negocios y el fisco se ahorraria
lo que se gasta en celebrar los autos ques arta quantidad.

Que aunque a V. Al.ª parezca dificultosa esta manera de
carcel, con lo questa dicho en realidad de verdad no lo es,
sino muy façil porque en esta Inquisicion ay oy mas de
seyscientos testificados y son mas de los ciento y cincuenta
alfaquines y alfaquinas famosissimos que, aunque lo estan por
solo un testigo, es de mucha sustancia y consideraçion, y
que yendo prendiendo muchos confesarian y dirian de otros
y abria mas testificacion y agora ay algunos presos en la
Inquisicion muy ricos que ellos y los demas a trueque [de]
que no les confisquen las haciendas ni les echasen en galeras
o desterrasen no repararian en que les condenasen en otras
penas y pasarian por la concordia que tienen hecha.

Que verdaderamente tiene grandissima necesidad de remedio la carçel de la misericordia desta Inquisicion porque
las personas que en ella se ponen a mas de bivir alli con
la misma libertad que en sus lugares en su secta por no
tener persona que se lo impida y ser todos en ella moros,
las mugeres que alli se ponen todas se pierden y se açen

mundanas las que son para ello y asi no se osa poner alli ninguna.

Heme dado atreuimiento a hacer esto ver y saber la disolucion con questos moros biuen y no solamente su daño mas el que causan peruirtiendo a su mala secta a muchos christianos viejos y aun quiera nuestro señor no sean algunos de los granados con quien tratan porque el viçio y el interes pueden mucho.—Fr. Nicolas del Rio.

PROCESO CONTRA DON SANCHO DE CARDONA

Extracto del proceso instituido por la Inquisición de Valencia contra don Sancho de Cardona, Almirante de Aragón, acusado de proteger a sus vasallos moriscos y mantenerlos en su fe[1].

Este notable proceso comienza por un translado de probanza antigua que había en el Santo Oficio contra el Almirante de Aragón don Sancho de Cardona. El primer testigo fué Luís Manresa, quien en 14 de agosto de 1540 ya afirma que D. Juan de Cardona, hermano del Almirante, le habló para que se retractase de lo que había declarado, y que así lo hizo. «En veinte y siete de marzo de 1542 fue traido de la carcel y volvio a declarar. Los señores del Consejo opinaron en 9 de septiembre de 1540 que debia sobreseerse, y en otra carta de 25 de noviembre dijeron: vimos la deposicion de D.ª Fernando de Hijar y del arcediano Miedes sobre lo que paso en el ayuntamiento de los estados y lo que della resulta contra el almirante y sera bien que se junte esto y lo que dice Manresa y se guarde todo para su tiempo como esta dicho y tengase cuidado de recoger y acumular todas las informaciones que oviese sobresto contra qualesquier personas para que se proceda contra ellas a su tiempo y si el arcediano Miedes o el almirante o otra persona ha dicho que vos el doctor Ortiz hicistes informacion en este consejo por donde se proveen aca cosas contra nuestro collega esto es

---

[1] Apud Boronat, *Los moriscos españoles...*, t. I, pp. 443-469.

muy falso y no pasa tal cosa y por eso no ay necesidad que aya semejantes sospechas.

Miguel de Miedes, archidiacono, nego haber dicho cosa alguna del inquisidor Juan Gonzalez refiriendo lo que de el habia dicho el almirante. Gonzales fue el que instruyo la informacion.

Miguel Çaragoza declaro en 6 de marzo de 1542 que era rector de la Vall de Alcala de los nuevos convertidos de seis años a esta parte y que junto a la dicha Vall de Alcala estan dos alquerias que son del almirante y en tiempo que eran moros los habitadores dellas venian a hacer la çala a la mezquita de dicha Vall de Alcala y luego que este testigo fue rector procuraba que viniesen a misa como los otros de la dicha Vall de Alcala y que bautizasen las criaturas y que como este testigo los apretaba para baptizar recurrieron al almirante pidiendole por merced que hablase al vicario general que fuesen a misa y a bautizar a la Vall de Seta que esta una gruesa legua de las dichas alquerias adonde no reside capellan ni se bautizan ni oyen misa ni se an bautizado de la conversion aca. Esto lo sabia porque un notario de Penaguila que se dice tal Fenollar y es bayle le notifico un mandato del vicario general que tenia en su poder y le mandaba que no se entrometiese en las dichas dos alquerias y de algunos años a esta parte an nacido algunas criaturas y sabe que no se han bautizado y queriendo informar de los moriscos de la Vall de Seta le han dicho que no entra capellan en la dicha Valle ni bautizan. Añadio que todos los convertidos de este reyno y tagarinos y alarabes que se pasan en Argel e los mas vienen primero a la Vall de Seta a D. Rodrigo de Beamont, procurador de la dicha Valle de Seta y Guadalest, a guiarse y el dicho D.ⁿ Rodrigo los guia y ansi guiados vienen a la dicha Valle y de alli se pasan a Palop adonde los guia D.ⁿ Gaspar Sans y de Palop se embarcan. Esto lo sabia por vivir en la Vall de Alcala por donde an de pasar a las dichas valles de Seta y Guadalest y Palop y de los cinco años que ha que reside en la dicha

Valle de Alcala a visto ir por ella a las dichas Valles de Seta
y Guadalest mas de mil almas y venir gente de las dichas
valles de Seta y Guadalest a Planes para acompañar a unos
moriscos de la alqueria que se dice Margalida de la Vall
de Planes y los vido este testigo ir a Planes y volver con la
gente de la dicha alqueria con sus ballestas y arcabuces y
habia visto un guiatge *(pasaporte)* firmado de su mano de
D.ⁿ Rodrigo de Beamont en poder de un morisco de la
huerta de Oliva que se paso a Argel y que todos los moriscos
cablan en esto dicen ques publica voz y fama en quella
tierra que los que se pasan van guiados por el dicho D.ⁿ Rodrigo de Beamont y por D.ⁿ Gaspar Sans y que luego que
hay fustas en una noche se sabe hasta Segorbe segun ha
oido decir a los mismos moriscos porque dicen que las fustas
hacen fuego en la mar de noche y aquel fuego responde
a una montaña de Guadalest que se dice Aytana y aquella
montaña hace otro fuego el cual responde a otra montaña
que esta entre Seta y Planes y de aquella montaña a otras
hasta Segorbe. El guiatge decia asi «yo D.ⁿ Rodrigo de
Beamont procurador general de las Valles de Seta y Guadalest por el almirante mi señor guio a vos tal y a las personas que vuestra muger y hijos y ropa en las dichas Valles
de Seta y Guadalest para que vengais a vivir en ellas...»
y que ansi se van y estan alli hasta que ven oportunidad
de fustas para poderse pasar y asi se pasan de cada dia que
no queda ninguno a venir en ellas. Y termino diciendo que por
estos guiatges se pagaban uno, dos o tres ducados segun
quien es. Este testigo dijo ser presbitero del lugar de Alcala.

En 17 de julio de 1544 declaro Fr. Bartolome de los An-
geles, predicador de S. M. comisario e interprete de los
nuevamente convertidos que llegando a Gorga, tierra del
almirante de Cardona, a bautizar y visitar los moriscos hablo
con D.ⁿ Rodrigo de Beamont dandole a entender que iba
a bautizar en la dicha tierra y enviaron a Millena a los
moriscos avisandole como iba de testigo a bautizar y predicar: y yendo en compañia de un hijo de D.ⁿ Rodrigo lla-

mado D.ⁿ Pedro le digeron que estaban muy escandalizados
y alterados de su ida y despues de mostrarles las provisiones
que trahia le dixeron que querian venir al almirante y el
testigo envio su compañero para dar cuenta al Obispo de
Segovia. Con el almirante pasó que estando en un lugar de
Concentaina que se llama el muro [Muro] vino un Fenollar,
criado del almirante, el cual le indico que venia a impedir
que fuera a bautizar y predicar y preguntandole por que
le dixo: porque piensan que no habeis de hacer sino bau-
tizarlos y degollarlos y si agora los bautizais todos se nos
pasarán allende y el almirante mi señor perdera su renta
y S. M. perdera un gran vasallo y cuando aya menester
cincuenta de caballo y otros tantos de pie S. M., mi amo
se los dara. El testigo le dijo que se habia de hacer aunque
todo el mundo se undiese y asi se despidio para ir a predicar a un lugar del condado. Mosen Alonso le dio cuenta
de su entrevista con el Obispo muy escandalizado y pregun-
tando Miguel Fenollar porque no iban a bautizar a Palop
se fueron alla y en el camino se pararon con un morisco
de aquella tierra, el qual se mostro conforme en ser bautizado y asi fueron y bautizaron todos los lugares de la ma-
rina y lo mas peligroso y volvieron fasta donde vino. Fenollar
dijo al testigo: ya señor hemos bautizado y pidiendole el
padron de los bautizados y lo miro y lo tomo consigo y
entro por la Valle y hallo por bautizar que se habían dejado ciento y ochenta y acompañole D. Pedro de Beamont
y le dijo este ha dicho que ya no habiades de entrar aca
y porque no entrasedes les ha hecho pagar dos mil y ochocientos ducados y les dijo escusandose ellos de pagar «paga
paga pese á tal, pues que os he hechado de aqui al fraile
que no teneis otra Inquisicion ni otro fraile ni otro almirante sino a mi para libraros y que vivais como quisiere-
des» y este testigo en el primer sermon que hizo que fue
en Millena les dijo un domingo en la tarde: «aqui os ha
dicho Miguel Fenollar que yo no habia de venir ni osaria
entrar, pues veysme aqui donde vengo con el favor de Dios˙

y decilde que me venga a impedir que no tengo temor del
ni al almirante ni a persona del mundo sino solamente a
Dios y si el emperador mandase que no lo hiziese no dejaria
de hazerlo». Aquella noche se quedo a dormir en el lugar
de Seta y dijo el dicho D. Pedro: «hasta aqui a dormido el
diablo en la cama y agora duerme el angel», y que lo dijo
porque dormia alli el dicho Fenollar y despues durmio en ella
este testigo.

La anterior declaracion la confirmo su criado Juan de Miranda de 19 años.

Grabiel Muñoz aseguro en 13 de marzo de 1563, como
criado que habia sido del almirante de Aragon que este no
se confesaba de veinte años aca y cuando venia el tiempo
de la semana santa se iba a un lugar suyo que se dice
Bechi y luego volvia la vispera de Pascua.

Miguel Juan Torres declaro que en la Vall de Guadalest
y en los otros valles de por alli todos los nuevos convertidos
de moros viven como moros y que tenian una mezquita en
un lugar de la Vall de Guadalest, que se dice Adzaneta, a
donde iban a hacer sus ceremonias y otras devociones
como moros.

Mosen Antonio Juan Aznar, clerigo de Misa rector de la
Vall de Seta, confirmo que todos los moriscos de su rectoria
vivian como moros y confirmo que la mezquita de Adzaneta
se habia repuesto por orden del almirante. Este testigo habia
pintado con almagra unas cruces en la mezquita por lo cual
tuvo unas contestaciones con el almirante añadiendo que
en aquellas valles viven los moros en su secta con mas des-
verguenza que en todo este Reyno y hacen sus ceremonias y
guardan sus pascuas publicamente y todos grandes y chicos
estan circuncidados y hacen todas las ceremonias de moros
sin recelarse ni temer a nadie.

Fernando de Orduña, criado del almirante, confirma que
de orden de este se reparo la mezquita de Adzaneta y que
los moriscos de por alla viven todos como moros haciendo su
vida y ceremonias de moros.

Francisco Perez de Teran, notario de Bechi, no vio confesar ni comulgar al almirante y repitio que los moriscos de Bechi vivian como los de Argel.

Pedro Sancho, notario apostolico, confirmo que el almirante acia muchos años que no se confesaba y que en toda su vida se habia confesado.

Miguel de Prades dijo que cuando se prendieron unos Alfaquies por el Santo Oficio y se hizo el auto, todos los moriscos de este reyno se apartaban unos de otros y no se juntaban como antes y estaban muy humildes y cuando unos caballeros fueron a la corte a favorecerlos habian tomado gran animo y vuelto a juntarse como antes. Esta proteccion la dispensaban el almirante y D. Jayme Centellas, el señor de Castelnovo, D.ⁿ Francisco de Borja, y el duque de Segorbe en el cual tenian mucha esperanza.

Mossen Juan Just, presbitero, natural de Villahermosa, confirmo la reconstruccion de la mezquita y que algunos moriscos de Segorbe iban a velar en la misma.

Francisco Antonio natural de allende de la ciudad de Argel, refiere las ceremonias que practicaban los moros y la manera como instruyan a sus hijos.

Francisco Rivas, cristiano nuevo natural de Tunez, vecino de Benaguacil, confeso que habiendo ido al Valle de guadalest practico las ceremonias moriscas rezando la oracion del Hamdu en la mezquita.

Francisco Tarrega, doctor en ambos derechos [dijo] : Que hablando con D. Sancho de Cardona, sobre la instruccion y reformacion de los nuevos convertidos y moriscos de ese reyno, que havia el dicho almirante pensado de concertar que un fraile del monasterio de predicadores de esta ciudad que, segun dijo, era buen negociante con ayuda de costa de los moriscos fuese a Roma a hacer saber a S. S. como la conversion destos moriscos havia sido bautizandolos por fuerza para que ahora no se diese lugar a lo que se trataba de proceder contra ellos ni a lo mas que se dezia se queria dar orden en su reformacion. Y tambien le oyo estaba para

concertar con un morisco que se llama tal Navarro, tagarino, que fue reconciliado por el S.^{to} Oficio y havia venido
aquellos dias de Castilla, fuese o diese orden que otro fuese
al Turco para procurar que este escribiese una carta a S. S.
diciendole, que pues el en sus tierras consentia que los cristianos viviesen como cristianos que era razón que en la cristiandad dejasen vivir a los moros como moros y que sino seria
forzado hacer que tambien alla en Turquia los cristianos
fuesen forzados ser moros porque desta manera cesase lo que
aqui se queria innovar. Hablando de las cosas de Francia,
añadio «si yo tuviese tierras a la raya de Francia preten-
deria remediar esto de los moriscos con dar lugar a que
entrase algun numero de los que van revueltos por alla que
a lo que determinadamente le paresce nombro luteranos o
Ugonotes los unos solos, porque entrando en España y dan-
donos un poco que hazer y revolviendose la tierra, no
nos dirian nada en lo de los moriscos y seria divirtir lo
de aca».

En 25 de mayo de 1568, Luis Navarro, convertido de moro
tagarino, confiesa que es verdad que ciertos moriscos deste
reyno han venido a esta Ciudad a tratar con el conde de
Benavente en nombre dellos y de los otros moriscos del reyno
a pedirle licencia que querian ir a S. M. que los oyese
pretendian que fueron bautizados por fuerza y aunque no
lo dicen claro dan a entender que no quieren ser cristianos.
Añade que el Almirante les aconsejo que fueran al rey a
pedir justicia que el los favoreceria y sino que fuesen al Papa.
En otra declaracion de 19 de junio añadio, con referencia
a Baltasar Alçamora, que hablando este con el Almirante,
dijo este que no sabian guiar estos negocios, y preguntandole que abian [de] hacer, dixo «que haveys de hacer,
alçaros». El criado [de] Alçamora solo dijo que hablando
con el Almirante dijo, «que en el rio de Mijares se alzarian
algunos mancebos y que harian daño». Luis Navarro añade
que habiendolo dicho que como se habian de levantar si
no tenian armas, dijo el Almirante: «que no les faltarian»

y en efecto todas sus palabras iban enderezadas a que se holgaria que hubiese alboroto.

Juan Bautista Sais, beneficiado de la Seo, refiere sus conferencias con el Almirante, confirmando las gestiones que se proponian hacer con el Rey y S. S. En este mismo sentido declararon otros testigos.

D. Hernando de Abenamir, sacado de las carceles secretas, dijo en 2 de junio de 1568 que el Almirante trato con el testigo de que seria bien dar orden en esto y enviar al Rey y al Papa para que embiase los Obispos del reyno y que lo mismo hablo con el Obispo de Segorbe y que este hablo con el Provincial y que no se decia otra cosa. En otra del 25 de junio añadio que cuando S. M. mando quitar las armas a los nuevos convertidos deste Reyno se decia entre ellos, que el dicho Almirante era causa de todo aquel daño, porque habia consentido que en Guadalest, que es su tierra, se labrase una mezquita y viniesen alli de diversas partes los moriscos a velar y hacer sus estaciones y por ello le daban diez libras cada año, como lo solian dar en tiempo de moros.

El Fiscal en 3 de junio de 1568 pidio la prision del Almirante y consta por un decreto de 12 de enero de 1569 que consultado el caso con S. M. se habia acordado la prision en la casa que estaba junto a la de la Inquisicion con fianzas y guardas a su costa, y que por dentro de dicha casa se habriese una puerta por donde entrase y saliese a las audiencias [a] que fuera llamado. El mandamiento se espidio el 24 de dicho mes y en el mismo dia se nombraron y juramentaron los guardas. El almirante D. Sancho de Cardona dio por fiadores de carcel segura a D. Geronimo Pardo, Comendador mayor de Montesa, y D. Francisco Vilariche, alias Carros, Señor de la Baronia de Cirat.

En 31 de enero de 1569 tenia el Almirante 73 años y se le recibio declaracion bajo juramento, resultando negativo. Lo mismo resulto en otras del 4, 11 y 16 del mismo.

El Fiscal presento la acusacion de que se acompaña copia.

El acusado, en la confesion con cargos, procuro escusar
todos los que le habia dirigido el Fiscal. Nombro por su
abogado al Licenciado Mosen Sarçola quien formulo su defensa cuya copia se une y dadas sus pruebas, se dicto sentencia en 23 de diciembre de 1569, que le fue notificada
en el mismo dia, condenandole a oir una misa en presencia
de 12 personas teniendo una vela de cera verde en la mano
y abjurando *de levi*. Consta a continuacion la ejecucion de
la sentencia abjurando el Almirante *de levi* en forma la sospecha que contra el de su proceso resulta y otra cualquier
sospecha de heregia conforme a las instrucciones, estilo y libro
de abjuraciones de este Sto. Oficio. Los Inquisidores le hizieron saber tenia que confesar y comulgar cada mes una vez
en el Monasterio de Sto. Domingo de la ciudad de Cuenca,
donde deberia cumplirlo por el tiempo que fuera su voluntad
y la del Consejo. Tambien fue condenado a pagar 2.000
ducados. Ingreso en el Monasterio de S. Pablo de Cuenca
el 4 de marzo de 1570. Por orden del Inquisidor general
de 20 de octubre, se le conmuto la reclusion en el Monasterio de Jesus o el de predicadores de Valencia. Por otra
del mismo de 24 de julio de 1571, se le otorgo otra con-
mutacion, teniendo por carcel y reclusion la dha. ciudad y
sus arrabales y no entrase en alguno de sus lugares.

Muy Illustres señores—Reverendos señores: resçebimos
vuestra carta del cuatro deste y con ella la informacion
contra D. Sancho de Cardona, Almirante de Aragon, la que
se ha abierto a presencia del Reverendisimo señor Cardenal
Inquisidor general y assi a su Reverendisima y algunos
paresce que si paresciere y combiniere acerca de esta informacion mas diligencias y examinar cartas se haga y vosotros
sin ordinario y consultores vereis y dareis vuestros pareceres
y dicho e nos lo tornareis a imbiar con la brevedad que
hubiere lugar. guarde nuestro Señor etc. en Madrid [?] de
Mayo de 1568 = Dias ha que en este sancto Oficio esta
entendido por diversas vias lo que los señores de vasallos

moriscos favorecen a los dichos convertidos de moros para
lo que se ha de hacer en su instruction y reformacion sea
por forma aparente y no con la existencia que el buen su-
ceso del negocio requiere y aunque algunas veces hayamos
scripto a vuestras señorias sobrello como va creciendo siempre este siniestro proposito y en particular en D. Sancho
de Cardona, Almirante de Aragon, el qual no solo esta notado de varias cosas muy sospechosas de mala cristiandad
pero aun de manifiestas fautorias en esto destos moriscos que
no solo tocan al servicio de Dios nuestro Señor pero aun
descubren no buen pecho quanto a lo que un hombre de
las prendas de este caballero deve a la fidelidad de su Magestad porque muestra desear inquietar su servicio y el pacifico estado de sus reynos y señorios a trueque de mantener
a estos cuitados que vivan en su reprobada secta, nos ha
parecido embiar a V. S. las informaciones que en este Sancto
Officio ay contra el y avisar a vuestras señorias de la mala
opinion que del tenemos y de que nos parece que son cosas
que tienen necesidad de remedio de la mano de Dios nuestro Señor, de la de su Magestad y de vuestras señorias de
manera que los malos intentos destos no procedan adelante
con reprimir el que este ha descubierto. Guarde nuestro señor
las muy illustres personas de vuestras señorias con acrescen-
tamiento de mayores estados para su sancto servicio. De Valencia a catorce de Mayo de mil quinientos sesenta y ocho.—
Besan las manos de vuestra señoria.—El licenciado Hieronimo Manrique.—El licenciado Joan de Rojas.

ACUSACIÓN

Muy magnificos y muy reverendos señores: El doctor Moyano promotor fiscal deste Sancto Oficio ante vuestra merced
parezco, denuncio y criminalmente acuso a don Sancho de
Cardona, Almirante de Aragon, vecino de esta ciudad de
Valencia, que esta presente el cual siendo cristiano cavallero

y de sangre illustre y persona que tenia obligacion a dar muy particular exemplo de cristiandad y siendo bautizado y tal se nombrando, gozando de los privilegios, inmunidades, exempciones y libertades que los fieles y catholicos tienen y gozan, pospuesto el temor de Dios nuestro señor en menosprecio y vilipendio de nuestra santa fe catholica y ley evangelica que la Santa Iglesia Romana predica, enseña, sigue y guarda con la grande afficcion que a tenido a favorecer a la reprobada secta de Mahoma, sus ritos y ceremonias y a todos los que tratan de sus observancias o opiniones hereticas y errores lutheranos a cometido los delitos scandalosos, enormes, sacrilegos, de heregia, apostasia y fautoria manifiesta siguientes: Primeramente que en las tierras de moriscos deste reyno donde mas publica y desvergonzadamente los convertidos de moros an observado la secta de Mahoma y echo las ceremonias abominables de ella con mas libertad en sido los del dicho don Sancho de Cardona a lo que es de creer por allar en él favor y voluntad para ello y no averles ido a la mano por si ni por sus criados para que no profesasen la dicha secta. Item que todas las mezquitas de los lugares de los moriscos deste reyno despues de bautizados los moros de el fueron, por orden y mandamiento de su magestad con celo cristiano y catolico, mandado cerrar y se cerraron y despues se erigieron en iglesias y esto fue tan publico y notorio que no hay en todo el reino quien lo pueda ignorar. Item que mucho a que el dicho don Santo de Cardona, hallandose en la Vall de Guadalest que es suya de nuevos convertidos de moros, yendo discurriendo por los lugares de la dicha Vall llegando al lugar de adzaneta que es uno de ellos, vio un edificio derrivado que en tiempo de moros habia sido mezquita y a do en cierto tiempo del año solian venir y juntarse muchos moros a hacer vigilias y ceremonias de su secta y pregunto que que era aquello y respondiendo los moriscos que le acompañaban que era mezquita, el dicho don Sancho les dijo que porque la tenian tan mal aderezada y respondiendo los dichos convertidos que no la osaban labrar por ser mezquita el dicho D. Sancho les dixo que la labrasen que el les daba licencia para ello. Item que en tiempo que no eran bautizados los dichos moriscos deste reyno tambien se juntaban a hacer las dichas ceremonias en la dicha mezquita pretendiendo y falsamente afirmando que habia alli una sepultura de un moro santo. Item que la falsa devocion que los dichos moriscos tenian al dicho lugar por dicha causa les hizo procurar que el dicho don Sancho de Cardona diesse la dicha licencia para edificar la dicha mezquita la cual les dio incurriendo en las penas y censuras que los sacros canones [im]ponen a los que erigen templos de infieles en tan gran oprobio de nuestra santa fe catolica. Item que con la dicha licencia los moriscos del dicho lugar de adzaneta con mucha presteza ayudados de los de la Vall, edificaron la dicha mezquita y le hizieron unos portales principales para hacer la çala y el aguado y alli se labavan. Item que echo el dicho edificio de mezquita en ciertos tiempos del año muy publica y scandalosamente y como si fuera en Fez acudian alli muchos moriscos del dicho lugar y de la Vall de guadalest, de granada, aragon y cataluña y de otras partes de este reyno hombres y mugeres a hacer sus ceremonias de moros y muchas veces se juntaban a ello mas de seiscientas personas muchas de las cuales iban alli descalzas como si fuessen en romeria. Item que lo susodicho duro muchos años sabiendolo y entendiendolo y, a lo que es de creer, favoreciendolo el dicho don Sancho de Cardona y las personas puestas por el al govierno del dicho lugar y de los Valles de Guadalest, Confrides y Seta de lo qual resulto tan grande scandalo en todo el reyno que no se hablaba en otra cosa. Item que visitando la diocesis deste arzobispado *(sic)* cierto obispo por el Reverendissimo Arzobispo de Valencia, entendido el escandalo que resultaba de la dicha mezquita y de venir a ella tantas gentes moriscas, fue a ella y porque le parecio que no tenia bastante poder para ello aunque la quiso hacer derribar no lo hizo y tomo por remedio hacer unas cruces de almagre dentro del dicho edificio para que las justicias y criados del dicho don Sancho entendiessen que [de] alli adelante no habian de dar lugar a las execrables ceremonias mahometicas que alli se hacian y para que los moriscos no las hiziesen entre tanto que proveia de otro mayor remedio. Item que de haberse puesto las dichas cruces dentro del edificio susodicho los moriscos de alli se sintieron tanto que vinieron a quexar al dicho don Sancho el qual se sintio dello tanto que lo dixo a cierta persona mostrando grandes señales de lo que le pesaba que se hubiesen puesto las dichas cruces y se impidiesen las dichas ceremonias y no solo dixo palabras injuriosas contra dicho obispo y cierta persona que iba en su compañia diciendo que les movio a ello lo uno por haber una dignidad y lo otro un beneficio, pero aun teniendo obligacion a ser fiel y tener acatamiento a la sacra catholica real magestad del emperador y Rey nuestro señor assi por su Rey natural como por haber recibido tantos beneficios la republica cristiana de su cesarea mano resistiendo a los infieles, castigando a los herejes y con grande temeridad se vino a desacatar contra su real e imperial persona, diciendo que le parecia lo que el dicho había hecho a lo que su magestad hizo que por hacer bautizar los moriscos deste reyno abia grangeado el imperio o le habian hecho emperador queriendo imponer en la imperial persona un sacrilegio grande: palabras cierto sacrilegas y desacatadas dignas de castigo exemplar. Item que aunque duro muchos años el gran concurso publico de moriscos deste reyno de castilla, de aragon y cataluña en la dicha mezquita en ciertos tiempos de cada un año a hacer sus ceremonias con alfaquies revestidos a su modo, con scandalo de todo el reyno y ni el dicho don Sancho ni persona alguna de las por el puestas para el gobierno de las Valles donde esta edificada la dicha mezquita, les fue a la mano ni lo vino a manifestar a este Santo Oficio antes como cosa que consistia en solo el favor del dicho don Sancho de Cardona como obra suya se conservo y prosiguio sabiendolo y consintiendolo los susodichos en grande menosprecio de nues-

tra santa fe catholica. Item que tan publica fue la erection
de la dicha mezquita e legion de concurso de moriscos en
ella y tan grande el scandalo que dello resulto que uvo de
venir a noticia del Reverendisimo arzobispo de Valencia y
despues a la de la sacra magestad del rey don philipe nuestro señor y por mandamiento de su magestad como cristia-
nissimo, fue mandado derribar el edificio de la dicha mezquita
y aunque se derribo, como el animo y voluntad de los moriscos quedo en pie de vivir como moros y la del dicho de
favorecerles, los dichos convertidos sus vasallos siempre continuaron la vida en la dicha pervertida secta haciendo sus
reprobadas ceremonias ansi en bodas y casamientos como en
ayunar el Ramadan, guardando las pasquas que acostumbran los moros, circuncidandose todos grandes y pequeños.
Item que habiendo entendido su magestad quan necesario
era reducir los cristianos nuevos deste reyno al gremio de
la santa fe catolica y apartallos de sus errores mahometicos
dio orden como en esta ciudad se juntassen los perlados
del Reyno para asentar lo que convenia para la instruccion
de los dichos moriscos como elementisimo, a instancia de su
magestad, concedio su santidad un breve y un edicto de
gracia dirigido al Illustrissimo y Reverendissimo señor cardenal inquisidor general con el cual su santidad a todos los
convertidos del reyno que viniesen a confesar con verdad
sus errores en el termino que se les señalaba mando que se
admitiesen a reconciliacion y fuessen absueltos de las censuras en que avian incurrido su magestad usando de su
solita liberalidad embio una cedula real en que a los dichos
moriscos y buenos confidentes hizo merced de las haciendas
confiscadas por raçon de los delitos de heregia por ellos cometidos. Item que los dichos cristianos nuevos de moros favorecidos de algunas personas, principalmente del dicho
D. Sancho de Cardona, no correspondiendo a la clemencia
de su santidad ni a la liberalidad y merced de que usaba
con ellos la sacra magestad bel rey nuestro señor antes
decian publicamente que no querian ser cristianos sino moros

y embiaron desta ciudad diversas personas de moros, con poderes de los pueblos, instruidos para dar y recibir avisos y animar a los demas moriscos a perseverar en la reprobada secta de Mahoma y el dicho don Sancho trataba y comunicaba con los dichos syndicos y no solo los exortaba a que fuesen moros y no cristianos dandoles a entender que no eran bien bautizados y que se alborotasen y alzasen y para animarles a ello decia que el sabia que en ciertas partes del reyno se alzarian y que no les vendria daño alguno dello ni cognocerian dellos la Inquisicion, ni tocaria en sus haciendas; en lo cual no solo cometio crimen de lesa magestad divina, pero aun humana, pues, quanto en el fue procuro el dicho alzamiento para effecto que fuesen moros. Item que tan de corazon ha deseado el dicho don Sancho de Cardona que los dichos moriscos vivan en la secta de moros que, aborrece en gran manera qualquier cosa que lo impida y contradiga, y como ha visto que la instruccion y correction dellos depende de la mano de su magestad, christianisimo protector de la republica christiana se a atrevido a desacatarse y a decir que en esto de los moriscos lo hauia hecho mal su magestad, cosa digna de gran castigo. Item que siendole dicho por cierta persona al dicho don Sancho animando el a los moriscos a que se alzasen que como lo harian porque no tenian armas como persona que procuraba y determinaba de buscarselas que sabia que las abia en algunas partes escondidas para ellos les dixo que no les faltarian armas. Item que tanto favor han allado los convertidos de moros del dicho almirante para la observacion de su secta que no solo en aquellas valles de Guadalest, Confrides y de Seta erigieron con su licencia la dicha mezquita y continuaron en ella las ceremonias sobredichas pero aun en Bechi, que es del dicho don Sancho y donde el suele residir mas que en los otros lugares suyos, viven los moriscos como los moros en Argel celebrando las ceremonias de moros y aun lo que es de doler teniendo lugar comun en el dicho lugar de Bechi a donde hazer la çala, cosa de que no podia pre-

tender ignorancia el dicho don Sancho ni sus ministros sin
poner remedio en esto. Item que no solamente el dicho don
Sancho no corrigio a los dichos moriscos de hacer la dicha
vida de moros tan publica mas aun les animaba a ser moros
como hombre que no sentia bien de nuestra santa fe catolica y amonestando cierta persona a los vasallos del dicho
don Sancho que se apartasen de los errores de Mahoma y de
su secta y fuesen cristianos estando presente el dicho don
Sancho respondiendo los dichos moriscos que no querian ser
christianos sino moros, el dicho don Sancho callo con lo qual
parece que se contento de la respuesta y era conforme a su
voluntad. Item que tratando de los dichos nuevos convertidos y su reduction a dicho el dicho don Sancho que seria
bien que en lo exterior fingiesen cristiandad y en lo interior
fuessen moros y que viviesen como quisiesen en secreto en lo
qual muestra claramente el deseo que tiene de que se conserven en su secta a lo menos en lo secreto ya que no
pueden en lo publico y siendole dicho que decir aquello era
heretico porque la fe cristiana se ha de tener secreta y publicamente, el dicho don Sancho callo. Item que el dicho
don Sancho sentia tanto la reformacion de los moriscos de
este reyno que siempre imaginaba nuevas maneras de impedimentos para ello tanto que trato con ciertas personas
que se informase a su Santidad y le informasen como los
moriscos de este reyno habian sido bautizados por fuerza
matando algunos y emprisionando a otros y amenazandoles
para que se bautiçasen encargandose el dicho Don Sancho
de dar la instruccion de lo que auian de tratar con su santidad a fin [de] que declarasse los moriscos deste reyno haber
sido bautizados por fuerza y poder vivir como quisiesen[1].
Item que el dicho don Sancho de Cardona decia y trataba
que [si] su Santidad haviendosele suplicado lo susodicho no
lo hiziese como se le pedia se fuesse al turco con carta que
el daria minutada por la cual se le havia de pedir que el
dicho [turco] escriviese a su Santidad y magestad diçiendoles
como hauian hecho muy grande agravio en aver bautizado

los moros por fuerça y en compellerles agora [a] que viuiessen como cristianos y que el Santo Oficio los castigase lo qual era contra toda justicia, no siendo cristianos ni bautizados porque no era bautismo lo que con ellos se hauia hecho y que eran muy grandes bellacos los perlados que aconsejaron al rey que eran bien bautizados por alcanzar mayores dignidades. Item que el dicho don Sancho prosiguiendo en decir lo que auia de contener la dicha carta que el turco hauia de scribir a su Santidad y magestad dixo que auia de contener a mas de lo susodicho, que el dicho turco podia hazer mucho mas en los cristianos que tenia en sus reynos y provincias y que no lo hacia dejandoles viuir en su ley pagandoles sus tributos sin hacerles fuerza ni tirania y que su Santidad y magestad no lo auian de permitir que a los moros de aca se les hiziese fuerza antes se les auia de consentir que viuiesen como quisiesen dando a entender a su Santidad y magestad en la dicha carta que si no lo hiziesen que el podia hacer lo mismo en los cristianos, encomendandoles el buen tratamiento de los moriscos deste Reyno. Item que el dicho don Sancho no solo dixo que escribiria lo susodicho en la minuta de la carta para el turco, mas aun dixo que en ella daria quenta al turco de todo lo que aca habia sucedido con los moros en España ansi con los que viven en Castilla como en Granada y en este Reyno y otras partes de España y que era gran bestialidad de los moros deste Reyno no lo hauer remediado por este camino. Item que no solamente el dicho don Sancho dixo lo susodicho mas aun por tener alterados y que no se reduxeran los dichos moriscos dixo que no confiasen de lo que les decia el inquisidor Miranda y los demas inquisidores, que eran unos bellacos y no tratauan verdad sino engañarlos y que por auerse atreuido el inquisidor Aguilera mas que los otros inquisidores en esto de los moriscos ya su magestad le auia tratado como el merecia. Item que tanto deseaba el dicho almirante que se emprendiesse la dicha jornada que para que se hiciesse represento y ofrecio intereses y fauores y mucho

agradecimiento a los que la auian de hacer y aun decia que
su magestad se lo agradeceria y haria por ello mercedes.
Item que el dicho almirante desseaba tanto encaminar aquel
negocio que se encargo de hacer la minuta de la carta para el
turco y auiendo entendido que ciertas personas moriscas
tenian ciertos breves y privilegios a fin de instruirse para
ordenar la dicha minuta de la carta pidio con mucha instancia
los dichos breves y privilegios a las dichas personas moriscas y
no haviendoselos querido dar vino en colera y les maltrato
con palabras pesadas que les dixo. Item que en la contextura
de la minuta de la carta que el dicho don Sancho refirio
que entendia dar para el turco, descubre arto claramente lo
que deseaba con todo effecto mouer humores dando ocasiones de guerra y de alteraciones significando lo que esta dicho
al turco que es el mayor enemigo que la republica cristiana
tiene y advertirle de los muchos moriscos que hay en España
y de que viuen como moros y estan descontentos porque
los entienden reformar y con ello dar ocasion al turco que
por medio de los dichos moriscos intente novedades en los
Reynos de su magestad a lo que es de creer y se entiende
tambien claro que de comunicar lo susodicho el dicho almirante con los moriscos deste reyno y dadoles aquella traza
y camino se pueden seguir inconvenientes de haverlo puesto
los dichos moriscos en execucion haviendoles dado tanta
instruccion para ello, de lo cual se infiere que el dicho don
Sancho no tiene la fidelidad que debe a su rey y señor y
que en ello incidio en crimen de lesa magestad divina y
humana. Item que ansi mesmo de hauerle dicho don Sancho
dado tanta causa de informar falsamente al turco de que
aca los moriscos se han tratado con fuerza y tirania siendo
el dicho turco el mas barbaro y cruel tirano de los moros
ha dado muy grande ocasion para que el dicho turco trate
con toda crueldad a los christianos que estan debajo de la
tirania del turco descubriendo en esto el dicho don Sancho
la poca charidad que tiene con sus proximos a trueque de
que los moros deste reyno vivan en la secta de moros. Item

que tan grande fautor y protector ha sido y es el dicho don
Sancho de los moriscos deste Reyno para que viviessen como
moros que ha dicho que holgara que sus tierras confron-
taran con las de los lutheranos para dar entrada a gente de
armas lutheranas en España por effecto que con la alteracion
que causaria en ella se afloxase en lo de la reformacion de
los moriscos y los dexassen vivir en su secta preferiendo al
servicio de Dios y de su magestad que los dichos moriscos
viuiessen como moros perturbando el estado pacifico de los
Reynos christianos. Item que el dicho don Sancho de Cardona con el grande deseo que ha tenido y tiene de pertur-
bar la reformacion de los moriscos desde Reyno no solo no
se contento con aumentar los impedimentos susodichos, mas
invento otro muy pernicioso y de muy grande inconveniente
y fue que platicando con algunos convertidos de moros deste
reyno les dixo que porque los convertidos de moros que
prendian por el Santo Officio confessaban sus errores y se
reducian sino que auian de decir que eran moros y que lo
querian ser para effecto, a lo que es de creer, de instruir
a los presentes en aquello para que todos estuviessen en ello
y se obstinassen en ser moros. Item que el dicho almirante
procuro en los años passados saber el secreto del Santo Oficio
en compañia de cierta persona con inducir a ciertas personas
reconciliadas en el por la ley de Moysen que le revelasen
lo que en el Santo Oficio hauian confesado y a mucha
instancia y importunacion del dicho almirante y de la dicha
otra persona se lo confessaron los dichos convertidos sabiendo
el dicho don Sancho que era contra el secreto que los dichos
reconciliados auian jurado y perturbando el dicho Santo
Oficio en lo mas principal y sustancial del exercicio del
dando muy grande ocasion de deslustrar quanto en el era
autoridad y reputacion del Santo Oficio. Item que el dicho
almirante no solo se contento con hauer procurado sauer
y auer sauido de los dichos reconciliados lo que en este
Santo Oficio auian confessado pero porque aun su intento era
inducir a los dichos conuertidos a retractar lo que tenian

dicho y confesado en este Santo Oficio les dixo palabras
que induxeron a los susodichos reconciliados a hacer la dicha
retractacion y la hizieron por auerles dado a entender que
no peligraban sus personas en ello. Item que creyendo el
dicho don Sancho que el Santo Oficio y su santo exercicio
era quien mas impugnaba a su deseo procuro de tratar muy
familiarmente [y] fauorecer a cierta persona que se persua-
dio el dicho don Sancho o que la dicha persona le dio a
entender que era del secreto del Santo Oficio a fin de que
con cautela podia saber de ella lo que passaba en el secreto
de cosa que le tocase a el o a los dichos moriscos del Reyno
para poder prevenir con los estorbos que el inventaba para
impedir el libre exercicio del Santo Oficio. Item que no
auiendo en la dicha cierta persona partes para emplealla
el dicho don Sancho en sus negocios por solo darse a entender el, a lo que es de creer, que era aproposito para
revelarle cosas del Santo Oficio la favorecia y se encerraban
dos y tres horas juntos algunos dias. Item que despues de
ser preso el dicho don Sancho por este Santo Oficio a preguntado si la dicha cierta persona con quien el trataba familiarmente era del secreto del Santo Oficio dudando si lo
era por no le hauer revelado su prision al dicho almirante
antes de haverse hecho. Item que de muy antiguos tiempos
y antes de ser erigida en metropolitana la iglesia de Valencia, por convenir asi a la libertad eclesiastica y percepcion
de los frutos, ha tenido siempre y de presente tiene un breve
apostolico con el cual su Santidad manda so pena de excomunion mayor que ningun señor de vasallos pueda arren-
dar por si ni por interpuestas personas las rentas decimales
pertenecientes a la dicha Iglesia de sus lugares y tierras.
Item que el dicho don Sancho aunque sabia y entendia que
auia el dicho breue y censuras por ser cosa muy publica
en esta ciudad y Reyno y con auerle dicho que le auia
sintiendo mal de la potestad del papa y creyendo que las
censuras no le ligaban siguiendo en ello el comun error
lutherano ha arrendado siempre por interpuestas personas los

diezmos de las Valles de Guadalest y los criados del dicho cogian los frutos y los juntaban con los otros de sus rentas de la dicha Vall que es suya opprimiendo en ella la libertad eclesiastica. Item que el dicho don Sancho por ser poderoso quando entendia que algunas personas decian o querian decir alguna cosa en el arrendamiento de los dichos diezmos de Guadalest por hacerles el barato aunque en daño de la Iglesia amenaçaba a los que entendian en dicho arrenda- miento para que se lo dexasen no teniendo quenta con su cons- ciencia. Item que auiendo entendido cierto perlado de la dicha Iglesia de Valencia el daño que el dicho don Sancho hacia a las rentas de ella con tener arrendados los diezmos de la dicha Vall y que por ello auia incurrido en sentencia de excomunion le dijo y amonesto que dexase de entender en aquello porque no lo podia tener en alguna manera y que estaua descomulgado si tenia los dichos arrendamientos y entonces el dicho don Sancho dixo: que pues era ansi que arrendasen a otros y fuessen a ella a coger los frutos del dicho arrendamiento y verian lo que hallarian con las dichas amenazas. El dicho don Sancho por interpuestas personas [no quiso ceder?] los dichos diezmos de sus lugares como hombre que no tenia cuenta con las censuras apos- tolicas. Item que el dicho almirante creyendo que no es necesaria la confesion que se hace a los moriscos de la Igle- sia, siguiendo la opinion lutherana como muestra por sus obras, estuvo mas de veinte años por confesarse y comulgar. Item que porque no se entendiesse que el dicho don Sancho no se confesaba en los tiempos que manda la santa madre Iglesia al tiempo de la semana santa cuando los otros seño- res de vasallos temerosos de Dios venian a esta ciudad para confesarse y comulgar y asistir a los divinos oficios dando el exemplo que las personas principales son obligados, el dicho se iba a cierto lugar suyo de moriscos por paliar lo de la confesion y volvia a esta ciudad la vispera de pascua y no se confesaba en ninguna parte por sentir mal de los sacra- mentos de la Iglesia. Item que en esta ciudad y arz-

obispado por el Reverendísimo arzobispo de el cada año
se publican los edictos en las iglesias parroquiales del dicho
arzobispado contra las personas que no se confiesan en el tiempo ordenado por la Iglesia de lo cual todos tienen noticia
y siendo esto ansi, el dicho don Sancho aunque lo sauia,
sin embargo de las censuras que en los dichos edictos se
ponen, se estaba obstinado en no se confessar sintiendo, a
lo que es de creer, que no ligaban los mandamientos y
censuras de la Iglesia. Por tanto aceptando las confesiones
del dicho don Sancho de Cardona almirante de aragon en
lo que acen en mi favor y no mas, pido y suplico a sus
mercedes manden proceder contra el dicho declarandole por
hereje y manifiesto fautor de herejes y de los que guardan la
secta de Mahoma y sus ritos y por ello auer incurrido en
excomunion y estar en ella ligado y en perdimiento y confiscacion de sus bienes mandandolos aplicar al fisco real de
de su magestad a quien pertenecen de derecho *a die comissi cri-
minis*, y en las demas penas establecidas por derecho etc.
mandandolos executar en su persona y bienes y sobre todo
pido justicia. Otro si: pido y suplico a vuestras mercedes
que si mi probanza no fuera hauida por bastante el dicho
sea puesto a tormento para que se entienda la verdad.—El
doctor moyano.

PARECER DEL OBISPO DE SEGORBE
ACERCA DE LOS MORISCOS

Parecer de don Martín de Salvatierra, obispo de Segorbe, acerca del estado en que están los moriscos (extractos) [1].

Es notorio y sin duda alguna que, [a] los moriscos de Granada el año de 1492 y a los de Valencia el año de 1524, les fue notificado por mandado de los SS.res Reyes Catholicos y del emperador Don Carlos, de gloriosa memoria, que si querian quedar en España havian de ser christianos baptiçados y no lo haciendo asi les havian de echar fuera de España, que en efecto fue amenaçarlos con perdimiento de sus bienes que se iguala a las vidas y destierro perpetuo de aquellas tierras tan regaladas y cultivadas a su proposito donde ellos y sus pasados havian vivido, que fue muerte civil, y el haver de pasar la mar con las mugeres preñadas, viejos, enfermos, niños y otras personas regaladas; todo esto se les pudo representar por gran fuerza y violencia como oy en dia lo dicen y confiesan que lo fue.

Y en execucion y cumplimiento de la dicha secta de mahoma y de sus preceptos hacen y guardan las cosas siguientes: Lo primero que ningun morisco a confesado ni confiesa sacramentalmente ningun pecado mortal ni venial, que siendo, como es notorio, que todos ellos son muy viciosos en el sexto mandamiento imitando y siguiendo a mahoma, su autor, que manda se laven con agua las manos, la cabeza

---

[1] Boronat: *Los moriscos españoles...*, t. I, pp. 619-633.

y piernas por que, con esto se les quitan los pecados veniales, y los mortales con solo el arrepentimiento de haverlos cometido.

Item, que pueden tener las mugeres que pudieren sustentar y hacer con ellas los devorcios que quisieren pagandoles lo que les prometen quando las toman; item que matando vn christiano se salvan y haciendoles qualquier mal ganan mucho merito delante de mahoma; y en el quinto con homicidios continuos que cometen asi entre moros como christianos; y en el septimo con muchos hurtos y usuras y tratos ilicitos que frequentemente hacen y cometen; y en el tercero con no guardar fiesta alguna ni oir misa sino es por fuerza y poniendoles pena para ello, es claro testimonio que no los tienen por pecados y lo mesmo sienten de los mandamientos de nuestra sancta madre iglesia, pues ningun aiuno suio guardan ni tienen por pecado, [ni] casarse, en grados prohibidos sin despensacion appl^ca ni quebrantar los demas mandamientos de dios y de la iglesia, y pues todos los quebrantan y ninguno confiesan como lo dicen y afirman todos los curas, rectores y vicarios que los confiesan e yo digo lo mesmo que e confesado grande numero de moriscos asi en Aragon como en Valencia y ninguno dellos a confesado pecado mortal, ques claro testimonio de su infidelidad y de la irrision y menosprecio que hacen del santissimo sacramento de la penitencia, y que son sus confesiones falsas y fingidas, indignas e incapaces del beneficio de la absolucion por no haver materia en que haga su efecto, y por la mesma razon y no hallar en los dichos moriscos la fee viva que se requiere ni contricion alguna de sus pecados no se atreven los perlados y pastores asi en el reyno de Valencia como en todo el reyno de Aragon y otras partes de España a les administrar el SS^mo Sacramento de la eucharistia ni a lo dejar en las iglesias de sus lugares por evitar los sacrilegios y abominaciones que por experiencia se ha visto haver cometido siguiendo en todo los preceptos de Mahoma.

Item, es cosa sin duda y asi se a visto y ve hordinaria-

mente en las inquisiciones de toda España que los moriscos que
en ellas se prenden, asi viejos como moços, los hallan estas
retajados y circuncidados; asi lo mando mahoma aprobando
la ley de moisen y por atraer a su secta los judios, y ellos
confiesan llanamente la circuncision escusandose los viejos que
siendo niños no saven quien los retaxo cuios hijos asi mesmo lo estan el dia de oy, como se puede ver por speriencia,
e yo e allado algunos niños retaxados y examinando a sus
padres sobre ello dicen que naturalmente asi nascieron, y,
aunque esto podria ser contingente en algun caso, no lo
pueden ser generalmente en todos, por lo qual y ser evidente
y notorio a los dichos moriscos que es caso de herejia vsar
de la circuncision y que solamente se puede y deve vssar
del sacramento del baptismo y asi lo ussa toda la iglesia
chatholica, y en esto no pueden pretender ignorancia alguna
ni decir ni alegar que lo an echo por no haver sido instruidos ni enseñados en la doctrina christiana, claramente
quedan convencidos de su dolor y malicia y que son hereges
apostatas de nuestra Sancta fee catholica y religion christiana.

Esto mas se confirma porque todos los dichos moriscos
hombres y mugeres y niños, asi del reyno de Valencia como
del reyno de Castilla y Aragon, usan de nombres de moros en
sus casas y en sus comunicaciones secretas, los quales toman
despues de ser baptizados en la iglesia catholica con el agua
del baptismo, y esto es asi notorio a todos los xpianos viejos
que tratan con los moriscos y pruebase evidentemente porque
si con disimulacion preguntan a las mugeres y niños los
nombres que tienen de xpianos no los saven decir.

Item, por que si con atencion y desimulacion se advierte,
quando unos a otros se llaman se nombran nombres de
moros; item los mesmos nombres se allan en los libros de
sus tributos, pechos y contribuciones, y pues el nombre de
xpianos se les puso luego que fueron nascidos quando fueron
baptiçados, necesariamente se a de inferir que despues de
aquel se pusieron los nombres de moros y que para se les

poner usaron de sus ceremonias y circuncision abominando y blasphemando del sacramento del baptismo y en esto no se puede admitir ignorancia ni otra escusa alguna pues evidentemente se comprueba su dolo y malicia.

Item, asi mesmo es cossa notoria y muy savida entre los christianos viejos que tienen comunicacion y vecindad con los moriscos asi del Reyno de Valencia como los demas reynos de España, que no piden ni resciven los sacramentos de confirmacion, penitencia, horden sacerdotal ni extrema uncion y asi lo testifican y afirman todos los perlados, curas y rectores que tienen encargo de los dichos moriscos y otras infinitas personas eclesiasticas y seglares vecinos de los pueblos donde son vecinos los dichos moriscos ques claro testimonio de su infidelidad y de que no tienen fee ni credito alguno de los sacramentos de nuestra sancta madre iglesia, y que los profanan y hacen grande burla y menosprecio de ellos, pues, como esta dicho no usan dellos ni los piden ni apetescen en manera alguna ni hacen obra alguna xpiana que pueda testimoniar de la fee viva, amor y charidad que deven tener en sus coraçones a la religion xpiana y articulos de nuestra sancta fee chatholica como es obligado a lo hacer qualquier fiel xpiano.

Item, esto se confirma porque ay la suma notoriedad y clara evidencia que no auian ningun aiuno de la religion xpiana y que aiunan los aiunos de mahoma specialmente el que dicen de ramadan porque al tiempo que cae el dicho aiuno no se mata carne en sus lugares porque no la gastan, y se ve que no adereçan de comer en sus casas porque no se les vee hacer lumbre ni salir humo de sus chimeneas y por desimular lo susodicho se van a las heredades y alli se entretienen hasta venida la noche que hacen sus cenas y comidas con gran secreto y hacen las demas cerimonias de la çala y guado que son las oraciones y lavatorios que enseña mahoma en su alcoran.

Item, las dichas cerimonias de la çala y guado que son oracion y lavatorio hacen cinco veces cada dia diciendo que alavan a Dios grande que no tiene padre ni hijo, en lo qual blaspheman de la SS.^{ma} Trinidad, y asi parece por las confesiones que hacen en las inquisiciones, asi lo manda mahoma el qual por imitar a los judios y arrianos y atraerlos a su secta nego la Santisima Trinidad y la niegan estos sus discipulos.

Item, se confirma mas esto y la notable burla y menosprecio que todos ellos hacen de la religion xpiana y de nuestra sancta madre iglesia y de sus sacreficios y oraciones pues jamas los an visto ni veran entrar en las iglesias los dias de hacienda ni los de las fiestas y entonces solamente van a la hora de la missa compelidos y apremiados por los rectores y alguaciles que ay para ello puestos en algunos lugares, y procuran ser compelidos y apremiados a hacer estas obras christianas con injuria suya porque tienen en doctrina de sus maestros y antepasados que en ello ganan gran merito delante de mahoma y que pueden exteriormente negar a mahoma reteniendole en sus coraçones, y donde no ay los dichos ministros como en Madrid, Toledo, Alcala y Ocaña, Talavera y otros muchos lugares que ya estan muy poblados de los dichos moriscos no los veran ir a las iglesias, y viven como ovejas sin pastor ques grande lastima.

Item, por la dicha razon de su infidelidad jamas se han querido ni quieren enterrar en las iglesias por enterrarse en los campos y en tierra virgen y en ninguna manera del mundo enterraran ningun cuerpo de moro en sepultura vieja, aunque haya muchos años que no se aya enterrado en ella, y esto es tanta verdad que cuando se acavan de enchir de sepulturas los cimenterios viejos, que los perlados les señalan, piden otros de nuevo diciendo que no caben mas cuerpos en los viejos, que es claro testimonio que lo hacen por ser cerimonia de mahoma que lo manda asi en el alcoran, y esto es asi notorio y yo doy testimonio por haverlo asi visto y tractado con los dichos moriscos de Valencia y Aragon muchas y diversas veces, y esta es cerimonia judaica, y mahoma la toma de los judios por los adular y atraer asi como esta

dicho y los moros lo guardan inbiolablemente por ser precepto de mahoma.

Item, es notorio en toda España que ningun morisco aya
dexado manda pia a ninguna iglesia en manera alguna ni
se hallara haver hecho obsequias funerales por ningun difunto ni haver edificado altar alguno ni dexado misa ni
sacrificio alguno ni aniversarios por difuntos que, siendo
como son ricos y poderosos y viendo la mucha frequencia
que ay entre los xpianos en hacer las dichas cosas, es claro
testimonio que hacen burla y menosprecio dello y que ninguna fee ni credito tienen en creer que los dichos difuntos
ban al purgatorio donde pueden ser socorridos con los sacrificios y sufragios de la iglesia, y asi, en efecto, niegan el
purgatorio y afirman que no ay mas que gloria y infierno
ques doctrina de mahoma.

Item, es notorio en toda España que ningun lugar de moriscos a hecho hermita ni cruz ni humilladero alguno en
sus pueblos y lugares donde moran, y es notorio el aborrescimiento que tienen con las figuras e imagenes pues no se
hallara haver echo algunas en las iglesias ni tenerlas en sus
casas, y lo mesmo se dice del agua bendita, y de las cofra-
dias, y de las indulgencias, y bulas de la cruzada, y religion,
frailes ni monjas, pues es cosa sin duda que no se hallara
morisco alguno hombre ni muger que goce de ninguna de
las dichas devociones ni aya sido ni sera confrade del Santisimo Sacramento ni de la sangre de xpo ni de otra ninguna
cofradia de sanctos ni aya tomado ni tome bula de la cruzada; si algunas toman son concegilmente por cumplir con
los comisarios y alguaciles que las publican y no se ha visto
ningun morisco hombre ni muger que se aya entrado en
religion que siendo como es tan grande el numero de gente
[que] ay en la España de la dicha nacion y el grande numero de años que an vivido y viven entre los christianos, es
claro y evidente testimonio que todos ellos son unos y siguen
una mesma secta de mahoma de todo punto contraria a la
ley de ihu-xpo.

Item, todos se abstienen de vino y tocino y es cosa sin duda que no lo hacen por macerar la carne ni por hacer penitencia de sus pecados, pues no confiesan cometerlos, sino que lo hacen por ser precepto de mahoma y ser ellos sus discipulos; esta ceremonia tambien la tomo mahoma de los judios en lo que toca al tocino.

Item, jamas se a visto en Castilla ni en Aragon que ningun morisco aya studiado en las universidades ninguna prophesion christiana mas de los que arriba estan referidos en que se muestra claramente el aborrescimiento que le tienen, y asi mesmo lo muestran en no se cassar con xpianos viejos porque no los tienen por proximos y, por esta razon, no les piden limosnas ni se las pueden pedir porque asi lo manda el alcoran y se ve por experiencia.

Item, como esta dicho tienen por fee y por doctrina de sus maestros y antepasados que haciendo el mal que pudieren a los cristianos ganan el cielo y que tambien le ganaran defendiendo su ley con las armas y pasando algun trabajo e afrenta por la dicha secta, [y si?] se les hiciere alguna fuerça o violencia para haverla de negar la pueden negar retiniendola en el coraçon questo les basta para se salvar.

Item, se advierte que aunque se an visto muchos moriscos en Valencia y en Aragon y en otras partes de España tales que segun las muestras exteriores de sus obras parescian mas xpianos que moros, por ser personas muy ladinas, de muy buenos entendimientos y que tenian mucha correspondencia con los xpianos viejos, al tiempo de su muerte se a visto que se an declarado ser moros y haver vivido como tales y morir como moros en la secta de mahoma, pidiendolo por testimonio publicamente para animar a sus hijos y parientes y a los demas de su secta que vivian y morian en ella y asi se a visto evidentemente en las inquisiciones de Valencia, Çaragoça y otras partes.

Item, se confirma la entrañable enemistad que tienen a la religion xpiana y a los que la tienen y guardan pues haviendo mas de ochocientos años questan en España y haviendo tenido con los xpianos tan larga correspondencia y comunicacion estan tan apartados y agenos de la religion christiana como arriba esta referido y se ve claramente el odio y enemistad capital y moral que les tienen, pues, demas de los muchos xpianos que mataron el año 22 y 23 en el levantamiento que hicieron en el reyno de Valencia y los muchos que mataron el año de setenta en el levantamiento del reyno de Granada, trugeron gran numero de turcos y moros de berberia para fin y efecto de conquistar otra vez a España, quemaron gran numero de templos, [profanaron?] sacramentos, martiriçaron gran numero de sacerdotes y personas eclesiasticas y, finalmente, pusieron gran tribulacion y congoxa en la xpiandad y los reinos de España que fue una amonestacion que Dios embio a V. Mag.^{d} para le obligar a echar de sus reynos tan abominable gente, lo qual hicieron haviendo precedido en ello mas de ochenta años el enseñamiento de la doctrina xpiana que con tanto cuidado, amor y charidad los santos perlados de aquel reyno les enseñaron y doctrinaron como esta dicho, demas de todas las diligencias y justificaciones dichas que de parte de Dios y de su iglesia se havian echo para su conversion, y aunque por los dichos delictos merescieron gravisimos castigos V. Mag.^{d} por su clemencia en pago de aquello, fue servido mandarlos sacar de las breñas y montañas donde vivian y darles para su habitacion la tierra llana y abundante de la Andalucia y reyno de Toledo donde continuando la iniquidad an muerto gran numero de xpianos alevosamente, saltando y robando los caminos, y en Sevilla se juncto gran numero de los dichos moriscos y entrellos se enseñava la secta de mahoma como paresce por los registros de las inquisiciones de Sevilla.

Item, se aberiguo en las inquisiciones de Aragon los años de 75 y 76 que los dichos moriscos tratavan de hacer otro levantamiento como el de Granada y que tenian mucha correspondencia con los herejes de Vearne donde procuraron tener lugar propio para su abitacion adonde llevaron mucha cantidad de dinero.

Item, el año de 84 ciertos lugares de moriscos del reino de
Valencia, que eran de don Miguel de Moncada, llamaron
al visorey de Argel, el qual vino con ciertas fustas y en ellas
llevo dos mill y quinientas personas que pagaron de flete
250 ducados en reales castellanos de contado.

Item, se comprueba y confirma clarisimamente esta verdad
tocante a la iniquidad y abominable voluntad que esta miserable gente tiene a la religion xpiana con el sucesso y
exemplo que agora ultimamente se a visto en los moriscos
de la ciudad de Teruel donde es notorio que, de mas de
ducientos años a esta parte a havido mucha poblacion de
moriscos, specialmente un barrio entero que dicen de
S.ᵗ bernardo, los quales fueron convertidos y baptizados por
el bienaventurado S.ᵗ Vicente Ferrer y desde stonces siempre
an sido avidos y tenidos de todos los dichos moriscos y sus
sucesores por christianos muy instruidos y fundadores en la
religion xpiana y ansi lo an siempre mostrado en las obras
exteriores, dejando el havito y lengua de moros de tal manera que, ninguna diferencia havia entre ellos y los xpianos
viejos, specialmente mostrando particular devocion a las cosas
eclesiasticas, acompañando el SS.ᵐᵒ Sacramento, assistiendo
a los off.ᵒˢ divinos y sermones evangelicos, y goçando de las
confradias y devociones de sanctos, y haciendo las demas de-
mostraciones exteriores que los muy curiosos xpianos viejos
suelen hacer, y por ser esto assi haviendo V. Mag.ᵈ mandado quitar las armas a todos los moriscos del reyno de
Aragon queriendose asi executar en los de Teruel se que-
jaron a V. Mag.ᵈ dello y pidieron e suplicaron que pues
ellos eran fieles y chatolicos christianos, y asi lo havian
mostrado en todos tiempos por las obras haciendolas continuamente tan publicas y señaladas y con tanto exesso y
ventaja de los demas moriscos del dicho reyno como era
notorio, fuese V. Mag.ᵈ servido, para mas los esforçar y
consolar en la religion xpiana, prover y mandar que la dicha
provision y edicto no se entendiesse con ellos y se les dejasen las armas que tenian y pudieran vsar dellas y de las

demas que usan los xpianos viejos por ser havidos y tenidos
por tales, y V. Mag.[d] fue servido proveer y mandar, vistas
las informaciones de todo lo sobredicho, que asi se hiciere y
guardare y, en efecto, se hizo y guardo; siendo assi todo
lo sobre dicho el año passado de ochenta y cinco muchos
de los dichos moriscos, alumbrados por el spiritu Sancto de
su libre y spontanea voluntad, se presentaron en el S.[to] Officio de la inquisicion de Valencia y confesaron haver sido
y ser todos los dias de la vida moros y haver tenido, creido
y guardado la abominable secta de mahoma y sus cerimonias, y que las muestras de cristianos que havian echo havian
sido echas falsamente por temor de las penas temporales y
para fin y efecto de engañar [a] los xpianos viejos y hacer
burla y menosprecio de su iglesia, sacrificios y sacramentos, y
para otros muchos respectos que declaran en sus confesiones
y conforme aquellos confesaron y declararon lo mesmo todos
los demas vecinos moriscos de la dicha Ciudad de Teruel los
quales an sido castigados y penitenciados en los autos pp.[cos]
que se an echo ultimamente en la dicha inquisición por lo
qual con mayor razon se deve tener por cosa sin duda que los
demas moricos del dicho reyno y del de Valencia y los que
ay en Castilla guardan la secta de mahoma y sus cerimonias.

Item, es notoria la mucha correspondencia que tienen los
moriscos de España con los de berveria y costantinopla dandoles muchos y diversos avisos contra V. Mag.[d] y sus reynos
y advirtiendolos de las faltas que ay en los castillos y for-
taleças, specialmente en los que ay en la costa del mar me-
diterraneo, y como estan sin gente, artilleria ni municion,
y que las mesmas faltas y defectos ay en las galeras reales,
y el gran numero de moros que ay en estos reynos, y las
muchas armas que tienen encubiertas, e yo doy testimonio
que el año de 81 alle y descubri en una casa de vn morisco de Xea de alvarracin muchas armas, arcabuces, picas,
espadas, ballestas, polvora, mechas, sillas, frenos, cinchas, es-
puelas y otras armas y guarniciones de a pie y de a caballo,
de que di quenta a V. M.[d], todo ello para fin y efecto de

inducir y persuadir al turco, enemigo comun, y sus secuaces
a que vengan a conquistar estos reynos y para que movida
la guerra puedan mostrar su abominable iniquidad y tomar
vengança de los xpianos segun y como lo hicieron en los
dichos levantamientos de Valencia y Granada, lo qual con
mayor seguridad y valor pueden hacer al presente por haverse
multiplicado y doblado el numero desta gente y estar tan
arraigados en las mejores provincias de España en las quales, como enemigos domesticos, saven y entienden las faltas
y flaquezas que ay y usando de offi.ᵒˢ vajos y mecanicos,
specialmente los que tocan a la provision de los mantenimientos, como son hortelanos, aguaderos, bodegoneros, panaderos, carpinteros, alvañiles y otros semejantes, en los quales
anda la masa comun y principal del dinero de la republica
y ellos lo ban cogiendo y privando a los christianos viejos
del sustento y reparo que an tenido y tenian con los dichos
officios obligandoles a desamparar la tierra e irse a las indias
y a las guerras; y demas desto claramente enseña la speriencia que en muchas ciudades y reynos de Castilla algunos
moriscos que vinieron del reyno de Granada se an enrique-
cido en tanto grado que an arrendado y arriendan las
alcavalas y otras rentas reales dando por sus fiadores el
dinero de contado y en Guadalajara, Pastrana, Salamanca y
otras partes ay moros que tienen mas de cien mil ducados de
hacienda y si V. Mag.ᵈ no es servido poner remedio en
esto, en breves años se multiplicaran de tal manera que
sobrepujen mucho a los xpianos viejos asi en numero de
personas como en cantidad de hacienda, specialmente de oro
y plata, porque lo ban recogiendo todo y no lo gastan
pues no comen ni veven ni visten ni calçan y allandose asi
poderosos de grande numero de gente y mucha hacienda
y siendo tan inteligentes en la disposicion y stado del poder
de los xpianos y siendo tan grandes enemigos suyos y de la
religion xpiana como sta dicho, gravissima temeridad es dejar-
les proceder como an procedido y proceden usando con ellos
de tan grandes remissiones.

De todo lo sobredicho clarisimamente queda provado y concluido que nuestra sancta madre iglesia y su sancta Sede App.ᶜᵃ y V. Mag.ᵈ y el emperador don Carlos nuestro S.ᵒʳ, y señores Reyes catholicos de gloriosa memoria y todos los perlados, curas y rectores y predicadores de todas las Españas de muchos siglos de años a esta parte con grande vigilancia, celo y cuidado del servicio de Dios y de la salvacion de las almas desta revelde gente, los an instruido y enseñado la doctrina christiana y ley evangelica, general y particularmente, assi de palabra como con obras exteriores y exemplares, specialmente con el uso y exercicio ppu.ᶜᵒ de la frecuenzia de los sacramentos, sacrificios, devociones, procesiones, disciplinas, aiunos, penitencias y otras muchas obras pias que por ser tantas y tan notorias no refiero aqui, lo qual solo de por si, aunque generalmente se aya echo, es bastantissima justificacion y diligencia para quedar instruidos todos los dichos moros presentes y pasados en nuestra sancta fee chatolica, doctrina y religion xpiana y an quedado obligados a la recibir, guardar y cumplir so pena del infierno como quedaron los pueblos judios y gentilidad que la oyeron y tubieron noticia implicita della con sola la predicacion general de los sagrados apostoles y discipulos de ihu-xpo, por haver bastado aquella para tener entera noticia de la verdadera perfeccion y justificacion de nuestra sancta fee catholica y religion xpiana, pues con ella se escluye la ley de moisen por quedar rematada y sepultada en la verdad y realidad de la ley de Christo, y las demas sectas y sus falsedades y fingimientos quedaron confundidos con la pureza, bondad y llaneza divina, y naturalmente contienen en si los mandamientos de la ley de ihu-xpo y muy particularmente la abominable secta de mahoma ha de ser mas confundida por ser evidentissimas sus iniquidades, mentiras y falsedades contrarias a toda razon natural...

Por dodas las sobredichas razones no se pueden ni deven admitir las escusas que aquellos y otros sus valedores ponen y alegan diciendo que no han sido instruidos ni enseñados

porque clara y evidentemente es contrario al hecho de la
verdad y lo dicen y alegan con tentacion endemoniada, con
color y capa de santidad para fin y efecto de poder perseverar en su abominable maldad y poner, como dicen, alguna
tierra en medio con falsas treguas que es comun stilo de
los que con animo traidor y alevoso quieren perseverar y
proceder en sus malos intentos y los valedores y cuidadores
que tienen para esto es cosa clara que, aunque procedan
con alguna parte de buen celo y color de santidad, sera
con ignorancia de los dichos delitos y abominacion que cometen, y plegue a Dios que no lo hagan por diversos respectos
humanos, specialmente por sus propios intereses que son muy
grandes los que esta miserable gente dan asi por las composiciones de sus delitos como en las zofras que dan a los
cavalleros particulares sirviendoles como grandes esclavos con
sus propias haziendas, personas y cavalgaduras, dejando y
posponiendo su propias haciendas, labores y grangerias, y
lo que mas es de doler que saviendo como saven que aquellos son hereges, aunque no estan publicados por tales, es
cosa llana que no los acogen en sus lugares para los reducir
a la ley de ihu-xpo sino para el dicho efecto de sus intereses en que se cumple lo que dice San Pablo *ad. roman.*
c. 9: quaerimus nostra sunt et derelinquimus quae Dei sunt, y
pues para con Dios no ay cosa oculta y conosce lo interior
de los coraçones, gravissimo scrupulo se deve tener en tener
los dichos moros en sus casas y lugares y en tractar y
comunicar con ellos pues, como esta dicho y claramente provado, todos son hereges con los quales no es licito tratar.

Item, por las dichas razones claramente queda provado y
concluido que para la conversion y reduccion de los dichos
moros no es necesario ni de efecto alguno quitarles el havito
y lengua que usan ni sacarlos de los lugares maritimos en
que viven, pues, como sta dicho y es evidente y notorio,
falta esto en los moros de Aragon y Castilla que son muy
ladinos en lengua castellana y usan vestido de xpianos viejos
y viven en lugares muy lejos de los mares y con todo esto

son tan moros como los de berberia y los del Reyno de Valencia.

Tampoco es bastante remedio ni conveniente para la reduccion de los dichos moros, repartirlos por lugares de xpianos viejos, pues, como esta dicho, los que viven dentro de Valencia, Segorve, Xatiua, Gandia, Elche, Origuela, Çaragoça, Teruel, Calatayud, Epila, Valladolid, Segovia, Avila, Medina del Campo y en los demas lugares destos reynos de xpianos viejos son moros sin ninguna dificultad y aun se a de temer que la mucha poblacion y concurso de gente de las dichas ciudades y villas es causa de que ellos ayan vivido y vivan guardando la secta de mahoma con mayor libertad que si vivieran en aldeas particulares en las quales pueden mas facilmente ser conoscidos sus delitos que en los pueblos grandes.

Item, esto se confirma y aprueva mas con las esperiencias que se tienen en España de los moros que sacaron del reyno de Granada que con haver tantos años que viven en los lugares de Castilla, donde fueron repartidos, y en ellos muy particular y christianamente an oydo y entendido continuamente el enseñamiento de la doctrina xpiana, como tambien lo havian entendido en el reyno de Granada agora es cosa clara que son tan moros como lo eran en el dicho reyno asi los que viven en sus casas particulares como los que viven en servicio de xpianos viejos porque en todos ellos se hallaran los dichos delictos, specialmente la circuncision y el no confesar pecado alguno ni tener inteligencia de la fee de ihu-xpo ni tenerle algun amor y charidad, antes particular aborrecimiento y particularisimo amor a la secta de mahoma.

Item, de lo sobredicho queda provado y concluido que los dichos moros son herejes enemigos capitales de la ley de ihu-xpo y de todos los xpianos que la guardan y que cada dia blaspheman de la S.^ma Trinidad y de todos los articulos de nuestra santa fee chatholica y de toda la iglesia chatholica y de sus sacramentos, sacrificios y cerimonias, y que con incorregible y abominable obstinacion y reveldia conservan y guardan la ley de moisen y en la secta de mahoma viven y perseveran.

Item, que son espias del turco, enemigo comun, perturbadores de la paz y pueblo xpiano, homicidas, salteadores de los caminos, y ladrones assi en los campos como en los pueblos usando de muchas usuras y tractos ilicitos.

Y pues todo lo sobredicho es assi y en ello no se puede ni deve poner scrupulo ni duda alguna y el señor Rey Don Jaime, de buena memoria, siendo tan pobre echo del Reyno de Valencia mas de cien mill moros, y los señores Reyes Chatholicos de gloriosa memoria, aunque al tiempo que comenzaron a reynar en estos reynos de España eran muy pobres y tubieron grandissimos travajos de gastos y guerras con los reynos de Portugal, Navarra y Granada y las rentas reales eran muy pocas para poder sustentar los dichos gastos y guerras y para ellas se valian y socorrian de los repartimientos que hazian entre las signagogas y judios destos reynos que guardavan la ley de moisen, fue tan grande el amor y charidad y herbor que tuvieron al servicio y honra de Dios y bien vniversal de la religion xpiana que, postpuestos los intereses del mundo y por estar muy obligados en el fuero de la conciencia y en el exterior a lo hacer assi, mandaron echar y desterrar destos sus reynos todas las sinagogas y judios que en ellos havia porque en tantos siglos de años como havian estado en España no havian querido rescivir la ley de ihu-xpo y porque con sus vsuras robavan y consumian las haciendas de los xpianos, lo qual assi se hizo y executo como es notorio, aunque no eran herejes baptizados ni tan viciosos en sus costumbres como son los moriscos ni tampoco espias del turco ni homicidas ni salteadores de los caminos, como lo son los dichos moros, ni hicieron levantamiento alguno en estos reynos, como los an echo los dichos moros, ni se tuvo jamas temor que tal hiciesen, como se tiene de los dichos moros, ni tenian armas ofensivas ni defensivas ocultas ni publicas, como las tienen los dichos moros, y no tuvieron consideracion alguna a la grande

multitud y numero de hombres y mugeres que havia en las
dichas sinagogas que era mucho mayor que el de los moros
que ay en España immitando al profeta Elias que suplico
a Dios confundiese la multitud de falsos profetas de Baal
que en su tiempo ubo, por lo qual no a de tener lugar
en este caso la regla general que dice haverse de perdonar
a la muchedumbre de delinquentes, ni tuvieron consideracion al favor grande que pudieran dar al turco con sus
personas, consejos, haziendas, avisos, ni se tuvo consideracion
a los grandes provechos temporales que los dichos judios davan
assi a los señores reyes como generalmente a toda la republica de España con sus haciendas, tractos, mercaderias y
conciertos que tenian en las provincias de Oriente, Africa
y otras partes ni con los derechos que dellos pagavan.

A esto no a de obstar lo que algunos apuntan diciendo
que se ganan los infantes, hijos destos moros que mueren
baptiçados, porque demas de que sus padres son infieles y
no piden el baptismo en la fee de la iglesia sino de mahoma
como lo manifiestan sus obras, que declaran su intencion
mejor que sus palabras, los adultos ermanos destos que tambien fueron baptiçados nunca consintieron en el baptismo antes *penitus* le contradicen como sus padres y en esto se a de
verificar lo que dice el texto con el cap.º *maiores littem*
querit etc.; el que nunca consintio *sed penitus contradicit*, que
no rescive la sustancia sin el character del sacramento del
baptismo; lo mesmo se puede decir de los niños infantes,
hijos destos moros, pues se presume que seran semejantes a
sus padres asi por su naturaleza como por ser sus discipulos
y aunque fuese asi que se salvan estos niños, no por esto
es justo tolerar la infidelidad de sus padres y de los demas,
pues no se pueden hacer cosas malas porque dellos se sigan
otras buenas ni V. Mag.ᵈ deve poner sus reynos en tan
grandes peligros teniendo en ellos tanta y tan infiel gente
aunque sean baptizados, [en] especial constando claramente
que son moros y hereges abominables y por esta razon tampoco se ha de tener consideracion a lo que se dice que

si los echa V. Mag.^d en berberia renegaran del baptismo
y fee de ihuxpo pues ya lo tienen echo.

Item, tampoco a de obstar decir que el turco matara o
desterrara los xpianos que ay en sus tierras como no mato
ni desterro los que habia quando se echaron los judios de
España, aunque se fueron a quejar dello, porque los xpianos
libres que tiene los a de conservar para gozar de los grandes tributos y provechos que le dan y el infiel tirano que
no tiene precepto de charidad mas quiere y ama el interes
y provecho de su particular que las vidas de los xpianos
que no conoce ni le dan interes alguno.

Y pues sto es assi y Dios por su infinita misericordia y
juicios secretos a sido servido hacer a V. Mag.^d Rey y Señor
de la monarchia [mas grande?] de la xpiandad con tantos
reynos y provincias como ha ganado y conquistado y descubierto en todo el mundo, muy mayor obligacion tiene
V. Mag.^d de limpiar estos sus reynos de todo punto de la
dicha abominable secta de mahoma y de los que la tienen
y guardan que son todos los moros que en ella ay, assi por
las raçones y consideraciones que estan dichas tocantes a la
honrra de Dios y seguridad de la religion christiana como
por la seguridad destos reynos de España como por ser en
efecto mas reprovados y mas abominables que los judios ni
que los gentiles y hereges arrianos pues tienen todo esto y
mas [los de] la secta de mahoma que, por ser mas larga
y ancha en sus maldades y preceptos que todas las demas,
se an estendido y durado mas que aquellas, lo qual toman
los moros por argumentos de la perfeccion de su secta, y
por esto esta V. Mag.^d mas obligado a mostrar mas en esto
el animo invencible, amor y charidad y grande xpiandad
que dios a sido servido comunicar a V. Mag.^d como lo ha
mostrado y muestra cada dia en la defensa de la sancta fee
chatholica y persecucion de los hereges e infieles y en todas
sus acciones sin tener consideracion alguna a los respectos
ni intereses humanos generales ni particulares que ocurren
y pueden ocurrir, pues, demas de ser fribolos y de poca sus-

tancia, Dios, cuya es la causa, los facilitara y allanara como
vee que conviene a su santo servicio pues por el y su honra
lo a de hacer V. Mag.^d y siendo ello servido se conseguira
este intento con mucha facilidad y justificacion usando de
los medios que V. Mag.^d santamente puede hordenar y,
aunque a mi me ocurren algunos, no me atrevo a los referir
por no tener licencia para ello de V. Mag.^d y porque particularmente es muy necesario que este negocio se consulte con
la santa Sede App.^ca y seria muy aproposito que, con su
licencia y autoridad como esta dicho, se congregase y cele-
brase en Toledo o donde V. Mag.^d fuere servido un concilio nacional para q.^e se hicieren los discursos mas convenientes para la buena direccion desta causa que por ser de
tanta calidad e importancia assi en lo spiritual como en lo
temporal seria muy acertado usar desta justificac.^on y se dara
mucha satisfaccion a la grave remision y culpa pasada que
ha havido en remediar tan gran mal q.^e plegue a Dios no
sea mayor q.^e leve culpa, la qual agora seria gravisima pues
es doctrina s.^ta que el que puede remediar un delito manifiesto y no le remedia da sospecha que ocultam.^te lo aprueba
y tiene por bueno, asi lo dice St Hieronimo *in c. non caret
scrupulo. 2, 4, y 3*, y desto y de lo demas que V. Mag.^d
hiciere en ella dara Dios el premio en esta vida, con el
centuplum, y en la otra el reino eterno de su gloria.

Todo esto [he] echo movido con el celo que devo al servicio de Dios y de V. Mag.^d postpuestos los respectos e intereses humanos y temporales y el particular que toca a mi
dignidad, [puesto] que haciendose lo que ay digo perderia
mas de tres mill ducados de renta y con gran voluntad
dejo perderlos y sacrificarlos por la honra de Dios y de
V. Mag.^d, descargo de su real conciencia y de la mia, seguridad y bien universal de sus reynos, por lo qual con la
humildad que devo y como hijo fiel y ardiente de nuestra
Sta madre iglesia y Sede App.^ca y de V. Mag.^d digo, que
si en lo sobredicho o en alguna parte dello e excedido o
errado, no a excedido ni errado mi voluntad y lo pongo

todo ello devaso de su correccion y enmienda y de la de
V. Mag.^d cuya chatholica persona guarde Dios para mas
bien de su iglesia. Amen En madrid a 30 de julio, 1587.—
El Obispo de Segorve.

PROCESO INQUISITORIAL INSTITUIDO
EN CONTRA DE DON COSME ABENAMIR,
MORISCO VALENCIANO

Extracto del proceso contra D. Cosme Abenamir, cristiano nuevo de moro, vecino de Benaguacil.

En Valencia, á 3 de mayo de 1567, ante el inquisidor D. Jerónimo Manrique, en la Cámara del secreto, pareció el licenciado Oviedo, promotor fiscal del Santo Oficio, y presentó el pedimento del tenor siguiente:

«Muy Reverendos Señores: El licenciado Oviedo, promotor fiscal de este Santo Oficio, ante V. M. parezco y digo: que Don Cosme Benahamir, cristiano nuevo de moro, de veneguacil, esta notado en los libros y registros de este Santo Oficio de haber hecho vida y cerimonias de moro y de haber procurado inducir y persuadir a un cristiano viejo que fuese moro, dogmatizandole la secta de Mahoma, de que le entiendo acusar. A vuestras mercedes pido y suplico le manden prender y secuestrar sus bienes, para que de el me sea fecho cumplimiento de justicia.—El licenciado Oviedo.»

Testimonio de Angela, esposa de Jaime Aleman.—Confiesa que ella, de diez y seis años de edad, ha hecho ceremonias de moro ayunando el Ramadan; y ha estado al servicio de don Jeronimo de Benamir, en Benaguacil, despues de haber estado tambien en casa de Hacem en Segorbe. En casa del primero ayunaba el Ramadan juntamente con el y con su muger, y con sus hijos Don Cosme, Don Juan, Don Hernan-

_____
[1] Apud Boronat, *Los moriscos españoles...*, t. I, pp. 540-569.

do y Doña Grayda; los cuales celebraban la Pascua de los moros vistiendose las mejores ropas que tenian. Lo mismo hacian en casa de Hacem, en Segorbe, casado con Doña Grayda, la hija de Don Jeronimo, que no comian en todo el dia, hasta la noche. La declarante confiesa que no sabe las oraciones, sino unas que dijo en algarabia.

Testimonio de Mastre Bernat.—Como encargado en Benaguacil de que los moriscos vayan a misa, tiene por muy cierto que todos ellos hacen cerimonias de moros, habiendo visto que ayunaban el Ramadan de la luna del mes de julio, y celebraban solemnemente la Pascua en agosto, con ayuda de los señores que los protegen contra el Santo Oficio. Aunque nuevamente convertidos, no son ni viven como cristianos, antes siempre se tratan y viven como moros, y agora en estos tiempos señaladamente son peores que nunca, que no les falta sino tocar la trompeta, como hacian antes, para llamar a las mezquitas, porque hacen haciendas en los domingos y fiestas, y tienen los muchachos circuncidados; de manera que son mas moros que nunca.

En Valencia, a 23 de mayo de 1565, ante el inquisidor Bernardino de Aguilera, y en la Sala del Santo Oficio, comparecio Gaspar Coscolla, mercader, que vive en la Vall de Uxo en el lugar de Benigafull, y dijo que: «en el lugar de Veo, de la Sierra de Slida, hay un morisco alfaqui, llamado Ayet.

En el lugar de Suera, de la misma Sierra de Slida, hay otro alfaqui, llamado Suleyman.

En el lugar de Fansara, de la misma sierra de Slida, hay tres alfaquies, nombrados: Eça, que es tenido por muy sabio en su ley, tanto alli como en todo el reyno de Valencia, por lo cual acuden a solicitar sus consejos muchos moriscos, a quienes el resuelve dudas y pleitos, y que sabe leer y escribir nuestra lengua castellana, viviendo en todo como un verdadero moro. El otro alfaqui se apellida Cilim y el tercero Totayal.

En la Vall duxo hay los alfaquies siguientes: En el lugar de Beniçaat el alfaqui Seddech. En Azaneta el hijo de Juseff Gerret y el hijo de Fusey Gerret que son primos, hijos de hermanos, mozos de poca edad. En el mismo lugar de Azaneta hay otro morisco, que se dice Picaçent y enseñaba a los muchachos algarabia. En el lugar de Çoneja hay un alfaqui, tambien mozo, llamado Adal, hijo de Homaymat Adal, los cuales, padre e hijo, enseñaban tambien algarabia. En la ciudad de Segorbe hay otro alfaqui llamado Tasin.

En la Vall de Sego, en el lugar de Quartel, hay otro alfaqui nombrado Tauret, al cual tienen por grande lector en su arabigo.

En la Vall de Almonacir, en el lugar de Gayvel otro alfaqui que se dice Çucen y a este tienen los moriscos por grande hombre en su ley.

En el lugar de Almedixar hay un alfaqui, Cilim, al cual los moriscos tienen por muy letrado. En el lugar de Azucuar hay otro, Juseff, hijo del alfaqui Mahoma, que es ya muerto. En el lugar de Albalat de don Jeronimo Vilarrasa, hay otro alfaqui que se dice Çaad. En el lugar de Muro junto a Cocentayna, hay otro, llamado Xubuch, al cual tienen los moriscos por muy entendido y por uno de los pilares de la moreria del reyno de Valencia, y le tienen en gran opinion los moriscos. A los cuales todos arriba contenidos conoce el testigo y sabe que son alfaquies y viven en su ley de moros y no hacen obra ninguna de cristianos y oyen misa ni se confiesan ni hacen cosa de nuestra ley.

En Castellon de Rugat hay dos alfaquies, Çaat y Modaydet. En el lugar de Carçre hay otro morisco alfaqui, llamado Cilim, al cual tienen por muy entendido en su ley. En Gandia hay otro alfaqui, nombrado Zumilla, al cual tienen los moriscos por muy sabio en su ley y hacen mucho caso del. En la vall de Maranyen hay otro, llamado Talaya, al cual tambien los moriscos tienen por muy sabio. Y de estos ultimos, aunque no los conoce en particular este testigo, se ha informado de muchos moriscos, los cuales le han dicho

que todos son alfaquies y hombres sabios en su ley y secta
de Mahoma, y que todos viven como moros.

Preguntado este testigo (Gaspar Coscolla) por el inquisidor
don Jeronimo Manrique, en 1.º de febrero de 1567, si sabe
o se le acuerda alguna cosa mas contra los arriba nombrados, dijo que: En esto que se pretende de la conversion de
los moriscos, lo principal que se habia de hacer y entender
y tratar habia de ser convertir a los señores de los dichos
moriscos, porque ellos son causa y les dicen que sean moros,
y ansi lo dicen los mismos moros, y este testigo se los ha
oido decir; y ansi mesmo han dicho los dichos moriscos a
este testigo que en su Alcoran tienen que se conformen con
lo que el rey mande, y si el rey les apretare aunque se
defendieran lo que pudieren, empero apretandoles no podian
dejar de ser cristianos porque asi lo manda su Alcoran, que
obedezcan el mandamiento del rey como el de Dios. Los
hijos de Don Jeronimo de Benamir que son don Fernando,
don Cosme y don Joan, y un sobrino dellos que se dice don
Jeronimo, aunque algunos dellos son familiares del Santo
Oficio, son los pilares de la morisma en este reino, porque
aunque publican en lo esterior ser buenos cristianos, en lo
interior son tan moros como Mahoma; y ansi un dia los
susodichos, excepto don Hernando, en el lugar de Benaguacil
en el año de 59 o de 60, le dijeron a este declarante que
se maravillaban que sabiendo la verdad no fuese moro; y
este declarante les dijo ciertas razones dandoles a entender que
su ley era mala y que Mahoma fue como Martin Lutero;
y los susodichos disputaban con este testigo dandole a entender
que su secta de Mahoma es mejor que la ley de los cristianos; y que ansi mesmo sabe que los susodichos han enviado sus hijos al lugar de la Alfandeguilla para aprender
leer y escribir algarabia; y luego dijo que les enviaron a
aprender de un alfaqui llamado Abdulmelich que vive en
el lugar de Alfandeguilla en la Vall duxo; y los moros tienen en
mucha cuenta a los susodichos, y es publico entre los moriscos que los susodichos son moros.

Preguntado si sabe quienes son los señores e barones que son causa que los susodichos sean moros, dijo que: El duque de Segorbe y el Almirante y los demas señores y barones, aunque cosa en particular dellos ni de los demas no la sabe, mas de que los moros lo dicen y lo han dicho a este declarante, que los dichos moros dicen que los dichos barones y señores quieren y consienten que ellos sean moros; y ansi converna mucho que los señores y barones fuesen primero convertidos. Al parecer deste declarante, lo que los dichos moriscos Benamires hacen de tener estas familiaturas y ser allegados al Santo Oficio, mas lo hacen por burlar del Santo Oficio que no por otro buen celo ni fin alguno.

En Valencia, a 13 de febrero de 1567, ante el inquisidor Manrique comparecio Mosen Miguel Jeronimo Sampere, presbitero rector de Chiva, el cual dijo que: Ha visto en la villa de Chiva que a don Cosme y a don Joan Abenamires, hermanos, nuevos convertidos de moros, vecinos de Benaguacil, les tienen muy gran respeto, y tienen grande comercio con moriscos, y les hacen grandes çalemas los moriscos; y al dicho don Joan, cuando viene a Chiva le llaman Ali y le besan la mano y la ropa; y ansi mesmo a don Cosme le llaman nombre de moro, no se acuerda si le llaman Amet o Abrahim; y que es fama publica en Chiva que los susodichos don Joan y don Cosme viven en la secta de Mahoma, y se escandalizan muchas personas de verles traer armas.

En Valencia, a 13 de junio de 1567, el promotor fiscal del Santo Oficio presento al inquisidor Manrique el siguiente pedimento:

Muy magnificos y muy reverendos señores: El licenciado Oviedo, promotor fiscal de este Santo Oficio, ante vuestra merced parezco y digo: Que en dias pasados pedi e suplique a vuestra merced fuese servido de mandar prender y secrestar sus bienes a don Cosme de Benahamir, vecino de

veneguacil, por delitos contra nuestra santa fe catolica por
el cometidos, haciendo presentacion de ciertas informaciones
que entonces en este Santo Oficio habia; e agora han sobrevenido nuevas probanzas contra el susodicho, de las cuales
para el mismo efecto hago fe y presentacion, suplicando que,
atento que los mas de los testigos de las dichas informaciones
han de ser condenados a galeras, y si la dicha captura e
prision se dilatase podria perecer mi justicia, que la susodicha
prision se haga con toda brevedad.—El licenciado Oviedo.»

Providencia.—El inquisidor Jeronimo Manrique, habiendo
el anterior pedimento, dijo que por cuanto esta dada noticia a los Señores del Consejo de Inquisicion sobre la prision
de don Cosme, y no es venida la resolucion, que este pedimento, juntamente con la informacion que ha sobrevenido
contra don Cosme, se envie a los dichos Señores para que
provean lo que convenga.

En Valencia, a 30 de mayo de 1567, en la Sala del Secreto del Santo Oficio, el inquisidor Manrique mando venir
a un hombre que esta preso en las carceles de este Santo
Oficio, y preguntado respondio que: De nombre cristiano
se llama Juan Bautista, y de nombre moro Amet, natural
del Cairo, vecino de Sallent, edad cuarenta años, preso desde
ayer. Pasando por Benaguacil conocio a don Cosme de Benamir, de color no muy blanco, bien vestido, con espada;
y hablo con el de las tierras de Berberia, muy buenas, que
en invierno y en verano dan buenas frutas; y hablaron ambos
del Alcoran en terminos que le parecio ser moro don Cosme.

En Valencia, a 12 de junio de 1567, en la Sala del Santo
Oficio y ante el inquisidor Manrique fue traido un hombre
que estaba preso en las carceles secretas, y preguntado contesto que: Se llama Pedro, natural de Tremicen de Berberia,
vecino de Buñol, de veinticinco años de edad, preso desde
esta misma mañana, a su parecer por haber sido moro y
haber creido en la secta de Mahoma, como todos los vecinos

de Buñol, que son moros y creen en Mahoma, ayunando el Ramadan y practicando las demas ceremonias de esta religion. En Benaguacil, los Benamires don Cosme, don Juan y don Hernando viven tambien como moros y practican las mismas penitencias y ceremonias, habiendo aconsejado a este declarante que fuese buen moro y no fuese cristiano; y que el dicho don Cosme hizo ir a su casa a una mora hechicera, que los moros llaman nadara, para que hallase un tesoro y perlas que el alcadi su predecesor habia enterrado en sitio ignorado; y que el mismo don Cosme leia el Alcoran a su muger y a sus servidores, instruyendoles en la referida secta mahometana y diciendoles que era muy buena. Tambien don Hernando Abenamir, hermano de Cosme, es gran moro a quien este declarante ha visto hacer la çala y ayunar el Ramadan, como todos los individuos de su casa; y teniendo muger viva, que esta en Benizanon, se ha casado con Victoria Filomena, conforme a la enseñanza mora, ante un alfaqui de Benaguacil que enseña las doctrinas mahometanas a los muchachos del lugar. Ademas los dichos Abenamires tienen esclavos, un alarabe y dos negros, tambien mahometanos que ayunan el Ramadan como sus amos. En Castellnou junto a Segorbe ha visto este declarante que hay un muchacho que retajaba o circuncidaba a los muchachos moriscos en Chelva y en otros lugares, por la cual operacion le daban trigo y dinero, y que los retajaba con unas tigeras. En Chiva hay un alfaqui llamado Xixonet que enseña el Alcoran y las practicas mahometanas a los muchachos moriscos. Tambien sucede lo mismo en Bolbayt y otros lugares, en donde hay alfaquies, cuyos nombres cristianos ignora el declarante, todos ya de edad avanzada, menos el Buleylet, que tendrá de treinta a treinta y cinco años, y el cual ejerce oficio de hechiceria invocando demonios y curando o asistiendo a las personas enfermas como medico.

En Valencia, a 28 de junio de 1567 en la Sala del secreto del Santo Oficio y ante los inquisidores Jeronimo Manrique

y Juan de Rojas comparecio Pedro Gregorio, preso el dia
anterior, e interrogado respondio que: Es natural de Marruecos, vecino de Benaguacil, bautizado en Lisboa a la edad
de doce años. En Benaguacil todos sus moradores viven como
moros en creencias y en practicas o ceremonias, guardando
sus Pascuas publicamente, ayunando su Ramadan, y haciendo
secretamente en sus casas la çala. Y esto sucede tambien en
Beniçano y en otros muchos lugares de este reino. También
los hermanos de Benaguacil llamados Benamires son moros,
y tienen en estas carceles tres servidores presos, los cuales
antes sufriran mil muertes que declarar nada que pueda per-
judicar a sus amos. Estos son los señores del lugar, a quienes los demas moros tienen en mucho, y acaso habran instruido los amos a los criados, antes de ser estos presos, para
que no dijesen ni confesasen la verdad ante este Santo Oficio.

En Valencia, a 21 de mayo de 1567, en la Sala del Secreto de la Inquisicion y ante el inquisidor Manrique comparecio Francisco Vives, cristiano nuevo de moro de allende,
preso en las carceles de este Santo Oficio, y dijo que: Es
verdad que el ha sido moro y ha ayunado el Ramadan en
compañia de don Hernando y de don Cosme y don Juan
de Benamires, hermanos, a los cuales ha visto este confesante
ayunar el dicho Ramadan, y que son moros, y que el don
Hernando se llama Abrahim de nombre de moro; y que los
moros estiman mucho a estos Benamires, porque son caballeros y les favorecen mucho; y que tambien ha visto que
guardan sus Pascuas de los moros por el tiempo que caen,
y matan las aldeheas para celebrar sus Pascuas; y les ha
visto que rezan sus oraciones del alhandu y coluga; y se
acuerda ver a don Cosme leer en un libro del Alcoran y
en otros libros de moros; y decia el mismo don Cosme al
declarante que fuese moro; y cuando leia el Alcoran, delante
de este confesante, estaban tambien presentes la mujer y las
hijas de don Cosme, que la una tiene 18 años y la otra 15
años, las cuales son moras tambien y hacen vida de tales;

y que se acuerda que yendo este confesante un dia a casa
de don Juan de Benamir, le dijo una moza morisca que no
podia entrar porque el señor don Juan estaba haciendo la
çala; y que todos los de Benaguacil, desde el primero hasta
el último, son moros; y que estos Benamires hacen mucho mal
a los moriscos, porque, siendo tenidos por caballeros y hombres entendidos y de consejo, hacen todo lo que ellos les
dicen; y que este declarante fue con don Cosme a la corte
y vio que el señor inquisidor Miranda le favorecia mucho,
y les ha favorecido a todos ellos para que traigan armas,
y les ha hecho familiares del Santo Oficio, y ellos le quieren
mucho.

En Valencia, a 25 de junio de 1567, en la Sala del secreto y ante el inquisidor Manrique comparecio Iñigo de
Mendoza, preso en las carceles de la Inquisicion, el cual
dijo que: Los Benamires de Benaguacil viven como moros, ni
mas ni menos que los demas moriscos, y aun ellos animan a
estos para que sean moros. Estando este testigo en el lugar
de Muro, que es de moriscos, en el condado de Cocentayna,
donde vivia un alfaqui, este, cuando murio el padre de los
actuales Benamires llamado don Hieronimo, fue llamado por
aquellos para hacerles la particion de la herencia segun las
leyes y costumbres de los moros; y el alfaqui fue contento de
hacerlo asi; y entre otras cosas de la herencia contaron muy
gran cantidad de dineros que del dicho don Hieronimo habian quedado en oro y plata; y duroles de contar el dicho
dinero dos dias; y el alfaqui les hizo la particion de los
dineros segun la ley de los moros, y saco el diezmo de ello
aparte para repartirlo entre rescate de esclavos moros y limosna a pobres moriscos; a lo cual mostraron algun reparo
los herederos Benamires, porque temian que de este modo se
descubriese su gran riqueza y Su Magestad le echase mano.

En Valencia, a 14 de mayo de 1567, el inquisidor don
Jeronimo Manrique, estando en la Sala del Secreto del Santo

Oficio, sin aguardar al inquisidor Gregorio de Miranba, su compañero, que iba visitando por el distrito, porque ansi, lo mandan los señores de la General Inquisicion, mando llamar y venir a los reverendisimos y magnificos señores don Tomas de Assion, electo arzobispo de Saçer; Bernardino Gomez de Miedes, canonigo de Valencia y arcediano de Murviedro (como a consultores extraordinarios); micer Miguel Gomez de Miedes; micer Cristobal Roig; micer Joan de Aguirre y micer Simon Frigola, doctores y consultores ordinarios para ver, examinar y tratar lo que se debe hacer acerca de la probanza que hay en este Santo Oficio contra don Cosme Abenamir, cristiano nuevo de moro, de este Reino, vecino de Benaguacil; y despues de haber visto la dicha probanza y tratado sobre ella, fueron de voto y parecer, a saber: don Tomas de Assion, electo arzobispo de Saçer, Bernardino Go-mez de Miedes, que por causas y razones y respetos les parecia que se dilatase la prision del dicho don Cosme por algun tiempo; y los señores micer Miguel Gomez de Miedes, licenciado Cristobal Roig, del consejo de Su Magestad, micer Juan de Aguirre y micer Simon Frigola dijeron que atento la persuasion que los dichos don Cosme, don Juan y don Jeronimo Abenamires hicieron a Gaspar Coscolla, disputando con el a manera de dogmatizarle, y por la demas testifica-cion que hay contra ellos de haber sido moros, que sean pre-sos con secuestro de bienes, por cuanto estos Abenamires son ya doctrinados en nuestra santa fe catolica oyendo sermones y misa, y parece que no milita en ellos la razon que milita en los otros moriscos de no ser catequizados en nuestra fe catolica y no estar instruidos en ella como lo estan los susodichos; y asi mismo conviene que sean presos, y se les de el castigo que sus delitos merecieron, por cuanto traen armas y son familiares del Santo Oficio, y estan obligados a ser buenos cristianos, pues por este respeto se les concedio lo susodicho, engañando como engañan en lo exterior; de mas de que conviene mucho y es necesario para la buena ins-truccion de los moriscos, que los dichos Benamires sean quitados de enmedio de ellos; y en el entretanto que esto no se hiciere, aprovechara poco lo demas. El inquisidor Manrique dijo que le parece tan solamente se prenda el dicho don Cosme, con secuestro de bienes; pero por cuanto este negocio es de cualidad y grave, que guardando la instruccion de que los negocios de tal cualidad se consulten con los señores de la General Inquisicion para que estos provean lo que convenga al servicio de nuestro Señor, le parece que se consulte con sus Señorias antes de que se ejecute la dicha captura.

En la villa de Madrid a 21 de junio de 1567, habiendo visto los Señores del Consejo de Su Magestad de la General Inquisicion estas informaciones contra don Cosme, don Juan, don Hernando de Abenamir vecinos de Benaguacil, en el reino de Valencia, dijeron: que los dichos don Cosme, don Juan y don Hernando de Abenamir sean presos con secuestro de bienes en forma.

En Valencia, a 1.º de julio de 1567, los inquisidores Jeronimo Manrique y Juan de Rojas, para ejecucion y cumplimiento de lo mandado por los Señores del Consejo, proveyeron que los dichos don Cosme, don Juan y don Hernando Abenamir sean presos y puestos en las carceles del Santo Oficio con secuestro de bienes, y que para ello se de mandamiento en forma al alguacil del Santo Tribunal.

En Valencia, a 28 de julio de 1567, en la Sala del Secreto del Santo Oficio y ante el inquisidor Manrique parecio una muger, que preguntada respondio: Llamarse Francisca, de nombre cristiano, y Fatima, de nombre moro, casada con Francisco Vives, vecina de Benaguacil y residente en este pueblo, hasta que de el la han echado los Abenamires, por sospecha de que su marido Vivas *(escrito* Vives *en su declaracion)* habia delatado o confesado contra ellos en el Santo Oficio. Entonces la declarante se fue a Ribarojas, lugar cercano a Benaguacil; pero tambien de alli la hizo salir

por la misma causa don Cosme Abenamir, moro como todos
sus hermanos, del cual dicen que ha ido a ver al Rey, y
otros que ha ido a ver al Papa, y algunos que esta escondido
en la Sierra huyendo de la Inquisicion; pero donde esta
declarante ha hablado con el es en Ribarojas, lugar en que
tambien don Cosme tiene intereses.

En 23 de agosto de 1567, el magnifico Francisco de Hermosa, alguacil del Santo Oficio, hizo en persona relacion de
haber buscado por si mismo y por medio de otras personas
en diversas partes a don Cosme Abenamir, que no se hallo
ni le hallaron en Benaguacil, y nadie sabe dar razon de su
paradero en las dichas partes.

En Valencia, a 2 de diciembre de 1567, Miguel Serrano
promotor fiscal del Santo Oficio, presento un pedimento al
Tribunal para que, en vista de que el magnifico alguacil
ni otros oficiales del Santo Oficio habian podido hallar a
don Cosme de Abenamir, fuese este llamado por edictos,
para que comparezca ante el Tribunal a defenderse de los
delitos de heregia y apostasia que se le imputan. A esta
solicitud del promotor fiscal proveyeron en conformidad los
inquisidores; y se publicaron los correspondientes edictos.

En Valencia, a 12 de enero de 1568, ante los inquisidores
Manrique y Rojas, y en la Sala del Secreto del Santo Oficio, parecio don Cosme Abenamir, cristiano nuevo de moro,
vecino de Benaguacil, el cual manifesto que estando enten-
diendo en sus negocios oyo decir que el Santo Oficio de
Valencia le llamaba por edicto para que pareciese dentro
de cierto termino a dar cuenta o razon de si, cerca lo que
seria preguntado, y en obedecimiento viene y se presenta
ante sus Señorias para ver lo que mandan hacer de su persona. Y los inquisidores proveyeron que don Cosme sea puesto
en las carceles secretas del Santo Oficio, y entregado a Miguel
Angel Oñate, alcaide de ellas, el cual se hizo cargo del
preso.

En Valencia, a 13 de enero de 1568, en la Sala del secreto del Santo Oficio y ante el inquisidor Manrique parecio, mandado sacar de las carceles secretas, don Cosme Abenamir, el cual, previamente interrogado, dijo: Se llama asi, es natural y vecino de Benaguacil, sin ningun oficio, por vivir de su hacienda, de edad de 44 años, preso desde ayer en que el mismo se vino a presentar. Dijo el Pater noster y el Ave Maria, pero no supo el Credo ni la Salve; santiguose tan solamente, pues tampoco supo persignarse; era pequeño, segun cree, cuando le bautizaron y le pusieron nombre de Cosme; pero el no lo recuerda ni se tiene por cristiano, sino por lo que se tienen los del reino valenciano, que es ser moros; y que es verdad que se ha confesado algunas veces, y que fingidamente se tenia por cristiano, pero en su corazon nunca lo fue, sino moro, y solo se confesaba por cumplir. Sabe leer y escribir en morisco, pero no tiene mas libros que los de cuentas. Su padre se llamo don Jéronimo de Benamir y su madre doña Angela Peniche de Benamir, ya difuntos. Tiene dos hermanos, que se llaman Hernando y Juan, vecinos de Benaguacil, y una hermana llamada doña Graida, casada en Segorbe con Benet Haçen. Es casado con doña Beatriz Jançor, hija de Jançor, de Alcaçar, desde hace unos veinte años. Tiene cuatro hijas doncellas por casar, que se llaman doña Angela, doña Jaime, doña Maria y doña Ana; y no tiene mas hijos ni ha sido casado otra vez. Su matrimonio lo hicieron como cristianos y no como moros. Se ha criado en Benaguacil toda su vida, aunque muchas veces ha estado ausente en Castilla, en Aragon, en Valencia y en otras partes, siempre dentro de los reinos de Su Magestad. Hasta aqui el ha sido y se ha tenido por moro, pero de aqui adelante quiere ser cristiano y lo que sus Señorias mandaren. Supo que le iban a prender, por el Santo Oficio, y el lo rehuyo, aunque sin esconderse en casa de nadie ni abandonar los negocios de la suya. Finalmente, no se acuerda de mas sino de que toda su vida ha sido moro y en todos los dias de ella ha hecho las ceremonias religiosas de tal moro.

Acusacion fiscal.—En Valencia, a 26 de enero de 1568, Miguel Serrano, promotor fiscal de este Santo Oficio, presento al Tribunal un escrito de acusacion criminal, contra don Cosme Abenamir, que dice asi:

«Muy magnificos y muy reverendos señores. = Miguel Serrano, promotor fiscal de este Santo Oficio, ante vuestras mercedes parezco, denuncio y criminalmente acuso a don Cosme Abenamir, cristiano nuevo de moro vecino de Benaguacil, que presente esta, el cual, siendo cristiano bautizado y tal se nombrando, gozando de los privilegios y libertades que los fieles y catolicos cristianos gozan y deben gozar, y en especial de tener armas aunque son moriscos, las cuales son prohibidas a los otros moriscos del Reino; permitiendosele por la confianza que de el se tenia, y que ayudaria a la conversion de los otros moriscos del dicho Reino; pospuesto el temor de Dios nuestro Señor y la reverencia debida a su bendita Madre nuestra Señora la Virgen Maria, en vilipendio y menosprecio de nuestra Santa fe catolica y ley evangelica, con la aficion y creencia que tenia a la reprobada secta del perfido Mahoma, ha hecho y cometido los crimenes y delitos de dogmatizador de la dicha secta y de heregia y apostasia siguientes:

1.—Primeramente, el susodicho don Cosme, con la dicha aficion y creencia, muchos años ha que en compañia de otras personas cristianas nuevas de moros hacia vida y ceremonias de moro ayunando el Ramadan, guardando y celebrando las Pascuas de los moros, matando aldeheas y vistiendose las mejores ropas, haciendo la çala, rezando oraciones de moros y haciendo las demas ceremonias de moro. Lo cual ha continuado hasta ser preso en este Santo Oficio, y aun es de creer que de presente tiene la dicha intencion de moro, creyendo siempre salvarse en ella.

2.—No solo se ha contentado de tener entendidas mediana y comunmente las cosas de la secta de Mahoma, pero aun con el gran hervor entrañable de moro que tenia, procuro de saber leer y entender el libro del Alcoran de los moros, en el cual solo leen los alfaquies y dogmatistas de la secta.

3.—Despues de haber alcanzado a saber leer en el Alcoran y tener la inteligencia de el, no se contento con saberlo para si, pero aun con el deseo que tenia de ampliar y acrecentar la reprobada secta de moros y confirmar en ella a otros convertidos de moros, y porque no fuesen cristianos, les leia y declaraba el Alcoran, y los exhortaba y animaba a ser moros y no cristianos, lo cual hizo muchas y diversas veces, diciendo que aquello era lo bueno y lo lindo, y lo decia Mahoma que lo creyesen.

4.—Con su aficion de moro, no solo se contenta con saber lo que toca a su secta, pero aun procura saber y enterarse e informarse de las tierras de allende de moros, por holgarse de entender que su secta esta dilatada y que los moros sean potentees; y habiendo procurado que cierta persona refiriese algunas cosas o capitulos del Alcoran, las alababa con gran aficion.

5.—No se contento con enseñar y dogmatizar su secta a moriscos, y exhortarlos a permanecer en ella, pero aun en compañia de otras personas procuro pervertir a cierta persona cristiana y no de raza de moros y hacerla mora, diciendole que se maravillaba como no se tornaba mora, pues lo entendia y pues la secta de moros era mejor que la ley de los cristianos.

6.—Aunque dicha persona cristiana le contradijo y le advirtio de la falsedad de la secta mora, persevero don Cosme en disputar con aquella ayudado de los de su compañia por atraerse a la dicha persona a su creencia y secta.

7.—Se tiene y los moriscos del Reino valenciano le tienen por principal pilar de la morisma, y le tienen en gran cuenta, le honran, le acatan y favorecen, y es tenido por principal consejero de los mismos moriscos, y estos siguen sus consejos con grande determinacion.

8.—Despues de muerto su padre, envio por cierto alfaqui que habia sido alcadi, y le trajo a Benaguacil para dividir entre el y sus hermanos a la usanza morisca los dineros que

su padre dejo; y venido y habiendo partido los dichos dineros, el alfaqui sacaba el diezmo para rescatar cautivos moros y
dar limosnas a moriscos; a lo cual don Cosme y otros, por
recelo de que Su Magestad llegase a entender la gran cantidad
de dinero que tenian, no dieron lugar a la deduccion del
diezmo, aunque todavia el alfaqui se fue con una parte del
dinero que tenia entre las manos.

9.—Dandose don Cosme a sortilegios y hechicerias, hizo
venir de la Vall-delda una invocadora de demonios, que los
moros llaman nadara, para que le hallase y sacase un tesoro
que el alcadi predecesor de don Cosme habia puesto bajo
de tierra.

10.—Por estar el mismo don Cosme notado de los dichos
crimenes de heregia en los libros y registros de este Santo
Oficio, a pedimento del promotor fiscal fue mandado comparecer ante este Santo Oficio, y aunque se le notifico el dicho
mandamiento no quiso obedecer, antes rehuyo hacerlo por
recelo y temor del castigo que merecia.

11.—Aunque por este Santo Oficio se hicieron muchas
diligencias para prender a don Cosme, no pudo ser habido, y
vista su rebeldia fue necesario, a pedimento del promotor
fiscal, llamarle por edicto, que pareciese en este Santo Oficio,
con censuras publicas.

12.—Despues de citado por edicto con censuras publicas,
ha perseverado mucho tiempo en su rebeldia y contumacia.

13.—Aunque confeso ser bautizado, como lo es, ha dicho
ante vuestra merced que no se tiene por tal ni por cristiano.

14.—Muchas veces se ha confesado ficta y simuladamente,
por cumplir con los cristianos.

15.—Aunque preguntado, ha negado y encubierto las personas y lugares donde ha estado recogido y con quienes ha
comunicado y dadole mantenimientos el tiempo que ha estado
huido y ausentado; y conviene hacer diligencias para que
se entienda la verdad y se sepan los culpados en ello, porque
de disimularse se seguirian muy grandes inconvenientes.

Ha hecho y cometido otros muchos mas delitos de dogmatista de la dicha secta y de heregia y apostasia, que protesto
decir y allegar en la prosecucion de esta causa, porque pido
a vuestras mercedes manden proceder contra el susodicho,
pronunciandolo por dogmatizador, herege, apostata, y por
ello haber caido e incurrido en confiscacion y perdimiento
de todos sus bienes; mandandolos aplicar a la Camara y
fisco de Su Magestad desde el dia y tiempo en que cometio
los dichos delitos; relajando su persona a la justicia y brazo
seglar; declarando ser inhabiles sus descendientes; y sobre
todo pido entero cumplimiento de justicia, y el Santo Oficio
de vuestras mercedes imploro.

Otrosi, pido que si mi probanza no fuere habida por bastante, el susodicho don Cosme por vuestras mercedes sea
puesto a cuestion de tormento, hasta que de el se entienda
la verdad.»

En contestacion a la anterior acusacion dijo don Cosme:
«Que por virtud de un privilegio que Su Magestad le ha
concedido a el y a sus hermanos, ha podido traer y traen
armas. Es verdad que ha sido familiar del Santo Oficio,
pero que ha devuelto la familiatura, que a el se la dieron
sin pacto ninguno como concesion de Su Magestad. Es verdad
que ha vivido como moro desde que tiene entendimiento hasta
la ora presente, pero que de aqui adelante quiere ser buen
cristiano. Verdad es tambien que sabe leer y escribir en
arabigo, pero lo que entiende en el libro del Alcoran es
muy poco o nada, y por tanto nunca ha enseñado la doctrina
en el contenida, ni ha inducido a nadie a que sea moro.
Respecto a los capitulos 4.º, 5.º y 6.º de la acusacion fiscal,
dijo que los negaba en absoluto. Por lo tocante al 7.º manifesto que es verdad que el es hombre principal y por tal
le tienen los moros del reino valenciano, en atencion a haber
servido a la corona de Aragon y de Castilla, de cuyos reyes
ha recibido mercedes. Respecto a los capitulos 8.º y 9.º nego
lo en ellos contenido. Respecto al 10.º dijo que es verdad que
el cura de Benaguacil le notifico que los inquisidores le lla-

maban, pero que el no vino por miedo a que por su poco saber le prendiesen, y se estuvo en su casa cuidando de sus negocios, sin recibir de nadie favor ni ayuda para esconder- se, hasta que, viendo que los inquisidores insistian en lla- marle por medio de edictos con censuras publicas, el creyo conveniente presentarse. Al capitulo 13.º y 14.º contesto que el se tiene por bautizado y por lo que se tienen todos los moros del Reino, siendo verdad que el se ha confesado fingidamente por cumplir.»

Publicacion de los testigos que deponen contra don Cosme Abenamir.

1.º—Un testigo jurado que depuso a 10 de marzo de 1556 dijo: Que estando en ciertas casas de Benaguacil y Segorbe, en Benaguacil por tiempo de tres años, en las dichas casas ayunaba el Ramadan con ciertas personas que nombro, y no comian en todo el dia hasta la noche, y veia como cele- braban las Pascuas de los moros vistiendose las mejores ropas que tenian; las cuales ceremonias hacian creyendose salvar en la secta de Mahoma; y entre aquellas personas estaba don Cosme Abenamir.

2.º—Otro testigo jurado, que depuso en abril de 1560, dijo que teniendo cierta persona cierto cargo en la villa de Benaguacil mas de veinte años, ha entendido y visto que los moriscos de alli en todo el dicho tiempo, que no son ni viven como cristianos, antes siempre se tratan y viven como moros; y agora en estos tiempos señaladamente son peores que nunca, que no les falta sino tocar la trompeta como hacian antes para llamarse a las mezquitas, porque hacen haciendas en los dias de domingo y fiestas.

3.º—Otro testigo jurado y ratificado, que depuso en el mes de mayo de 1565, dijo que don Cosme y otras personas que nombró son pilar de la morisma en este Reino, porque aunque publican en lo exterior ser buenos cristianos, en lo interior son tan moros como Mahoma; y asi un dia el dicho don Cosme y las dichas personas, en Benaguacil y hacia el año de 1560,

digeron a cierta persona que se maravillaban que sabiendo
la verdad no fuese moro; y dicha persona les contesto ciertas
razones, dandoles a entender que su ley era mala, y que
Mahoma fue como Martin Lutero; y los susodichos disputaban, dando a entender que su secta de Mahoma era mejor
que la de los cristianos; y ansi mesmo sabe que los susodichos han enviado sus hijos a la Alfandiguilla para que
aprendan a leer y escribir en arabigo de cierto alfaqui
que nombro; y los moros tienen en mucha cuenta a los susodichos, los cuales son moros, segun es publico entre los
moriscos; y decian a la dicha persona que fuese moro, y
se espantaban de el como siendo tan entendido no era moro; y
al parecer de la dicha persona don Cosme y los demas tienen familiaturas y son allegados al Santo Oficio, y mas lo
hacen por burlar de el que no por otro buen celo y fin
alguno.

4.º—Otro testigo jurado, que depuso en un dia de febrero
de 1567, dijo haber visto que, en cierto lugar, a don Cosme
y a ciertas personas convertidas de moros les tienen muy
gran respeto, y tienen gran comercio con moriscos, y les hacen
grandes çalemas, y tienen nombres de moros, y es fama publica que viven en la secta de Mahoma, y causan escandalo
por traer o trayendo armas consigo.

5.º—Otro testigo jurado, que depuso en un dia de junio
de 1567, dijo que pasando cierta persona por Benaguacil y
estando en la calle sentado en un banco, acerto a pasar por
alli un hombre (don Cosme) que tomo asiento a su lado
y le pregunto a este testigo de donde era, y si era buena
su tierra y que tierras habia andado; y este testigo contesto,
a don Cosme de Abenamir, que habia estado en ciertas
partes de Berberia, tierra muy buena que daba fruta abundante en verano y en invierno. Y tambien pregunto don
Cosme a este testigo si sabia el Alcoran y le contesto afir-
mativamente diciendole algunas de las cosas que dicho libro
contiene y que don Cosme califico de buenas.

6.º—Otro testigo jurado, que depuso en un dia de junio

de 1567, dijo que se acuerda que en Benaguacil don Cosme y otras ciertas personas viven como moros, a quienes a visto ayunar el Ramadan y hacer la çala, y aconsejaban a este testigo que fuese buen moro y no fuese cristiano; y que don Cosme hizo venir de la Val de Elda una muger hechicera llamada Nadara por los moros, a la cual tenia en su casa para que le hallase un tesoro y lo sacase de bajo de la tierra; y que el mismo don Cosme es gran moro y trataba con ciertas personas de la secta de Mahoma, cuyo Alcoran leia delante de otras personas diciendoles que aquel libro era bueno y lindo, escrito por Mahoma y digno de que lo creyesen.

7.º   Otro testigo jurado, que depuso en un dia de junio de 1567, dijo que ha visto publicamente a don Cosme Benamir y a otras personas que viven como moros, y guardan las Pascuas de los moros, y comen carne al alquible, y tienen nombres de moros, y estos los tienen en mucho; y el testigo sospecha que ciertas personas venian al Santo Oficio impuestas o instruidas para que no digesen contra aquellas nada que pudiese perjudicarles.

8.º—Otro testigo jurado, que depuso en un dia de mayo de 1567, dijo que cierta persona ha ayunado el Ramadan en compañia de don Cosme y de otras personas, que son moros, y que estos estiman en mucho a las dichas personas, y les favorecen mucho, y les ha visto que guardan sus Pascuas de los moros por el tiempo que caen, y matan aldehas para celebrar las Pascuas, y rezan sus oraciones del alhandu y coluga; y se acuerda este testigo haber visto a don Cosme Abenamir leer en un libro del Alcoran y en otros libros de moros, y persuadir a cierta persona para que fuese moro; y que cuando leia el Alcoran era delante de otras ciertas personas que lo escuchaban; y don Cosme y las dichas personas son las que hacen mucho mal a los moriscos, porque estos tienen a aquellas por caballeros y por hombres entendidos y de consejo, que son obedecidos en todo lo que hacer mandan, y que engañan a los cristianos, y si son amigos de la Inquisicion es por guardar lo que tienen.

9.º—Otro testigo jurado, que depuso en un dia de junio de 1567, dijo que conoce en Benaguacil a don Cosme y a ciertas personas, los cuales viven como moros, ni mas ni menos como los otros moriscos y aun aquellos animan a estos para que sean moros, segun alli se dice publicamente; y que este testigo ha oido decir que cuando murio el padre de don Cosme, enviaron a llamar a un alfaqui para partirles la herencia; y se hizo la particion segun la ley de los moros y segun la cunaxara de los moros; y el alfaqui saco el diezmo del dinero para repartir entre el rescate de esclavos moros y la limosna a pobres moriscos, pero los herederos habian dicho que no querian consentir porque no se descubriese el mucho dinero que tenían y sobre el cual su Magestad pondria la mano; y entonces el alfaqui se llevo cierta cantidad de dinero.

10.º—Otro testigo jurado, que depuso en un dia de julio de 1567, dijo que en Ribarrojas, junto a Benaguacil, estaba don Cosme de Benamir y otra persona, y yendo alli a vivir otra cierta persona, la echaron de alli, y le dijeron que la echaban a causa de que otra cierta persona habia dicho algo contra ellos en el Santo Oficio; y el don Cosme y sus hermanos son moros y viven como tales, y los demas moros los tienen en mucho.

11.º—Otro testigo jurado, que depuso en un dia de agosto de 1567, dijo que sabe y ha oido decir por muy publico que anda huido y ausentado del Santo Oficio don Cosme de Benamir, viendo que habian preso a un criado suyo.

En Valencia, a 13 de julio de 1568, en la Sala del Santo Oficio y ante el inquisidor Manrique fue mandado entrar y entro micer Pellicer abogado de don Cosme Abenamir, y estando este tambien presente, el inquisidor hizo relacion al letrado del estado de esta causa, y mando que se le leyese la publicacion de los testigos, y siendole leida, el letrado aconsejo a su defendido que acabase de decir la verdad, porque en decirla consistia su verdadera defensa, y que si no

tenia mas que decir y se queria defender, estaba presto y
aparejado de defenderle, y le dio la orden que habia de
tener para hacer sus defensas. = A esto don Cosme contesto
que ya tiene dicha y confesada la verdad, y que no tiene
mas que añadir, ni quiere alegar ni decir cosa alguna, ni
quiere defenderse.

En Valencia, a 15 de julio de 1568, los inquisidores proveyeron y mandaron que, atento que la causa de don Cosme esta conclusa, y por haber estrechura de carceles en
razon de la obra que en ellas se hace, y por otros justos
respectos, el susodicho sea dado en fiado con fianza de dos
mil ducados para los gastos de este Santo Oficio. Y para
el secreto, prometio guardarlo, y con esto fue llevado a la carcel de los familiares.

En el mismo dia, don Cosme Abenamir prometio tener
carcel y arresto en la ciudad de Valencia, no salir de ella,
y presentarse a todo mandado de este Santo Oficio siempre
que fuese mandado sopena de excomunion mayor y de dos
mil ducados para los gastos de este Santo Oficio. Y parara
ello se obligo en forma con todas las clausulas necesarias,
y dio por fiadores a la dicha cantidad de dos mil ducados
a los nobles don Francisco Carroz de Vilarig, señor de Çirat,
y a don Pedro Carroz su hermano, los cuales siendo presentes dijeron que hacian la dicha fianza y principal obligacion
juntamente con el dicho don Cosme Abenamir y sin el *et in
solidum* a todo lo susodicho, y para ello se obligaron en forma
con todas las clausulas necesarias e oportunas, y se sometieron
todos al foro e jurisdiccion del Santo Oficio.

Votos. — En la Sala del Secreto de la Inquisicion de Valencia, a 25 de mayo de 1571, estando en la audiencia de la
tarde el inquisidor don Juan de Rojas y micer Agustin Frexa,
doctor en todos derechos, ordinario de Valencia, micer Miguel Gomez Miedes, micer Cristobal Roig, micer Faust Joan
de Aguirre, y micer Simon Frigola, todos doctores y consul-

tores del Santo Oficio, que para lo infrascripto fueron llamados, despues de haber visto y diligentemente examinado este proceso de don Cosme Abenamir, todos unanimes y conformes fueron de voto y parecer que con el dicho don Cosme se hagan audiencias, para que mas clara y abiertamente diga y declare lo que contra el esta probado y el ha empezado a confesar[1].

Pedimento del promotor fiscal.—En 26 de junio de 1571, y ante el inquisidor Juan de Rojas, el promotor fiscal presento el siguiente pedimento:

«Muy magnificos y muy reverendos señores: El doctor Jaime Perez, promotor fiscal de este Santo Oficio, ante vuestras mercedes digo: Que por cuando don Francisco Carroz de Vilarig, señor de Çirat, y don Pedro Carroz su hermano, vecinos de Valencia, tienen tomado de mano de vuestras mercedes a su cargo y afianzado a don Cosme Benamir, segun consta por auto publico a que me refiero; y por cuanto a mį derecho convenga que el dicho don Cosme sea restituido en este Santo Oficio, pido y suplico a vuestras mercedes sean servidos de mandar a los dichos don Francisco y don Pedro Carroz hermanos, que dentro de breve termino restituyan en manos y poder de vuestras mercedes al don Cosme Abenamir, y no lo haciendo les manden condenar en la pena de los dos mil ducados contenidos en el dicho auto de obligacion; y sobre todo pido justicia, y el Santo Oficio de vuestras mercedes imploro.—El doctor Perez.»

Providencia.—El inquisidor Juan de Rojas, habiendo visto el anterior pedimento, proveyo que se intime, notifique y mande a don Francisco y a don Pedro Carroz, fiadores de don Cosme Abenamir, que dentro de seis dias restituyan y entreguen en este Santo Oficio la persona de don Cosme, so las penas a que estan obligados de dos mil ducados para los gastos de este Santo Oficio.

---

[1] En el proceso de don Juan Abenamir se halla una carta de los señores del Consejo de Su Magestad, en la Santa General Inquisicion, en favor de los Abenamires.

Contestacion de los fiadores.—«Ilustres y muy reverendos señores: D. Francisco Carroz de Vilarig y don Pedro Carroz hermanos no pueden presentar la persona de don Cosme de Benamir, porque, como es notorio, esta muchos meses ha en Madrid tratando negocios con el ilustrisimo y reverendisimo señor Cardenal Inquisidor General y señores del Supremo Consejo; y ansi para avisarle y hacerle venir son menester mas de treinta dias. Suplican por tanto a Vuestras Señorias sean servidos admitirles a dar sumaria informacion de testigos sobre dichas cosas, y constando ser asi alargarles el plazo para presentar la persona del dicho don Cosme.—Valencia 8 de junio de 1571.»

Providencia.—En Valencia, a 9 de junio de 1571, el inquisidor Juan de Rojas proveyo, atento que le consta que don Cosme Abenamir esta en la Corte de Su Magestad, que daba e dio doce dias de termino a los fiadores de don Cosme para presentarlo en este Santo Oficio.

Mandamiento de la Suprema.—«Reverendo Señor: Aqui se han quejado por parte de don Cosme de Abenamir, vecino de Benaguacil, diciendo que estando compuesto y concertado sobre todos sus negocios, agora de nuevo procediais contra el y sus fiadores, para que le vuelvan a la carcel. Sobreseereis de llamar al dicho don Cosme y de compeler a sus fiadores para que lo presenten; e informarnos heis de la causa porque le mandais llamar, y porque compeleis a sus fiadores para que lo presenten.—Guarde nuestro Señor vuestras reverendas personas. De Madrid 18 de junio de 1571[2].—Ad mandata p. v.—El licenciado don R.º de Castro.—El licenciado Francisco de Soto.—El licenciado Juan de Ovando.—El licenciado Hernando de Vega de Fonseca. = A los reverendos señores inquisidores apostolicos contra la heretica pravedad y apostasia de la ciudad y reino de Valencia.»

Otro mandamiento de la Suprema.—«Reverendos señores:

---

[2] Recibido en la Inquisicion de Valencia a 22 de junio.

Aqui se ha visto la relacion que enviasteis; y en las causas de don Cosme y don Juan de Benamir cumplireis lo que os esta ordenado por el Consejo, y no los prendereis ni llamareis al Santo Oficio hasta que envieis aqui sus procesos y se os ordene lo que debiereis hacer.—Guarde nuestro Señor vuestras reverendas personas. De Madrid 7 de julio de 1571.—Ad mandata p. v.—El licenciado don R.º de Castro.—El doctor Gaspar de Quiroga.—El licenciado Francisco de Soto Salazar.—El licenciado Joan de Ovando. = A los reverendos inquisidores apostolicos en la ciudad y reino de Valencia.»

Otro mandamiento de la Suprema.—«Muy reverendos señores: Aqui se han visto los procesos contra don Cosme de Abenamir y don Joan de Abenamir, hermanos, cristianos nuevos, vecinos de Benaguacil, y se os vuelven con esta para que, conforme al votado en ese Santo Oficio en los dichos procesos en 25 de mayo del año pasado de 1571, hagais parecer en ese Santo Oficio a los susodichos y los examineis muy particularmente, haciendoles las preguntas y repreguntas *(sic)* necesarias para averiguacion de la verdad, cerca de lo que cada uno de ellos esta testificado y acusado e ha confesado, teniendo en ellos las audiencias que os pareciere convenir. Y con lo que de esta diligencia resultare, tornareis a ver los dichos procesos con ordinario y consultores; y sin ejecutar lo que en ellos acordaredes, los enviareis al Consejo avisando si los susodichos o alguno de ellos tienen en su poder los titulos de familiares del Santo Oficio que se les habian dado, y si usan de ellos al presente, y por cuya orden se les dieron cuando fueron nombrados por familiares.—Guarde nuestro Señor vuestras muy reverendas personas; en Madrid 3 de setiembre de 1577.—Ad mandata p. v.—El licenciado Hernando de Vega de Fonseca. —El licenciado Temino.—El licenciado Geronimo Manrique.—El licenciado Salazar. = A los señores inquisidores de Valencia.»

Pedimento del promotor fiscal.—«En Valencia, a 5 de

noviembre de 1577, y ante el inquisidor Pedro de Çarate, el promotor fiscal Jaime Perez presento el pedimento del tenor siguiente: Ilustres señores: El doctor Perez, promotor fiscal de este Santo Oficio, ante vuestras mercedes digo: que por cosas tocantes al servicio de Dios nuestro Señor y de este Santo Oficio, con provision de vuestras mercedes fue mandado personalmente a don Cosme de Benamir, cristiano nuevo de moro vecino del lugar de Genoves, que dentro de seis dias pareciese ante vuestras mercedes sopena de excomunion mayor y de cien ducados. Al cual mandamiento, dentro del dicho termino ni fuera de el, no ha querido obedecer, segun consta de los autos, de los cuales hago presentacion. E instando yo con mi pedimento contra el dicho don Cosme, como a inobediente fuese declarado por descomulgado y haber incurrido en la pena de los cien ducados. Vuestras mercedes, queriendo usar con el dicho don Cosme de benignidad y clemencia, proveyeron que fuese vuelto a llamar mandandole que dentro de cuatro dias pareciese ante vuestras mercedes. El cual mandamiento, por haberse ausentado don Cosme, fue notificado a su mujer, suegra y cuñado hallados en su casa a 31 de octubre proximo pasado. Y como los dichos cuatro dias hayan pasado y el don Cosme no haya parecido, le acuso la rebeldia y suplico que esta me sea admitida, y el susodicho sea publicado por descomulgado, y haber incurrido en la pena de los cien ducados como rebelde e inobediente.»

Providencia.—«En la Santa Inquisicion de Valencia, a 17 de diciembre de 1577, estando en ella los inquisidores Pedro de Çarate y Joan de Zuñiga, habiendo visto los mandamientos que se han hecho a don Cosme Abenamir para que paresciese en este Santo Oficio, y las notificaciones de ellos hechas al mismo don Cosme en su persona y casa, y la rebeldia y contumacia que ha tenido en no obedecer ni cumplir lo que le esta mandado, dentro del termino en los dichos mandamientos contenido, y lo pedido por el fiscal, proveyeron y mandaron que se de denunciatoria contra el

dicho don Cosme, y se envie un alguacil que le saque prendas en la cantidad de los cien ducados de la pena y costas
del que fuere, y se de comision para que si hallare la persona del dicho don Cosme, le traiga preso ante este Santo
Oficio.»

En Valencia, a 24 de diciembre de 1577, Miguel Angel
Oñate, alcaide de las carceles del Santo Oficio, confeso
haber recibido de Miguel Serrano, nuncio(?), la persona
de don Cosme Abenamir, y se dio por entregado de el para
meterle preso en una carcel secreta. Fue reconocido el susodicho don Cosme, y se le hallaron cien reales castellanos,
que se dieron al despensero para alimentos del preso.

En la Santa Inquisicion de Valencia, a 7 de enero de
1578, ante los inquisidores Pedro de Çarate y Joan de Zuñiga presentose Miguel Serrano con un escrito en que mani-
festaba haber cumplido el mandato de sus Señorias trayendo
preso a don Cosme Abenamir; y [que] los cien ducados, por
no haberlos hallado ni ropa que los valiese, no los trajo.
Lo que hizo fue que un cuñado de don Cosme, llamado
Vicente Baya, mercader, persona llana, se constituyera en
depositario de los cien ducados para acudir con ellos al
receptor del Santo Oficio en 23 del mismo mes de enero.

En la audiencia que se tuvo a 11 de enero de 1578 y ante
el inquisidor Pedro de Çarate fue mandado sacar de su carcel don Cosme Abenamir, el cual bajo juramento y previamente interrogado contesto: Que ahora se habia casado en
Gandia y vivia en el Genoves, porque le tenia arrendado,
y despues se habia ido a vivir a Benifairon en la Vall de
valdigna, porque alli tiene casa de su muger, y le trajo
preso Serrano la vispera de Navidad, que le prendio en su
casa, y que es de edad de 55 a 60 años, y que es pobre
caballero, que ignora la causa de su prision.

En otra audiencia de fecha 16 de enero, el mismo don
Cosme dijo que en años anteriores habia estado procesado
y preso en el Santo Oficio, pero que ya lo habian perdo-

nado don Diego de Espinosa, inquisidor general, y los señores del Consejo de la Santa general Inquisicion don Rodrigo de Castro, don Francisco de Soto Salazar, don Hernando de Vega, don Joan de Ovando, y el licenciado relator
Arenillas, le dieron once despachos de ello, poco mas o
menos, que trajo a este Santo Oficio y entrego al inquisidor
Juan de Rojas, porque el inquisidor Soto Calderon estaba a
la sazon en Teruel con el duque de ,Segorbe; y vistos los
despachos por el inquisidor Rojas, aunque estaban ya hechos
los tablados para celebrar el auto de fe, dijo a este confesante y a su hermano don Juan Abenamir, que se fuesen
en hora buena a sus casas, que ya estaban perdonados, y el
no tenia ya nada que hacer con ellos. Y asi se fueron a
sus casas; y despues se han celebrado muchos autos de fe
en este Santo Oficio y a este ni a su hermano les han dicho
cosa alguna. Preguntado sobre que fue el pleito que tuvo con
el fiscal de este Santo Oficio, y porque estuvo preso en las
carceles inquisitoriales, contesto que no se acuerda de ello
bien, por lo cual se remite al proceso, y que de todo ello
esta perdonado. Fuele dicho que se le leera el proceso que
tuvo con el fiscal de este Santo Oficio, para que se acuerde
de lo que en el hay y pueda responder a lo que se le
preguntare; pero contesto que el esta ya perdonado de cualquier pena y culpa que hasta aquel tiempo del perdon tuviere
o tenia, y que por tanto nada tiene que responder ahora
al proceso. Fuele dicho que no se tiene intento de tocar en
nada de su perdon, ni perturbarsele, ni en la merced que
dice tiene del Ilustrisimo Señor Inquisidor General y señores
de la Santa General Inquisicion, antes se le conservara y
guardara con muy entera voluntad, a el y a los demas que
le tuvieren; y con este presupuesto se le leera su proceso, y
el tiene obligacion de responder. Y habiendosele leido la
primera audiencia que con el se tuvo en este Santo Oficio
en 13 de enero de 1568, con todo lo demas de su proceso
hasta que el negocio se recibio a la prueba, todo de verbo
ad verbum.

Y por el don Cosme Abenamir entendido, dijo que de
este proceso y de cualquier otro que en este Santo Oficio
con el se haya tratado y de todo lo que ha errado hasta
el dia que le perdonaron, este confesante esta perdonado y
tambien su hermano don Joan Abenamir, por Su Magestad
el Rey Felipe nuestro señor y por el Ilustrisimo Señor Inquisidor General y señores del Consejo de Su Magestad de la
Santa General Inquisicion. Fuele dicho que en la primera
audiencia, que con el se tuvo, dijo y confeso que habia sido
moro toda su vida y habia hecho todas las ceremonias de
moros, diga y declare ahora en particular la vida y ceremonias que hizo en el tiempo que fue moro; a lo cual contesto que ya este confesante esta perdonado de cualquier
pena y culpa que tuviese y por su proceso constase de haber
sido moro y de todo lo que esta escrito, y que no tiene que
responder ahora por consiguiente. Preguntado si, despues de
haber confesado que fue moro, ha sido absuelto de la excomunion en que habia incurrido por ello, y si ha sido reconciliado a la Santa Madre Iglesia, y si ha abjurado los
errores que habia tenido; contesto que el hizo lo que le mandaron el señor Inquisidor general, los señores del Consejo y
los señores inquisidores de Valencia, que fue traer los recaudos
que de Corte le dieron, los cuales el a su vez entrego al
inquisidor don Joan de Rojas, el cual despues de haberlos visto
dijo a este confesante que se fuese a su casa pues que ya
estaban perdonados el y su hermano don Juan de Abenamir,
y que estaban perdonados de pena y de culpa. Fuele dicho
que lo que se le pregunta y el intento porque se le pregunta
no es para perturbarle en nada el perdon, sino para bien y
provecho de su anima y conciencia; a lo cual contesto que
el ha seguido el orden que le han mandado, y no puede
decir a los señores inquisidores lo que han de hacer, siendo
como son el espejo del mundo. Fuele dicho que se le leera
todo lo que resta leer de su proceso, y las confesiones que en
el hizo hasta la audiencia de 15 de julio de 1568, que salio
de las carceles secretas de este Santo Oficio; y despues de

habersele leido contesto que ha oido y entendido todo lo que
se le ha leido, y que dos firmas de algarabia que en el proceso le han sido mostradas son suyas, y que de todo lo
que hay en el proceso repite que esta ya perdonado, asi por
parte de Su Magestad como por parte del Inquisidor General, de los señores del Consejo y de los inquisidores de
Valencia que a la sazon eran. Fuele dicho que, segun resulta
de todo su proceso, el confesante no esta absuelto de la
excomunion ni ha abjurado de los errores de la secta de
Mahoma que cometio antes del perdon, y esto es necesario
para la salvacion de su anima; y para hacerse cumple que
la confesion suya sea muy cumplida de todos los delitos y
ceremonias que cometio en el tiempo que fue moro, y donde,
y cuantas veces, y con que personas hizo las ceremonias de
la secta de Mahoma que tiene confesadas haber hecho en el
tiempo que era moro, porque esto es lo que cumple al bien
de su anima y descargo de su conciencia, y para que de
todo en todo goce de la gracia y merced que Su Magestad
y el Santo Oficio le han hecho, pues no se pretende qui-
tarle nada del dicho perdon, antes aprovecharle mas; y no
haciendolo de voluntad, como le esta dicho, parece que se
quiere quedar en la excomunion de que esta ligado, y tambien en los mismos errores: a lo cual contesto que, como
ya tiene dicho este confesante, ha sido perdonado por Su
Magestad y por el Santo Oficio de toda y cualquier cosa
en que haya errado, y asi no tiene nada que confesar, ni
siquiera necesita ni quiere letrado que le defienda en un
proceso de que ya ha sido perdonado, aunque por fin desea,
en vista de la insistencia de los inquisidores, que se le nombre un abogado que le aconseje y defienda.

En la Inquisicion de Valencia, a 31 de enero de 1578,
y ante el inquisidor Pedro de Zarate, comparecieron don
Cosme Abenamir, preso en las carceles del Santo Oficio, y
miçer Cristobal Pellicer, abogado, al cual le fue dicho que
en la causa contra don Cosme este ha solicitado su ayuda

y consejo, y asi se le leera lo que ahora de nuevo en este proceso se ha hecho, para que habiendolo oido y entendido aconseje a don Cosme lo que cumple al beneficio de su anima y conciencia. Y despues de habersele leido a miçer Cristobal Pellicer todo lo que don Cosme Abenamir dijo y respondio en las audiencias que con el se han tenido en los dias 11 y 16 de este presente mes, y por el Pellicer entendido, este trato y comunico con su defendido don Cosme, a quien advirtio y mucho amonesto que se allane y diga y confiese la verdad enteramente de todo lo que convenga al bien de su anima, pues eso es tambien lo que conviene al buen despacho de su negocio, mayormente en tribunal de tanta verdad y rectitud, persuadiendole con muchas y muy buenas razones, pues lo que en este Santo Oficio se pretende es el beneficio de su absolucion y perdon.

En la Inquisicion de Valencia, a 7 de febrero de 1578, y ante el inquisidor Pedro de Çarate fue traido de las carceles secretas don Cosme Abenamir, el cual declaro que ya sabe muy bien el Credo, la Salve Regina y las demas oraciones de cristiano, las cuales todas dijo en latin y en romance bien dicho, incluyendo en ellas el Pater noster; que desde que fue perdonado hizo en adelante vida de cristiano; que le pesa de haber nacido en casa de moros y de padres moros, y quisiera mucho haber nacido de cristianos viejos y en casa de cristianos viejos, porque fuera mejor para su anima y para su cuerpo; que su madre le enseño que habia de hacer la çala y ayunar los meses del Ramadan, que era treinta dias en un año, no comiendo sino de noche durante aquellos treinta dias; que su misma madre le enseño que creyese y tuviese un solo Dios, y que Santa Maria era virgen y santa, empero que no era madre de Dios; y que nuestro Señor Jesucristo era hijo de Dios y profeta de Dios, que en todo cuanto habia dicho, habia dicho verdad, y que quien no creia lo que Jesucristo decia, tenia pecado; que asi mismo su madre le decia que Mahoma era profeta de Dios, que

en todo decia verdad, y quien no lo creia tenia pecado; y
que haciendo el çala habia de rezar las oraciones de alhandu
li lei y colahuad; y que el çala le habia de hacer cuando
le pareciese; y que sino hacia aquello se iria al infierno;
y que tambien su madre le aconsejaba que no matase a nadie,
ni fuese tras la hija de su projimo, ni testiguase falso contra
nadie. Y asi como su madre le enseño esta doctrina siendo
el muchacho de once a doce años, asi este la tuvo y creyo
siempre hasta que fue preso y perdonado por el Santo
Oficio. Hizo las ceremonias de la secta de moro ayunando
desde entonces que su madre le doctrino y le enseño los
Ramadanes de cada año, y ayunaba no comiendo en todo el
dia hasta la noche, y a la noche cenaba lo que tenia, y antes
que se acostase tornaba a comer si tenia gana de ello; y
esto es lo que llaman çaorar; y tambien este confesante ha
hecho el çala muchas y diversas veces entre año, y en especial lo hacia cuando era el ayuno del Ramadan, y en los
dias de viernes entre año, por que su madre le decia que
aquel dia era santo, y en el mes del Ramadan hacia algunos dias cinco veces el çala cuando podia, el de la mañana se decia coff, el de medio dia dohar, el de visperas
haçar, y el de la Ave Maria que se llama magtre, y el de
despues de haber anochecido que se llama atame; y que las
veces que este confesante hacia el çala, le hacia de esta
manera: que primero hacia el guado lavandose las manos
hasta los codos, los pies, partes vergonzosas, cara, narices,
y cabeza, y tras las orejas, cada cosa tres veces; y hecho
esto ponia un paño limpio, y encima se metia, y puesta la
cara hacia el alquible adoraba a Dios alzando y abajando
la cabeza, diciendo Dios es grande y Dios es nuestro Señor,
y rezaba las oraciones de alhandulilei y colahuaad, las cuales
dijo ad longum en algarabia; y que no supo mas oraciones
jamas, ni le enseño mas su madre. Y pasado el Ramadan
guardaba Pascua un dia, y tambien guardaba la Pascua
de las aldeheas, que es tres dias, y mataba alguna res para
solemnizar la dicha Pascua. Y al presente no se acuerda que

haya hecho otras ceremonias de la secta de los moros, y cuando las hacia fue con la creencia de moro pensando salvarse, creencia que le duro todos los dias de su vida hasta que estuvo preso en el Santo Oficio y fue perdonado de ello; y desde entonces en adelante siempre fue cristiano, y lo quiere ser de hoy mas, y vivir y morir en la ley de nuestro Señor Jesucristo como bueno y catolico cristiano. Preguntado don Cosme de Abenamir a que otras personas enseño su madre las ceremonias de la secta de los moros que deja referidas, contesto que esto no lo sabe, pero cree que como las enseño a este las enseñaria a sus hermanos de este, pues eran sus hijos, y a este se las enseño estando solos los dos, asi como este las practicaba estando tambien solo, y alguna vez en compañia de su hermano mayor don Luis. Tambien la muger de este confesante, llamada doña Beatriz Jançor, sabia que el ayunaba. Su nombramiento de familiar del Santo Oficio lo debio este declarante al inquisidor Miranda, el cual, como comisario de Su Magestad para los cristianos nuevos de moros de este reino, le hizo familiar a este declarante y a sus hermanos, por particular aficion que les tenia, y el privilegio estaba firmado por Miranda solo y refrendado por Nicolas Verdun, notario de este Santo Oficio, pero no firmaron dicha familiatura los otros inquisidores, y acabo al poco tiempo, porque el duque de Segorbe, en cuya tierra vivian este declarante y sus hermanos, sentia mucho que fuesen familiares, les envio a llamar y les dijo que dejasen las familiaturas, porque donde el estaba no tenian necesidad de ellas, porque si su gobernador les hiciese algun agravio, que acudiesen a el, que el les desagraviaria. Y asi, por no dar enojo al duque de Segorbe, este declarante y sus hermanos devolvieron las familiaturas al mismo inquisidor Miranda. Respecto a la herencia o bienes del padre de este declarante, debe decir que nunca se ha hecho la particion de ellos sino que se los tienen sus hermanos y trae pleito con estos sobre dichos bienes; pero estando el en [la] corte de Su Magestad murio una hermana suya llamada doña Leonor, muger de Jeronimo Buçeta de Benizano, y este Buçeta envio a llamar a un amigo suyo para que concertase con sus cuñados, hermanos de este declarante, los intereses de la dote que doña Leonor habia llevado al matrimonio, porque no habia cartas de dote y asi lo concerto aquel amigo llamado Adam Xubuch, y a quien se llama alfaqui en declaraciones anteriores de testigos que hablan de estas particiones de la herencia. Tambien debe añadir este declarante que el nunca ha tenido hijos varones que le hayan vivido mas de medio año, y por tanto no ha podido enviarlos a la Alfandiguilla para que aprendiesen algarabia. Fuele preguntado cual ha sido su nombre de moro y que es lo que ha leido, tratado con otras personas y aprendido del Alcoran; y respondio que a el nunca le han llamado nombre de moro, sino don Cosme, y que de cosas del Alcoran no sabe nada de coro [valencianismo, en lugar de *memoria*] ni de otra manera ni tal jamas ha tratado con nadie.

 En la Sala del secreto de la Inquisicion de Valencia, a 13 de febrero de 1578, el inquisidor Pedro de Çarate mando sacar a ella de las carceles secretas, donde estaba preso, a don Cosme Abenamir, el cual dijo que suplicaba mandasen venir a su letrado, como quedo en la postrera audiencia que vendria y trataria con el; y tambien suplicaba a Su Señoria que sea servido de abreviar su causa, porque el esta malo y teme caer en alguna enfermedad que le cueste la vida, y tambien porque su casa y sus hijos se pierden estando el preso. Fuele contestado que el tenga cuenta con descargar su conciencia porque esto es lo que le cumple; y con esto el reo fue mandado volver a su carcel.

En la Sala del secreto de la Inquisicion de Valencia, a 19 de febrero de 1578, el inquisidor Çarate mando sacar a ella de las carceles secretas a don Cosme Abenamir, al cual le fue dicho que so cargo del juramento que tiene hecho diga si en este su negocio alguna cosa se le ha acordado que debe decir para mas enteramente descargar su conciencia; y el reo contesto que no tiene mas que decir de lo que ya tiene dicho y confesado. Luego el inquisidor mando comparecer a miçer Cristobal Pellicer, abogado, al cual le fueron leidas e comunicadas las audiencias que con su defendido don Cosme Abenamir se han tenido desde el onceno dia de enero proximo pasado; y despues de habersele leido todo y haber el mismo Pellicer mucho advertido y amonestado a su defendido don Cosme Abenamir que diga de todo punto la verdad y descargue su conciencia por entero, porque es lo que le conviene para el bien de su anima y conciencia, el dicho Abenamir dijo que ya el tiene dicha la verdad y no tiene mas que decir, por lo cual renunciaba y concluia en esta su causa definitivamente. Y con esto el reo fue mandado volver a su carcel.

En Valencia, a 21 de febrero de 1578, los inquisidores Pedro de Çarate y Joan de Zuñiga proveyeron que don Cosme Abenamir sea suelto de las carceles con fianza de quinientos ducados. Comparecio don Cosme por mandado de los inquisidores, y preguntado de avisos de carcel en particular, dijo que nada tiene que decir. Fuele encargado el secreto de lo que ha pasado en su negocio y visto en este Santo Oficio, y con esto se llevo abajo hasta que de las dichas fianzas. Y luego don Cosme Abenamir, ante Pedro Blanco de Salcedo, secretario del Santo Oficio, dijo que, en cumplimiento de lo proveido por los inquisidores, se obliga de tener por carcel esta ciudad y no salir de ella, en sus pies ni agenos, sin licencia e mandado de los inquisidores, so pena de pagar quinientos ducados para los gastos de este Santo Oficio; y para ello dio por sus fiadores a don Francisco Boyl, señor de la Daya, y a don Pedro Carroz, caballeros, y a Gabriel Albeytar mercader, vecinos de esta ciudad, que estaban presentes, y que a ello se obligaron de mancomun en sus personas y bienes.

En Valencia, a 26 de marzo de 1578, los inquisidores Pedro de Çarate y Joan de Çuñiga proveyeron e mandaron, por los respectos a sus mercedes bien vistos, que a don

Cosme Abenamir se le alargaba e alargo la carceleria, que tenia mandada guardar en esta ciudad, para su çasa y a donde el quisiese, con tal que se presentase a todo mandato de este Santo Oficio siempre que fuere llamado, so las penas que le estan ya puestas de quinientos ducados.

En este mismo dia, don Pedro Carroz de Vilaragut y don Francisco Boyl, señor de la Daya, tomaron en fiado de manos de este Santo Oficio la persona de don Cosme Abenamir, y prometieron restituirle cada y cuando se les mandare, so pena de excomunion y de quinientos ducados para los gastos de este Santo Oficio.

En la Inquisicion de Valencia, a 17 de julio de 1579, estando en consulta y vista de procesos los inquisidores Pedro de Çarate y Joan de Çuñiga y Fernan Cortes y miçer Agustin Frexa, provisor de este arzobispado, y por consultores miçer Miedes y miçer San Juan de Aguirre, y miçer Frigola, y miçer Bañatos, y miçer Ferrer, vieron el proceso de don Cosme Abenamir, y habiendo tratado sobre ello lo votaron como se sigue: Los inquisidores Pedro de Çarate y Juan de Çuñiga, y miçer Miedes fueron de voto y parecer que este reo sea admitido a reconciliacion por el edicto de gracia, conforme a la carta de los Señores del Consejo; y los señores inquisidores Fernan Cortes, y miçer Agustin Frexa provisor, y miçer San Juan, y miçer Frigola, y miçer Bañatos y miçer Ferrer fueron de voto y parecer que este reo sea puesto a cuestion de tormento por las diminuciones.

En la villa de Madrid, a 2 de octubre de 1579, habiendo visto los señores del Consejo de Su Magestad de la Santa General Inquisicion el proceso criminal fecho en el Santo Oficio de la Inquisicion de Valencia contra don Cosme de Abenamir, de generacion de moros, mandaron que este reo sea puesto a cuestion de tormento sobre las diminuciones, el cual tormento se le de a albedrio de los muy reverendos inquisidores, y con lo que resultare lo tornen a ver con ordinario y consultores, y en la causa hagan justicia.

«Muy reverendos señores: Aqui se han visto los procesos criminales contra don Juan y don Cosme de Abenamir, de generacion de moros, vecinos de Benaguacil, y se os vuelven con esta determinados, como vereis. Por lo que al fin de ellos va asentado, aquello se ejecutara. Pero por algunos justos respectos ha parescido que, antes que esto se haga, tengais algunas audiencias con los susodichos, y en ellas les amonesteis descarguen enteramente sus conciencias satisfaciendo a los que estan testificados, especialmente de complices; dandoles a entender, por la forma que os pareciere mas aproposito, lo que esto les importa para poder gozar de la gracia y perdon que se les concedio el año de setenta y uno. Pero si todavia perseveraren en sus confesiones, o no satisficieren a lo testificado como esta dicho, ejecutarse ha lo acordado por el Consejo.—Guarde nuestro Señor vuestras muy reverendas personas. En Madrid 3 de octubre de 1579.—Ad mandata p. v.—El licenciado Hernando de Vega de Fonseca.—El licenciado Hieronimo Manrique.—El licenciado Salazar. = A los inquisidores de Valencia.»

En la Inquisicion de Valencia, a 26 de noviembre de 1579, y ante el inquisidor Pedro de Çarate fue llamado y parecio don Cosme Abenamir, al cual le fue dicho e mandado que no salga de esta ciudad sin licencia de los inquisidores, y que acuda a las audiencias. Prometiolo.

En la misma Inquisicion y a 28 del mismo mes, ante el mismo inquisidor fue llamado y parecio don Cosme Abenamir, al cual le fue dicho que muchas veces ha sido amonestado que enteramente confiese la verdad, y agora ha sido llamado para tornarle a amonestar que descargue enteramente su conciencia satisfaciendo a lo que esta testificado y acusado especialmente de los complices y personas con quien ha hecho las ceremonias de moros y a quien las ha visto hacer; porque se le hace saber que esto le importa mucho para su buena conversion y para que pueda gozar del edicto de gracia y perdon que se le concedio el año de setenta y uno. A todo lo cual contesto don Cosme que esta casa es casa de verdad, y que por tanto no pueden mandarle que diga sino cosas verdaderas, todas las cuales tiene ya dichas; y que no se le acuerda ya que decir; y que entiende que muchos le quieren mal con no haber el hecho mal a nadie; y que pluguiera a Dios que el hubiera nacido en casa de cristiano viejo para ser instruido enteramente en la ley de Jesucristo.—Y ansi, muy amonestado que piense bien en su negocio, le fue dicho que se fuese.

En la Inquisicion de Valencia, a 7 de diciembre de 1579, y ante el inquisidor Pedro de Çarate y por su mandado comparecio don Cosme Abenamir, y luego miçer Sarçola, a quien se le ha nombrado por abogado de Abenamir, y al cual se le hizo relacion del estado de esta causa y se le leyeron las confesiones hechas por don Cosme y todo lo demas que quiso y fue necesario; y habiendolo miçer Sarçola entendido, amonesto a don Cosme que dijese en todo la verdad e descargase de todo punto su conciencia, porque esto es lo que conviene para la salvacion de su alma y breve despacho de su causa. Don Cosme respondio que ya el estaba perdonado del Rey, del Inquisidor general y de los Señores del Consejo, por siete mil ducados que pagaron el y sus hermanos; y que ahora no ha de pagar otra vez las mentiras de los testigos.—Y por ser tarde, que ya no se veia leer ni escribir ceso la audiencia y salieron de ella don Cosme y miçer Sarçola.

En la Inquisicion de Valencia, a 9 de diciembre de 1579, y ante el inquisidor Pedro de Çarate comparecieron don Cosme de Abenamir y su abogado miçer Sarçola, los cuales pidieron traslado de los testigos que depusieron contra el procesado, para tacharlos porque le acusaban falsamente; y asi el inquisidor dio al abogado traslado de los testigos en dos pliegos de papel, para que pueda con ellos ordenar las defensas en favor del reo.

En la misma Inquisicion, a 15 del mismo mes y ante el

expresado inquisidor, se dio a miçer Sarçola el traslado de la acusacion y de las respuestas hechas por su defendido, en sus confesiones a la acusacion, en dos pliegos de papel, para lo comunicar y alegar defensas.—Ante mi, Pedro Blanco de Salcedo.

SOSPECHAS ACERCA DE LOS MORISCOS

Durante todo el siglo XVI es constante la sospecha de supuestos le-
vantamientos moriscos y de contactos de éstos con el sultán de Marruecos
o con el Turco. Abundantísimos son los documentos en que los moriscos
aparecen a los ojos de sus contemporáneos como perpetuamente conju-
rados contra los cristianos viejos y conspirando contra la seguridad
interior y exterior de España. De ello presentamos dos muestras:
Consulta del Consejo de Estado a S. M. de 28 de enero de 1601, so-
bre un aviso tocante a los moriscos de España, que ha enviado el alféssez
Bartolomé de Llanos y Alarcón desde Tetuán, donde está cautivo[1].

Señor: El Alferez Bartolomé de Llanos y Alarcon escribe
á V. M. de Tetuan en carta de los 15 de Noviembre del
año pasado que yendo á servir á V. M. en Nápoles con
diez escudos de ventaja de que le hizo merced, le captivó
Morato Arraez juntamente con un correo de V. M. y que
ha sabido por muy cierto que los Moriscos de España se
quieren alçar para lo cual se corresponden con el Rey de
Marruecos y que agora quedaba en Argel un morisco de
los de Córdoba que viene de hacer Embajada al Turco
facilitando la empresa de España *por haber en ella quinientos*
mil moros, que aunque al principio fué allá bien recibido le
despidieron despues con disgusto por parecer negocio difícil,
que el dicho morisco hace muchos viages y tambien entran
en esta conferencia los de Aragon y Valencia de donde van

---

[1] Apud Janer, *Condición social,* pp. 278-79.

cada dia á Argel los que quieren, que irá penetrando lo que
hubiere y suplica á V. M. se sirva de condolerse de su trabajo
y mandar que se trate de su rescate porque no tiene otra
cosa mas que el haber servido á V. M. toda su vida.

El negocio de los Moriscos es el mas importante que se
puede ofrecer para la seguridad destos Reynos, pues no se
puede dudar de que son enemigos y que como tales gozarán
de cualquier ocasion que se ofrezca y en particular los del
Reyno de Valencia que se sabe que son moros declarados,
porque en todo el tiempo que ha durado el edito sola una
muger ha venido á reconciliarse; y así por esto como porque
el dicho edito espira á los 10 del mes que viene, parece al
Consejo que convendrá que en la Junta que para esto mandó
V. M. hacer, se trate con mucho cuidado de lo que se habrá
de ordenar en lo venidero porque no suceda alguna alteracion
(como se puede temer) porque los Inquisidores começarán
luego á proceder contra ellos y es bien prevenir á los inconvenientes que pueden suceder.

Y para que el Cardenal de Guevara ordene á los Inquisidores de Córdoba que procuren averiguar lo que hay en lo
del Morisco que fué con la Embajada al Turco, se le ha
dado memoria de las señales dél.

Demas de lo cual parece así mismo al Consejo que será
obra muy digna de V. M. hacer merced al alferez que ha
dado este aviso para su rescate y el dicho Cardenal ha propuesto, que siendo V. M. servido dello procurará sacar hasta
300 ó 400 ducados de alguna Suspension de San Benito,
que es cosa que se suele hacer. V. M. lo mandará ver y
proveer en todo lo que mas fuere servido. En Madrid á 28
de Enero de 1601.—Siguen tres rúbricas.

*Se les considera siempre «quinta columna» de cualquier enemigo
potencial[1] en la «Consulta del Consejo de Estado» fechada en Ma-*

---

[1] Véase Regla, *La cuestión morisca y la coyuntura internacional en tiempos
de Felipe II*, y Hess, *The moriscos. An Ottoman Fifth Column in Sixteenth
Century Spain.*

*drid a 10 de agosto de 1600[2] se manifiestan temores por posibles
contactos[3] entre moriscos aragoneses y Francia.*

... si los moriscos del Reyno de Valencia tienen algunas
inteligendias con Francia, dice que lo ha procurado con
cuidado y no ha hallado cosa de consideracion aunque andan
descontentos y alterados por el edicto de gracia que se les ha
publicado, pero que lo que ha sabido es que con el Turco
se tiene por cierto que tienen plática, y agora debe de ser
mas estrecha por lo que acá los aprietan. Que si se entienden con franceses ha de ser por via de los moriscos de
Aragon con quienes la tuvo los años pasados el Rey de
Francia y advierte que en la corona de Aragon hay gran
cantidad de franceses, y en aquel Reyno de Valencia mas
de 14 ó 15 mil, que él está á la mira y con mucha atencion, porque si aquellos moriscos tuvieren socorro aunque no
fuese mucho daria arto cuidado y hace prevenciones con el
recato y disimulacion que puede, procurando que el Reyno
esté bien armado y las fortalezas guardadas, aunque esto
podria alterarles mas el ánimo.

Y habiéndose visto en Consejo esta carta y hablado con
atencion sobre lo que contiene, ha parecido acordar á V. M.
que es la materia mas importante y mas digna de tratarse
y resolverse con suma brevedad de todas cuantas se pueden
ofrecer, porque siendo estos enemigos caseros en tan gran
número y en fin españoles de quien no se puede dudar que
ejecutarán su mala intencion en cualquiera ocasion que se
ofrezca para mejorar su partido como lo mostró la esperiencia
de lo del Reyno de Granada, si hubiese una invasion real
de enemigos en el Reyno causaria notable confusion y emba-
razo el asegurarse desta gente, y así suplica el Consejo á
V. M. lo mande considerar, viendo de nuevo las consultas
que sobre esto se han hecho y están en poder de V. M., y

---

[2] Apud Janer, *Condición social*, p. 278.
[3] Contactos que existieron realmente. Véase Cardaillac, *Morisques et
protestants*.

proveer lo que mas convenga al servicio de V. M., advirtiendo que la dilacion será de mucho daño en este negocio, porque con el tiempo crecen los inconvenientes y se podria dificultar el remedio.

El documento siguiente, perteneciente a las Actas de las Cortes de Castilla con fecha de 13 de septiembre de 1607 es significativo, no sólo por manifestar temor ante los moriscos- atentando contra los cristianos viejos de toda manera posible- sino porque deja ver, además, el sentimiento de honra y el prurito de limpieza de sangre aplicado a las actividades profesionales: hay oficios de cristianos viejos, y, por tanto, honrosos, y otros propios de cristianos nuevos (judíos o moriscos), que no son compatibles con la honra. Por tanto, si a los moriscos se les permite ejercer la medicina, ésta acabará siendo un oficio de moriscos que ningún cristiano viejo querrá ejercer.

Proposición para que se ponga por condición que no sean moriscos medicos.

Pedro de Vesga propuso y dijo que las leyes mandan que no traigan armas los moriscos porque no hieran ¿pues que mayor arma que curar pues con ella mataran?

Muchos oficios tienen ganadas provisiones como tintoreros, etc., que los tales (moriscos) no puedan tener sus oficios por algunas falsedades que en ellos puedan hacer pues cuanto mas honrado es el oficio de medico es mas grave la falsedad que en el se puede cometer. De las rebeliones que han tenido y de otros muchos indicios consta que los tales tienen odio con los christianos viejos; pues ¿quien se ha de querer curar con su enemigo? Y de muchos medicos moriscos que ha castigado el Santo Oficio consta por sus confesiones que curaban bien a los de su ralea y mataban de industria a los christianos viejos y daban maliciosamente bebidas para abortar. Siendo medicos han de traer seda, andar en mula, y las leyes de estos reinos prohiben a los dichos moriscos estas dos cosas y tener honrosos oficios; pues por qué siendolo

tanto el de medico lo han de ejercer? Entrando a curar en
conventos de monjas, siendo ellas curiosas y noveleras podra
ser que las enseñen cosas perjudiciales a la fe...

Hoy hay muchos oyentes de medicina moriscos en la Universidad de Toledo y otras universidades. Con muchas medicinas se puede matar con secreto y sutileza y es de presumir
que sin falta usaran dellas y que mataran ellos solos mas
gente en este reino que los turcos, ingleses y otros enemigos. Los christianos viejos no han de querer que sus hijos sean
boticarios ni medicos y asi dentro de ochenta años seran
moriscos todos los medicos y boticarios del reino y tendran
las llaves de las vidas de todo él y no habra cosa segura...

En Madrid y en otras partes han cogido moriscos que
de noche andaban a matar christianos viejos solo por odio, y
de un medico llamado el Vengador cuyo sambenito esta en
Sancto Tome de Toledo, se sabe por su confesion que con
una uña venenosa mató a tres mil cuarenta y ocho personas; y el Santo Oficio de Valencia castigó a un morisco
algibrista el cual confeso que de malicia dejaba mancos a los
christianos viejos por que no pudieran tomar armas...

EDICTO DE LA INQUISICION DE ARAGON PROHIBIENDO A LOS MORISCOS LAS ARMAS DE FUEGO

Copia del edicto promulgado por la Inquisición de Aragón el 5 de noviembre de 1559, prohibiendo a los moriscos el uso y posesión de armas de fuego [1]

Nos, los Inquisidores appostólicos contra la herética y apostática prauedad en todo el reyno de Aragón con la çiudad y obispado de Lérida por la Santa Sede apostólica especialmente dados y diputados, hazemos saber a todos los nueuos conuertidos deste reyno de Aragón y distrito nuestro e a los descendientes dellos de cualquier calidad e condición que seáis que, entendido por nos y considerando quel Santo Offício de la Inquisición, mayormente en los tiempos presentes, tiene gran necesidad en todo de ser fauorecido y acatado por los cathólicos christianos y quitar, remouer qualquier impedimiento que se ofrezca o ofrecer pueda por el qual el libre exerçiçio del dicho Santo Officio se impidiese, pues hauiendo algun impedimento por pequeño que fuese con él se estoruaría e impediría el castigo de los herejes que apostatan de nuestra ffe cathólica e de los que son fautores de los tales hereges, y aquéllos por qualquiera vía impiden el dicho libre exerçiçio, ... Visto el gran número de conuertidos de moros y descendientes dellos que en este reyno y

---

[1] Apud Carrasco Urgoiti, *El problema morisco en Aragón a comienzos del reinado de Felipe II*, pp. 87-89.

Véase también el artículo de Danvila y Collado «El desarme de los moriscos en 1563», en *BRAH*.

districto hay, los quales estan tan infamados de que viuen
como moros y a todos es cosa notoria; y visto así mesmo
que las vezes que se a ofrecido en estos años pasados hauer
venido a las costas destos reynos armadas de turcos, enemigo
de nuestra santa fe cathólica, muchos de vos los dichos nueuos
conuertidos haueis hecho regocijos y dado muestras de tener
dello contentamiento y desear, si ouiere ocasión, de os juntar
con ellos, y aun, lo que de mayor dolor es, que hauiendo
muerto al Conde de Alcaudete con mucho número de christianos los dichos turcos y moros, en cierta parte deste reyno
se hizieron regocijos por muchos de dichos conuertidos, y ouo
murmuración que se hizo por la dicha victoria; e demás
desto por información consta que tenéis por enemigos al
Santo Officio y a sus ministros y hasí lo hauéis dicho hi-
ziendo çierta resistençia a vn ministro del dicho Santo Officio; e atendido también al orrendo y nunca oydo caso que
ciertos conuertidos de moros y moriscos cometieron saliendo
del lugar de Plazencia con arcabuces y otras armas, trayendo preso cierto conuertido del dicho lugar tres familiares
del dicho Santo Officio por mandado nuestro, los mataron
y a un moço de los dichos familiares, hechándolos en vna
sima y degollando el vicario del dicho lugar que venía con
ellos, quitándoles el preso y lleuándosele consigo; y así mismo
hauiendo cierto vicario de cierto lugar de conuertidos amo-
nestándoles que viuiesen como christianos y hecho otras cosas
que concernían al dicho Santo Officio, çierto conuertido de
moro entró en su casa mano armada e le mató, y avnque
de casa del dicho vicario se pidió ayuda y socorro que le
valiesen, ninguno de los dichos conuertidos del dicho lugar
lo quiso hazer, y hauiendo preso al dicho matador conuertido,
la mesma noche que fue preso entrada la noche vinieron
gentes con arcabuzes y lo soltaron y libraron de la dicha prisión en grande ofensa y desacato del dicho Santo Officio.
E que demás desto por información consta que amenazan
y dizen los dichos conuertidos que se uan a prender algunos
de los dichos conuertidos por el dicho Santo Officio como

gente que se huelga del daño que a él viene, y que conforme a esto de aquí adelante en ninguna manera se podrían
hir a hazer capturas de los dichos conuertidos por el dicho
Santo Officio, sino fuese con gran número de gente y a
costa tan grande que el dicho Santo Officio no la pudiese
sufrir, y que ya que esto se hiziere no se podría hazer con
secreto y los culpados ternían lugar de sehuir y sus delictos
quedarían sin castigo. E atendido asi mesmo que muchos
de los dichos conuertidos y descendientes dellos por ciertas
causas están alterados para se huir y ausentar destos reynos
por qualquier vía que puedan y cada día hotros se an ydo
y van para se pasar en tierra de moros y renegar de
nuestra santa fe, armados con arcabuzes y otras armas para
defenderse y ofender a quien los quisiere impedir el paso,
y sobre ello ya auido personas heridas; y así mesmo constando ay en poder suyo muchos arcabuzes, vallestas y otras
armas escondidas y el cuydado grande que tienen de se
exercitar en tirar los dichos arcabuzes y escopetas, por todo
lo qual se colije bien sus malas intençiones y fines; y vistas
hotras muchas razones y causas que ay que por evitar
prolixidad no dezimos, por las quales claro parece que en
ninguna manera el dicho Santo Officio se puede exercer en
los culpados si las dichas armas no se les quitasen. Pero
haun teniendo alguna consideración y no husando del todo
rigor que se podría husar con ellos de se las mandar quitar
todas, atendido y considerado que voos los dichos conuertidos
y descendientes dellos con las que más principalmente podéis
ofender es con las siguientes. E impedís el dicho exercicio
e ministros del dicho Santo Officio, hos mandamos que de aquí
adelante ningún conuertido ni descendiente dél que sea
deste nuestro districto o viua en él o pasare por él, hombre ni muger, chico ni grande, pueda tener, traer en secreto
ni en público en poder suyo ni ajeno, tirar ni armar arcabuz, escopeta, pistolete ni ballesta ni hotro género de tiro,
ni tenga pólvora, pelotas, perdigones, saestas ni arma desta
calidad que sean endreçadas para tirar dende el día de la

publicación deste nuestro edicto e prouisión, so pena que el
que de aquí adelante tuuiere, trajere, armare o tirare o
viniere contra alguna cosa o parte de arriba dicho, por la
primera vez que se prouare o constare que auiendo contra lo
arriba dicho o parte dello fuere allado con alguna de las
dichas armas o cosas arriba dichas, o que la tiene en poder
suyo o en poder de hotra persona, de cualquiera calidad o
condición que sea o serán dados dozientos açotes y las armas
perdidas, las quales se uenderán y el valor dellas en los lugares en que vos los conuertidos oviéredes entrado en la
graçia y viniéredes contra el dicho mandamiento alguno o
algunos de los tales lugares, su valor se aplicará a obras
pías que se an de hazer en el dicho lugar, conforme como
está asentado con vos, y en los hotros lugares que no huuié-
redes entrado en la graçia las dichas armas o su valor se
aplicarán según y como por nos bien visto fuere; y por la
segunda vez os condenamos en quatro años de galeras y dozientos açotes; y por la terçera la pena segunda doblada.
Otrosí mandamos que de aquí adelante ningún de las armas
ariba dichas sea hozado a vender, dar ni trocar alguna de
las dichas armas a ninguno de vos los dichos conuertidos ni
descendientes dellos, ni por terçeras personas so pena de
cinquenta ducados o de çien açotes a nuestro albitrio. Por
que el dicho nuestro mandamiento mejor se guarde mandamos a los señores de los dichos conuertidos e de sus
alcaydes y ofiçiales que luego que supieren o vieren que
alguno de los dichos conuertidos o descendientes dellos an
venido contra lo contenido en este nuestro mandamiento o
supieren donde tienen algunas armas de las arriba dichas
escondidas o en poder de alguno, prendan et inbién presos
a este Santo Officio a los tales conuertidos que a los que
los traxeren se les pagará su trabajo, lo qual guarden y cumplan so pena de escomunión y cada dozientos ducados. Y por
que mejor se guarde todo lo arriba dicho, mandamos a
todas y qualesquier personas de qualquier condicion y calidad que sean que, luego que supieren que algún conuertido

o descendiente de los arriba contenidos de aquí adelante vinieren contra lo contenido en nuestro mandamiento o parte dello, vengan a manifestar ante nos en este Santo Officio, y si fuere fuera desta çiudad ante nuestros comisarios, y por mejor se animen a hazerlo hazemos graçia de la terçera parte de lo que valieren las armas de tal convertido que fuere condenado en ellas de los que no an entrado en la dicha graçia, lo qual se le dará luego que se aya executado la dicha pena del tal conuertido. Y mandamos so la dicha pena y escomunión a qualesquier justiçias reales que cada y quando supieren que alguno de los dichos tales conuertidos an venido contra el dicho mandamiento o fueren tomadas o alladas en las dichas armas los prendan y pongan en sus cárceles y nos den aviso dello, para que por nos sea proueido lo que convenga. Y por que los dichos conuertidos no pierdan las armas y cosas arriba dichas, damos testimonio de treinta días para que puedan disponer de las dichas armas e materiales ariba contenidos con tanto que no las traygan a vender armadas ni con sus personas, sino liadas y atadas como carga para efecto de las vender, el qual dicho término corra desde la publicación deste nuestro edito. Data en el Real Palaçio de la Aljafería A 5 de noviembre 1559.

DE LA CONDICION, TRATO, TRAJE, COMIDA, OFFICIO, VICIO Y PESTILENCIA PEGAJOSA DE LOS MORISCOS

SEGUN UN AUTOR ARAGONES DEL SIGLO XVII

El libro del padre P. Aznar Cardona *titulado* Expulsión justificada de los moriscos españoles y suma de las excelencias christianas de nuestro Rey D. Felipe tercero deste nombre, *publicado en Huesca en 1612 con el fin de convencer a las gentes hostiles a la expulsión de lo acertado y sabio de tal medida, incluye las descripciones más gráficas y brutales que se puedan encontrar en un escrito antimorisco. Sus observaciones, a menudo pueriles y pintorescas, son muy significativas de una mentalidad «cristiano vieja», y su alegato es sumamente interesante desde el punto de vista sociológico. Reprocha a los moriscos, en el capítulo que hemos elegido, su sobriedad en el comer y beber, las cosas que comen y los oficios que ejercen, manifestando su desprecio por las artes mecánicas y las labores agrícolas de regadío. De idual modo merecen su repulsa las celebraciones y fiestas moriscas y otras cosas tan nimias como su afición a andar en grupo por los caminos.*

En realidad, y aparte de argumentos de tipo religioso, se demuestra la aversión y el rechazo de un modo de vida (unos hábitos alimenticios y vestimentarios, una manera de trabajar, de divertirse o de ocupar el ocio) que no es el de la sociedad cristiana vieja y que ésta no sólo no admite, sino que siente como una amenaza[1].

---

[1] Muchos autores han comentado y utilizado la obra de Aznar. Véase, por ejemplo, Caro Baroja, «Los moriscos aragoneses según un autor del siglo XVII», en *Razas, pueblos y linajes.*

DE LA CONDICION, TRATO, TRAJE, COMIDA,
OFFICIO, VICIO Y PESTILENCIA PEGAJOSA
DE LOS MORISCOS
(FOLS. 32-36R.)

Dicha su naturaleza, su ley, y tiempo della, y su secta, réstanos dezir aora, quienes fuessen por condición y trato. En este particular eran una gente vilissima, descuydada, enemiga de las letras y ciencias illustres, compañeras de la virtud, y por consiguiente agena de todo trato urbano, cortés y político. Criavan sus hijos cerriles como bestias, sin enseñança racional y doctrina de salud, excepto la forçosa, que por razon de ser baptizados eran compellidos por los superiores a que acudiessen a ella.

Eran torpes en sus razones, bestiales en su discurso, bárbaros en su lenguaje, ridículos en su traje, yendo vestidos por la mayor parte, con gregüesquillos ligeros de lienço, o de otra cosa valadí, al modo de marineros, y con ropillas de poco valor, y mal compuestos adrede, y las mugeres de la misma suerte, con un corpezito de color, y una saya sola, de forraje amarillo, verde, o azul, andando en todos tiempos ligeras y desembaraçadas, con poca ropa, casi en camissa, pero muy peynadas las jovenes, lavadas y limpias. Eran brutos en sus comidas, comiendo siempre en tierra (como quienes eran) sin mesa, sin otro aparejo que oliesse a personas, durmiendo de la misma manera, en el suelo, en transpontines, almadravas que ellos dezían, en los escaños de sus cozinas, o aposentillos cerca de ellas, para estar mas promptos a sus torpezas, y a levantar a çahorar y refocilarse todas las oras que se despertavan. Comían cosas viles (que hasta en esto han padecido en esta vida por juizio del cielo) como son fresas de diversas harinas de legumbres, lentejas, panizo, habas, mijo, y pan de lo mismo. Con este pan los que podían, juntavan, pasas, higos, miel, arrope, leche y frutas a su tiempo, como son melones, aunque fuessen verdes y no mayores que el puño, pepinos, duraznos y otras qualesquie-

ra, por mal sazonadas que estuviesen, solo fuesse fruta, tras
la qual bebian los ayres y no dexavan barda de huerto a
vida: y como se mantenian todo el año de diversidad de
frutas, verdes y secas, guardadas hasta casi podridas, y de
pan y de agua sola, porque ni bebian vino ni compravan
carne ni cosa de caças muertas por perros, o en lazos, o
con escopetas o redes, ni las comian, sino que ellos las
matassen segun el rito de su Mahoma, por esso gastavan
poco, assi en el comer como en el vestir, aunque tenían
harto que pagar, de tributos a los Señores. A las dichas
caças y carnes, muertas no segun su rito, las llamavan en
arábigo *halgharaham*, esto es, malditas y prohibidas. Si les
arguyen, que porque no bebian vino ni comían tocino? Res-
pondían, que no todas las condiciones gustavan de un mismo
comer, ni todos los estómagos llevaban bien una misma
comida, y con esto disimulavan la observancia de su secta
por la qual lo hazían, como se lo dixe a Iuan de Iuana
Morisco, tenido por alfaquí de Epila, el qual como dando
pelillo, y señalando que los echavan sin causa, me dixo, no
nos echen de España, que ya comeremos tocino y beberemos
vino: A quien respondí: el no beber vino, ni comer tocino,
no os echa de España, sino el no comello por observancia
de vuestra maldita secta. Esto es heregia y os condena y
soys un gran perro, que si lo hizierades por amor de la virtud
de la abstinencia fuera loable; como se alaba en algunos
Santos, pero hazeyslo por vuestro Mahoma, como lo sabemos,
y os vemos maltratar por extremo a vuestros propios hijos,
de menor edad, quando os consta que en alguna casa de
christianos viejos, les dieron algun bocadillo de tocino y
lo comieron por no ser aun capaces de vuestra malicia.
Pregunto, lo que el niño comió, daos pena a vos en el es-
tómago? No. Pues por que hazeys tan estraños sentimientos
publicos, si un niño de quatro hasta cinco años de los vuestros, come un bocado de tocino? Creedme, que se cubre
mal, la mona con la cola. Eran muy amigos de burlerías,
cuentos, berlandinas y sobre todo amicissimos (y assí tenian

comunmente gaytas, sonajas, adufes) de baylas, danças, so-
lazes, cantarzillos, alvadas, passeos de huertas y fuentes, y
de todos los entretenimientos bestiales en que con descom-
puesto bullicio y gritería, suelen yr los moços villanos vozin-
glando por las calles. Vanagloriarvanse de baylones, jugado-
res de pelota y de la estornija, tiradores de bola y del canto,
y corredores de toros, y de otros hechos semejantes de ga-
ñanes. Eran dados a officios de poco trabajo, texedores, sastres, sogueros, esparteñeros, olleros, çapateros, albeytares, col-
choneros, hortelanos, recueros, y revendedores de azeyte, pescado, miel, pasas, açucar, lienços, huevos gallinas, çapatillos
y cosa de lana para los niños; y al fin tenían oficios que
pedían asistencia en casa y davan lugar para yr discurriendo
por los lugares y registrando cuanto passava de paz y de
guerra, por lo qual se estavan ordinariamente ociosos, va-
gabundos, echados al sol el invierno con su botija al lado,
y en sus porches el verano, sacadas las pocas horas que
trabajavan con grande ahinco en sus officios, o en sus huertas, por la codicia entrañable de coger frutas, hortalizas y
legumbres: pero pocos y bien pocos dellos tenían oficios que
tratasen en metal, o en yerro, o en piedras ni maderos,
excepto que tenían algunos herradores procurados para su
comun, por el grande amor que tenían a sus respectados
machos, y por huyr de tener contratación con los Christianos
por el odio que nos tenían. En el menester de las armas,
eran visoñísimos, parte porque avia años que les estavan
vedadas y el poco uso inhabilita, segun Ovidio... parte
porque eran cobardes y affeminados, como lo pedía el flaco
empleo de su vida y el affeminado modo de criarse, y como
dizen de los malos que siempre andan agavillados temblan-
do de temor sin fundamento *(Quia fugit impius nemine perse-
quente)*. Assí estos pusilánimes nunca andavan solos por los
caminos ni por los términos de sus propios lugares, sino a
camaradas. Sus altercaciones aunque fuessen de cosa momen-
tánea, las ventilavan siempre a gritos y a vozes desmesuradas,
como les ordena su pleytista Mahoma. Eran entregadísimos

sobremanera al vicio de la carne, de modo que sus platicas assi dellos como dellas y sus conversaciones y pensamientos y todas sus intelligencias, y diligencias, era tratar desso, no guardándose lealtad unos a otros, ni respetando parientes a parientes, sino llevándolo todo tan a rienda suelta y tan sin miramiento a la ley natural y divina, que no avia remedio con ellos como dicho queda en el capítulo de la pluralidad de las mugeres. De aquí nacieron muchos males y perseverancias largas de pecados en christianos viejos, y muchos dolores de cabeça y pesadumbres para sus mugeres, por ver a sus maridos o hermanos, o deudos ciegamente amigados con moriscas desalmadas que lo tenían por lícito, y assi no las inquietava el gusano de la conciencia gruñidora.

Aparecen también en la obra de Aznar algunos de los más generalizados argumentos acerca de la peligrosidad morisca. En primer lugar, la fecundidad de este grupo, concebida como un arma en contra de la sociedad cristiana vieja, diezmada por el celibato religioso y las empresas del Imperio:

Casavan sus hijos de muy tierna edad, pareciéndoles que era sobrado tener la hembra onze años y el varón doze, para casarse. Entre ellos no se fatigavan mucho de la dote, porque comunmente (excepto los ricos) con una cama de ropa, y diez libras de dinero se tenían por muy contentos y prósperos. Su intento era crecer y multiplicarse en número como las malas hierbas, y verdaderamente, que se avian dado tan buena maña en España que ya no cabian en sus barrios ni lugares, antes ocupavan lo restante y lo contaminavan todo, deseosos de ver cumplido un romance suyo que les oy cantar con que pedían su multiplicación a Mahoma, que les diesse.

> *Tanto de moro y morica*
> *Como mimbres en mimbrera*
> *y juncos en la junquera.*

Y multiplicavanse por estremo, porque ninguno dexava
de contraher matrimonio, y porque ninguno seguia el estado
annexo a esterilidad de generación carnal, poniéndose frayle,
ni clérigo, ni monja, ni avia continente alguno entre ellos
hombre ni muger, señal clara de su aborrecimiento con la
vida honesta y casta. Todos se casavan, pobres y ricos,
sanos y coxos, no reparando como los christianos viejos que
si un padre de familias tiene cinco, o seys hijos, con casar
dellos el primero, o la mayor dellas se contentan, procurando que los otros sean clerigos, o monjes, o frayles, o soldados, o tomen estado de beatas, y continentes. Y lo peor era
que algunos christianos viejos, aun presumiendo algo de
hidalgos, por no nada de interesse, se casavan con moriscas,
y maculavan lo poco limpio de su linaje, y plegue a Dios,
no llegase la mancha al alma.

También, la sospecha de continuas conjuras y amenaza de levan-
tamientos armados se manifiesta en sus páginas, subrayada de múl-
tiples anécdotas como la siguiente:

Y yo conocí en Epila una morisca viuda y vieja, llamada
la tía Blanca, o Castellana, a quien yéndole a pedir uno
de los dichos procuradores el sueldo para las armas, ella
como era vieja no acabava de acordarse para que empleo
se cobrava, mas declarando que era para lo contratado
contra los christianellos (vocablo suyo) respondió, para esso
si por cierto aunque no tengo mas de dos reales guardados
para unas medias calças que voy sin ellas, pero por favorecer a
tan buena obra yo me sufriré mi necesidad. Esto oyeron,
dos vezinos christianos viejos de quienes los moriscos no se
recatavan, porque vezinos entre ellos, y estos lo publicaron
al punto por todo el lugar, y la muger ni lo osava negar
ni afirmar, antes se escondía confundida, donde no la diessen
con su dicho en la cara (folios 42 v.-43 r.).

Por último, incluimos algunos párrafos en que Aznar describe la
salida al destierro de los moriscos aragoneses:

Salieron, pues, los desventurados moriscos por sus días señalados por los ministros reales, en orden de processión desornada, mezclados los de pie con los de a caballo, yendo unos entre otros, reventando de dolor, y de lágrimas, llevando grande estruendo y confusa vozería, cargados de sus hijos y mugeres, y de sus enfermos, y de sus viejos y niños, llenos de polvo, sudando, y carleando, los unos en carros apretados allí con sus personas, alhajas, y baratijas: otros en cavalgaduras con estrañas invenciones y posturas rústicas, en sillones, albardones, espuertas, aguaderas, arrodeados de alforjas, botijas, tañados, cestillos, ropas, sayos, camisas, lienços, manteles, pedaços de cáñamo, pieças de lino, con otras cosas semejantes, cada qual con lo que tenía. Unos yban a pie, rotos, mal vestidos, calçados con una esparteña y un çapato, otros con sus capas al cuello, otros con sus fardelillos, y otros con diversos emboltorios y líos, todos saludando a los que los miravan, o encontravan, diziendoles: —el Señor los en de guarde: —Señores, queden con Dios.

Entre los sobredichos de los carros y cavalgaduras (todo alquilado, porque no podían sacar ni llevar sino lo que pudiessen en sus personas, como eran sus vestidos, y el dinero de los bienes muebles que huviessen vendido) en que salian hasta la ultima raya del Reyno, yban de quando en quando (de algunos moros ricos) muchas mugeres hechas unas debanaderas, con diversas patenillas de plata en los pechos, colgadas de los cuellos, con gargantillas, collares, arracadas, corales, y con mil gayterías, y colores, en sus trages y ropas, con que disimulavan algo el dolor del corazçón. Los otros que eran mas sin comparación, yban a pie, cansados, doloridos, perdidos, fatigados, tristes, confusos, corridos, rabiosos, corrompidos, enojados, aburridos, sedientos, y hambrientos: tanto, que por justo castigo del cielo no se veyan hartos, ni satisfechos, ni les bastava el pan de los lugares, ni la agua de las fuentes, con ser tierra tan abundante, y con dalles el pan sin limite con su dinero.

CARTA DE D. MANUEL PONCE DE LEON A S. M.
MADRID, 28 DE AGOSTO DE 1609[1]

En la que expone los inconvenientes de la expulsión por los cuales ha de evitarse tal medida y propone otras soluciones, a imitación de las que utilizan los turcos con sus súbditos cristianos.

Señor: Corrido á voz, que por haberse entendido algunas práticas secretas entre los moriscos de Valencia y Aragon, con rebeldes y Príncipes infieles, hayan algunas personas de buen celo propuesto á V. M. diversos medios que miran al reparo dello, creo tendré poco que añadir por mi corto caudal á lo dicho y que los Consejos de V. M. no han dejado de advertir cuanto sobre ello convenga, mas el celo que al servicio de V. M. tengo no consiente deje de apuntar lo que sobrello me ocurre, que no será totalmente sin provecho siendo acompañado del celo dicho y de esperiencia de negocios y guerra por muchos años.

Ante todas cosas supongo que aun siendo estas sospechas fundadas tengan necesidad ó de castigo aspero no lo siendo ó de remedio apacible. Si de castigo, que imponiéndose con todo rigor solo sobre las cabezas y autores destas práticas, en lo general toque el que fuere suave y llevadero y por esta causa á V. M. útil y seguro, pues no se debe creer aunque sea tan siniestra la inclinacion desta gente rea, sea toda ella partícipe destos tratos, y cuando todos lo fuesen mientras no han llegado á quitarse las máscaras, no se les puede

---

[1] Apud Janer, *Condición social...*, pp. 285-291.

dar la pena en el comun que tocaria y cabe en sujetos singulares. Pues como en estas materias de sediciones acontesce suelen ser pocos los que las mueven, muchos los que las siguen y todos los que al último las consienten, ó movidos de la novedad, violencia, temor y recato, ó de otros respetos. Por manera que ni el sumo rigor debe egecutarse en el cuerpo universal aunque sea universal la sospecha mientras el mal no ha pasado mas adelante ni se ha de escusar el particular castigo contra los mas culpados, y si se ha de curar esto con remedio sea tan presto y eficaz que mire al estado presente y prevenga con madureza al venidero con tanta conveniencia y requisitos que mire al respeto de la religion á la seguridad de aquellos Reinos y beneficio general y de tal manera corresponda con todo, que ni en la sustancia tenga esceso ni paresca en la dureza violento ni en la reunion vano y sin fruto de tal suerte que toda la dificultad se facilite y allane con el modo que es el blanco para donde se mira.

Sobre este fundamento propongo á V. M. lo que veo convenir, y siendo arto evidente el cuidado que da la multiplicacion de moriscos que en aquellos Reynos hay por estar situados, el uno (que es el de Valencia) muy cerca de Berbería, de donde estos con declarada pasion huelgan de traer orígen, en lugares muy cercanos á los mares de aquel Reyno, dispuestos para poder recoger y amparar egércitos de enemigos y no habiendo aun depuesto el lenguage bárbaro ni (sigun me persuado) los ritos y costumbres y siendo el de Aragon tan contiguo con el de Francia, provincia de su cosecha inquieta y el contrapeso ú opósito desta Monarchia, cosa superflua es que yo diga cuánto se hace este cuidado ahora mayor, y lo que convenga pensar cómo se ha de salir dél con todo esto viniendo á lo que ofresco, haré para mayor inteligencia mia distincion, partiendo el reparo deste inconveniente en dos tiempos, el uno que tenga fin y mira á lo presente, y el otro para lo venidero, siendo cierto que para curar las sospechas de que ahora nos recatamos ningunos de los medios que miran á lo porvenir aprovechan, porque estos se sugetan á discurso de tiempo, y las sombras presentes (si ya no son evidencias) no admiten dilacion alguna.

Viniendo pues al modo de la cura dello juzgo que se hallaria si vuestra magestad se aparta de todos los caminos de rigor que (por ventura) le habrán antepuesto y especialmente de aquellos que no sin escándalo ni tienen respeto á la piedad Cristiana ni á buen estilo moral y político ni á dispusicion y órden natural llenos de dificultad y aspereza, con que se menoscaba la opinion piadosa de los Principes, se alteran los ánimos de los súditos se escandalizan las Provincias convecinas y los interesados que no concurren en estas culpas sienten intolerable agravio. Porque exemplificando (el sacar á estos de España para Africa) como algunos han pensado convenir, ni es cosa para imaginada ni conveniente el mudarlos de donde están para lo mas repuesto de Castilla ó Galicia, de sumo interés y difícil de egecutar; el alargarles los tiempos de matrimonios, cura larga, lenta y remota y contra la propagacion del individuo; el cortarles miembros aptos á la generacion, ageno del celo católico, inhumano y bárbaro; el restringirlos dentro de angostos límites, provocacion para mayores licencias; el prohibirles el comercio, difícil: y finalmente interesando V. M. y los Señores de vasallos en cualquiera destos modos una suma de hacienda inestimable. Porque cómo se puede dar paso para Africa un número tan grande de gente ya rescibido en el gremio de la Sancta Iglesia, adoptado por el baptismo y participante de los demas sacramentos della? ¿qué equivalencia bastaria para contrapesar el daño de los Señores? ¿qué gente henchirá este vacio y menoscabo? ¿qué dirá la reputacion aventurada á que se crea fuera de casa que nos obligó miedo y que no hallamos traça para buenos medios? y (mirando á razon de estado) ¿cómo se pueden descartar vasallos tantos, tan caudalosos, tan prácticos de nuestros rincones, tan indignados con semejante resolucion, enviándolos á enriquecer de hacienda y fuerzas á las Provincias enemigas? ¿qué disculpa se daria á la Iglesia de transferir (no tantos pero ni un solo

vasallo) á partes donde sin ninguna duda haya de dejar la
fee? ¿Qué no tentarán los Príncipes bárbaros si se ven enri-
quecidos de un número tan grande de soldados nascidos en
España, declarados por muy enemigos, provocados con injurias y ignominias, interesados en hacienda y religion y en otros
tales daños? ¿Qué disculpa mayor podían tener estos vasallos (si temen de haber de ser así tratados) para intentar
novedades y llamar ayudas externas? ¿Cuándo se les presen-
tará á los émulos de V. M. ocasion mas sigura para diver-
tirle y sembrar alteraciones en estos Reynos y para dificul-
tarle el poder acudir á todas partes y mas en sazon que
la hacienda de vuestra magestad debe escusar semejantes
causas de gastos? Lo mismo entiendo de la mutilacion de
miembros como impío y no usado jamás aun entre Naciones
bárbaras y así de las demas cosas con que he exemplifi-
cado, pues como queda dicho estas últimas cosas son mas
prevenciones para ir menoscabando la multiplicacion destos,
que remedios momentáneos y haciendo cierta conjetura que
la intencion destos no es pretender pasarse á Berbería, antes
quedando en sus mesmas casas desechar el yugo de servitud,
valiéndose de sus originarios y fautores, aspirando á la ti-
ranía con introducion de enemigos en España, despertando los
sediciosos y mal afectos della y juntándose con los moriscos
de Castilla, restituyendo su falsa doctrina, implorando ayudas
de hereges y de Príncipes diferentes vengo al reparo que á
mi juicio es mas seguro y pronto.

Este será tal mandando V. M. que mirándose por las fortalezas que hay en los mares de Cartagena y Reyno de
Valencia se fabriquen con toda diligencia otras tres situadas
en partes mediterráneas, las cuales pudiéndose corresponder
y dar la mano ó tengan la mira principal que es poner á
los moriscos tal freno que ni ahora ni despues por ningun
accidente osen intentar sediciones ni sus fautores fomentarlas.
Porque con las dichas tres fortalezas guarecidas del número
de gente que se dirá abajo quedará asigurado todo aquel
Reyno que es pequeño y lo quedara cuando fuera mayor,

porque la mira y fin de fundar estas casas fuertes siempre ha sido para opósito de las invasiones forasteras mas tambien para freno y siguridad de los naturales, como son los Castillos de Milan, de Anveres, de Gante, de San Telmo, de San Gian y los semejantes, que con ellos se reprimen los principios de novedades, se hacen los Señores mas respetables, se hace espaldas á los amigos y sirven de plaças de armas y de cuerpos de guardia para amparar los egercitos de sus dueños y en suma de suma desconfianza contra los auctores de alborotos y sediciones.

Este remedio, que pienso ser el más apropósito para lo que se trata, no tiene dificultad, porque ante todas cosas, no ha de efectuarse á costa de V. M., sino á la de los propios moriscos y demas de su utilísimo para este y para otros fines es el más conveniente y de menor contradicion, y tiene V. M. para ejecutarlo consecuencias y ejemplos domésticos y forasteros, como se nota en Dalmatia, Albania, Chipre y por toda la Grecia, donde los vasallos cristianos que el Turco en aquellas provincias tiene, no solo pagan los pesos y tributos ordinarios; pero los sueldos de la gente de guerra y aun los propios hijos, teniendo mira aquel tirano por razon de gobierno á tenerlos desta manera pobres, humildes y oprimidos, para que sus ánimos no se levanten á tentar novedades, y dejando ejemplos tiránicos, cosa muy resabida y usada es aun en las provincias libres, imponer tales gravezas para la propia custodia dellas, como por toda Alemania y Italia vemos: ni estos vasallos pueden tener esto por mal llevadero (como nuevo), pues para sus sospechas y presumidas culpas ningun peso se les puede imponer más ligero y blando, pudiendo V. M. usar justamente de mayores castigos con vasallos naturales, de cuya fé y lealtad tanto se duda, pues aun en sedicion (no de reynos, sino de ciudades particulares) con grande razon hemos visto imponerse, como se hizo en Gante en tiempo del Emperador nuestro Señor, y despues en Mecina, gobernando á Sicilia Don García de Toledo, siendo casos singulares, y el de Mecina más revuelta accidental entre naciones, que materia de desobediencia ó desacato.

Saca desto mucho provecho V. M., y lo mismo entiendo de los señores que tienen en aquel reino vasallos moriscos, pues con estas fortalezas quedan asigurados sin gasto ni trabajo en la posesion y uso antiguo de señorío, sin menoscabo de vasallos, ántes deste modo con mayores ventajas para todo acontecimiento, aqui podrian estar sujetos no se haciendo lo que he propuesto, demas de que podria V. M. en tiempos así turbados obligar á los señores dichos á la residencia de sus lugares y á tener á su costa quietos y pacíficos á sus vasallos ó privarles dellos cuando no acudiesen á hacer mantener la fidelidad que los súbditos deben á sus príncipes naturales, cuyo es el derecho y general dominio. Ni puede causar escándalo en aquellos reinos la fundacion destas fortalezas, pues se vé manifiestamente la causa original, y quán urgente es para el amparo dellos mismos, ni me persuado sea necesario esperar que esto se resuelva en las Cortes por la brevedad que se requiere para poner mano en ello, y tanto más habiéndose divulgado (ó sea falso ó cierto) el motivo que contra estos moriscos se ha tratado, ántes no siendo cosa de que aquel reino rescibe graveza si no resulta de provecho universal.

Viniendo, pues, á la fundacion destas fortalezas donde habrán de situar, qué forma y grandeza deberán tener y cuánta dotacion y sueldo, paresce cosa propia del Consejo de guerra de V. M., donde esto y lo concerniente á ello está tan entendido, al cual juzgo se deba remitir, si bien por mayor me persuado que baste para la guarnicion dellas el número de mil y quinientos infantes, inclusos artilleros y oficiales de primer plana, con que no escederá el gasto ordinario de noventa mil ducados al año, imposicion muy llevadera para tantos vasallos, pues sigun el número de familias no tocará á dos ducados por casa cada año.

Lo mismo entiendo de la artillería, pertrechos, municiones y vituallas que á costa de los dichos moriscos deba hacerse, y que el mismo Consejo declare y ordene lo que de todo habrá de haber, comunicándolo con el Capitan General de la artillería de España.

Vengo á resumir ser este medio el mas proporcionado y conveniente para lo que se tiene entre manos, para deshacer qualesquier motivos que dentro ó fuera de casa se hayan sentido ó presumido de aquellos moriscos porque la egecucion dél puede desde luego tener principio haciéndose tasa y estimacion del gasto que podrá entrar primeramente en el destas tres fortalezas, pertrechos, municiones y bastimentos, y si acaso se hallasen algunos destos vasallos tan culpados que meresciesen castigo capital podrá V. M. valerse de la confiscacion de sus haciendas que ayudarian para este gasto mayor, y cuando no hubiese de qué echar mano en esta forma dicha, hacer repartimiento general conforme al valor de las haciendas, de manera que ni los ricos queden exentos de su rata ni los pobres agravados, y luego que sea cumplido el repartimiento, al mismo punto se vaya començando á exigir, y á ese mismo á dar principio á las fábricas hasta que vengan á su perfeccion ordenando que los circunvecinos vengan al trabajo dellas, pagándoles sus jornales acostumbrados, y finalmente que dotándose las fortalezas dichas de la gente que he supuesto ó de la que al Consejo parecerá necesaria se les sitúe el sueldo ordinario para siempre sobre las haciendas de los sobredichos que viniendo á ser de la cantidad que arriba supuse vendrá á ser tan tolerable que casi parezca insensible.

Los moriscos de Aragon son sigun he entendido en mucho menor número y habiendo en aquel Reyno fortalezas mediterráneas, viene á tener menores sospechas contra estos y particularmente por el presidio de Jaca, y suponiendo que los Castillos marítimos de Cartagena y los de Valencia han de tener correspondencia con los que de nuevo se han de fabricar y estos despues de acabados con los de Aragon aunque les caigan á trasmano, pienso quedará lo uno y lo otro muy asigurado.

Y porque se entiende que se levantan Compañías y que vienen las de las guarniciones de Italia, no tendria por mal acertado que vuestra magestad mande alojar alguno de aquellos tercios en el Reino de Valencia para tener aquella gente mas quieta y dar calor á la fundacion de las fortalezas dichas, y si han de invernar algunas Galeras en España que por la conveniencia misma lo hagan en Cartagena, ó no habiendo de quedar aquella de Italia por acá, vaya la escuadra de España á lo mismo, porque habiéndose ya vertido nueva de que por algunas sospechas se va tratando de tomar espediente contra los que se hallaren culpados paresce convenir que no se pierda un momento de tiempo en asigurarlo por el modo propuesto.

Lo que se ha dicho debria bastar para pensar que egecutándose se asigura lo que toca al estado presente y aun á mi cuenta el venidero, para el cual cuanto se dijere será como preservacion, pero por no dejar de decir algo propondré pocas cosas que juzgo se habrán mirado de otras personas y quiçá con mas advertimiento.

Ante todo que á esta gente no se les consienta otro oficio que los del egercicio del Campo.

Que no se les permita caminar de unos lugares á otros.

Que á los que se casaren no se les prohiba cuando tengan edad conveniente, pero que se les imponga un tributo y de tal cantidad que por la dificultad ó indirectamente venga á no efectuarse el tal casamiento ó sea con utilidad de V. M., y no parezca esto nuevo que en Florencia, Sena, Pisa, Módena y Regio si no me engaño se acostumbra.

Que se suplique á Su Santidad mande que en ningun grado se dispense con estos, ni por afinidad ni consanguinidad.

Que los señores de vasallos no hagan composiciones en delictos criminales llevando dineros por ellos, aunque sea en donde no haya parte, y que todas las penas personales de azotes ó destierros las comuten en galeras si los delitos conforme á justicia lo merescieren; y si esto pareciere cosa contra los fueros de aquellos reynos, que se trate y pida al tiempo de las Cortes como cosa que por muchas conveniencias les está bien.

Que se les prohiba el lenguaje de moros aun entre las personas domésticas con todo rigor, y se les dé tiempo de dos años para que aprendan el de España, y para ello se les obliga á los pueblos destos que tengan maestros de escuela cristianos viejos para que se lo muestren con el uso de leer y escribir, y con ello la doctrina cristiana, y que, pasado el tiempo de los dos años, se castigue la transgresion dello como destos criminales.

Que los Perlados manden á los curas destos, que demas de los obligar aque cumplan con las obligaciones de cristianos los instruyan en la doctrina cristiana, con lo demas que sobre esto les ha sido advertido.

Que sea pena de galeras el hallarles sobre sus personas ó dentro de sus casas ningun género de armas ofensivas ni defensivas; y si fueren arcabuces, picas, lanzas ó ballestas, sea reputado por caso capital, el cual se conmute con muerte civil, que es diez años de galeras.

Que cada año se saquen para el remo alguna cantidad para buenas vollas, como se acostumbra hacer en la Señoría de Venecia.

Que por precios corrientes y moderados les obliguen á que sirvan en las minas Almaden y Alumbres siempre que ocurriere necesidad, y la reparticion de las personas vaya tocando por órden y registro entre todos, a fin que no sean más agravados los unos que los otros, y lo mismo se entienda en los que habrán de servir de buenas vollas en las galeras.

Que atento á estos motivos y alteraciones que contra ellos les han presumido no les habiendo personalmente castigado en la generalidad por la clemencia de V. M., y en pena de haber comunicado con navíos y vajeles de remo de corsarios y de infieles y enemigos se les impónga un tributo ó pecho con que se paguen diez galeras para tener limpias particularmente las costas de aquellos reynos, y al que por las sospechas dichas traen estos obligado á V. M. á mayor gasto y cuidado del ordinario.

Que en todo lo demas se haya V. M. y los señores con los dichos con la acostumbrada piedad y blandura, conformándose á lo que hubiere lugar con lo que con ellos ó sus pasados se capituló, cuando rescibiendo nuestra santa fée, eligieron quedar en estos reynos, no dejándoles ocasion ó causa justa de sentimiento y opresion, dando V. M. nueva órden á los señores de vasallos los traten con toda apacibilidad y blandura, para que en ningun tiempo tengan disculpa por estas causas de intentar ningun desacato, y no tendria por cosa mal entendida el permitirles casar entre cristianos viejos como no sean gente noble en ninguna manera, ni consintiéndoles que por esta causa traten de otros oficios que de los del campo, como se ha dicho, y porque sobresto tendrá V. M. otros advertimientos mas sustanciales, y he sido demasiadamente largo, aunque me ha forzado la mesma materia: acabaré esto suplicando á V. M. reciba solo el ánimo de acertar en su servicio. Nuestro Señor guarde á V. M. por largos años como sus vasallos hemos menester. De Madrid los 28 de agosto de 1609.—Señor.—Vasallo y criado de V. M.—Don Manuel Ponce de Leon.

Sobre. Al Rey nuestro Señor.—En manos del duque de Lerma, del su Consejo de Estado y su caballerizo y camarero mayor.

MEMORIAL ACERCA DE LA EXPULSION Y DE LOS MEDIOS QUE DEBEN PONERSE EN PRACTICA PARA PALIAR LA RUINA DEL REINO

Enviado a la Corte por el P. Sobrino en septiembre de 1609[1]

†

Jesus Maria

Illmo. y Exmo. Sr. Ayer tarde me mostro el S.ᵒʳ Conde de Castellar un memorial para embiar a su Mag.ᵈ cuyo argumento es concluyr que la exclusion de los moriscos es la universal ruyna y desolacion deste Reyno: fundando y haciendo resolucion de la vivienda y sustento de todos los estados en el servicio y utilidad de los dichos Moriscos, la cual cessando cessan, dize, las rentas de los S.ʳᵉˢ y cavalleros, las de los ciudadanos, ecclesiasticos y religiosos, los tratos de los mercaderes y arrendadores, las limosnas de todos los pobres, Ospitales y Iglesias, el trato de todos los officios mecanicos y por el consiguiente todo el reyno perece. Presupone que su Mag.ᵈ ninguna noticia tubo desto q.ᵈᵒ tomo la resolucion que se ve aun que no se la han dicho y pareceles que si esto supiera tomara otros caminos de remedio. Y finalmente concluye que no conviene executarse la expulsion de aquestos con tales y tantos daños.

Por el contrario la resolucion que su Mag.ᵈ ha tomado, dize, es inevitable y con la determinacion que vemos: y aunque el fundamento desto es razon de estado, yo tengo para my (como ayer escrivi a V.ª Ex.ª) [que] es acuerdo y sentencia del cielo adonde llega el hedor que sube de aqueste Reyno pidiendo vengança. Y la Divina piedad en

¹ Boronat, *Los moriscos españoles...*, t. I, pp. 184-86.

lugar de llover yra llueve misericordia contentandose con
que hagamos penit.ª de nuestros pecados y le quitemos de
delante de los ojos una abominacion tan insufrible y fea
como esta que tantos años ha tolerado su paciencia y sus-
tentado la porfiada obstinacion y malicia destos, quiça for-
talecida y sustentada con el favor y espaldas de sus S.ʳᵉˢ
Y parecerles cosa imposible el querer vivir ni poder los señores sin ellos y que assi teniendo tales escudos ni el Rey
ni el Papa les osarian tocar al pelo. Y no se han engañado,
pues hablando sin perjuizio de la grande y perpetua lealtad
de la nobleza desde Reyno [para] con su Señor y Rey,
digna de grande loa, vemos lo que dessean y procurando
la conservacion destos sus vassallos y el termino de descon-
suelo y tristeza con que van sobre ello.

Y cierto que si con ocasion tan apretada estos Moriscos
se convirtieran de verdad y de manera que pudieramos tener
dello satisfaccion: fuera la mejor suerte y succeso que se podia
dessear. Mas qu.ᵈᵒ se convirtiessen aun de veras, no podria-
mos quedar seguros de que solicitados con enemigos de a
fuera no retrocediessen y rebelassen con la sed que tienen
de verse señores de España, y la costumbre tan envegecida
de ser moros perpetuos y tan afficionados a su ley; y assi
creo que ni ellos se ofreceran a ser Cristianos, ni el Rey
nuestro S.ᵒʳ querra admitir su offrecim.ᵗᵒ q.ᵈᵒ le hiziessen.
Por lo qual la resolucion de la expulsion parece forçosa y
immutable: y assi para quietar los animos tan dessasosegados
y caydos en tan gran tristeza y desmayo de todo este Reyno,
ordena nuestro S.ᵒʳ que V.ª E.ª aya de darles luz, y confiança, alegria y consuelo; y certissimo estoy que con la
claridad de su ingenio del arca de las escripturas y de su
sabiduria y prudencia sacara razones y doctrina con que no
solo persuada y sosiegue los coraçones de sus hijos sino que
totalm.ᵗᵉ los trueque y llene de celestial consolacion; con
todo la mr.ᵈ que V.ª Ex.ª haze a este gusanito de sufrir su
ygnorancia le da atrevim.ᵗᵒ p.ª poner aqui algo que sea de
lo mucho que muy sabido tiene V.ª Ex.ª o le de ocasion.

A mi ver el discurso que haze resolucion de la ruyna y asolacion del Reyno en la salida de los Moriscos: si provara que ellos ydos llevaran consigo los olivares y las viñas, las tierras, heredades y grangerias del Reyno concluya bien. Mas siendo el suelo del Reyno con lo que el Cielo nos sustenta a todos y quedandonos con ello no pereceremos; lo que concluye es, que hasta axentarse el Reyno con otros muchos pobladores aura alguna quiebra, para lo qual y por que essa sea la menor que sea posible, convendria desde luego convocar pobladores de Castilla, Aragon, Navarra, etc., representandoles la fertilidad de la tierra y lindeza de clima y agradable abitacion, y tengo para mi que no solo la gente necessitada y pobre sino aun muchos de los que bien passan por alla por mejorarse de tierra y aun por librarse de los molestos y graves tributos de la suya gustaran de se venir. Y Dios nos los traera, quanto mas que los Cristia.ᵒˢ viejos que ay sobrados en el Rey.ᵒ poblaran buena parte deste vazio. Y los S.ʳᵉˢ veran sus pueblos llenos de vasallos fieles con quien Dios los haga mas dichosos y ricos, y por el Reyno caminaremos sin sobresaltos de moros de la tierra y mar (pues no teniendo madrigueras los de allende no vendran tanto por aca) y Dios sera servido y alabado y los enemigos de España que con estos ladrones de casa esperan poner aca los pies veran [que] no ay remedio, y otros cien bienes en cuya comparacion aunque halgo perdamos no sera perdida. ¿No esta ay el Reyno de Granada en pie donde ayer passo lo mismo? ni perecieron los cavalleros, ni los ciudadanos, ni los ecclesiasticos, ni los religiosos, ni los tratantes y arrendadores, ni los azucares, ni las labranças. Y q.ᵈᵒ algo aya desdezido de lo que antes era, por ventura sera por no ser las Alpujarras tan agradable y fertil terreno como aqueste donde no me puedo persuadir que aya de despoblarse poblacion ninguna; y los religiosos y pobres, ¿quanto mejor lo passaran con Christianos viejos que con nuebos?

Dicen que sera de los que tienen cargado su dinero sobre

Aljamas de cuya renta viven que son muchos que ydos estos,
con ello quedan perdidos y despojados y sin remedio. Digo
que a todos los que sobre esto pidieren justicia y desagra-
vio tendra obligacion el S.ᵒʳ Virrey de mandarles satisfazer
y bolver lo que es suyo del dinero y muebles de dichos
Moriscos para que de nuebo los carguen o den a cambio,
o de otra manera lo granjeen y vivan dello. A los S.ʳᵉˢ tambien sera justo que de los muebles de sus vassallos les re-
hagan algo del daño que reciben con que entretanto que
vienen pobladores compren mulas y labren y conserven las
heredades y tierras, y finalm.ᵗᵉ como en los consejos de estado
de los Reyes de aca lo que mas se estima y respeta es todo
lo que toca a su reputacion, credito, y honrra, asi nuestro
S.ᵒʳ y Dios sobre todo estima y precia la suya que dize
gloriam meam alteri non dabo. A lo qual en nuestro caso hazen
dos cosas: La una, que no sea su Mag.ᵈ tan offendido y
deshonrrado como lo es con la bestial vida desta abominable
canalla. La otra que por todos en este Reyno sea su Mag.ᵈ
servido, loado, y obedecido, y guardada su ley. A lo qual
se consigue otra cosa muy de su reputacion y gloria que
es la providencia con los que assi le sirven y aman en mirar
por ellos, proveerlos y regalarlos como por el contrario en
castigar y quitar las temporalidades y embiar mucha calamidad y azote adonde se traspasasse su s.ᵗᵃ ley. Sirvase
V.ᵃ Ex.ᵃ de leer en el cap. XXV del levitico *sub littera C*
y todo el cap. XXVI y Matt. VI *ad finem littere C* y toda
la S. S.ᵃ esta llena desta verdad que con los pecados y of-
fensas divinas anda la desventura y perdicion, y la buena
dicha con el divino culto, amor y servicio de Dios. Y los
que dicen que esta expulsion ha de ser un dia de Juizio,
devrian considerar que mayor le pudieran temer y esperar,
si saliesen con el conservar tal gente. Nuestro Señor ordene
el sucesso desta novedad como todos desseamos y nos
g.ᵈᵉ a V.ᵃ Ex.ᵃ etc. De S. Juan B.ᵗᵃ de Val.ᵃ 21 de set-
tiembre 1609.—De V.ᵃ Ex.ᵃ humil siervo y hijo Fr. Ant.º
Sobrino.

BANDO DE EXPULSION DE LOS MORISCOS DE VALENCIA

PREGONADO PÚBLICAMENTE EN VALENCIA
EL DÍA 22 DE SEPTIEMBRE DE 1609[1]

EL REY, y por su Magestad
Don Luis Carrillo de Toledo Marques de Carazena, señor de
las villas de Pinto y Ynes, Comendador de Chiclana y
Montizon, Virrey Lugartiniente y Capitan general en esta
Ciudad y Reyno de Valencia por el Rey nuestro señor.
A los grandes, Prelados, Titulados, Barones, Caualleros, Iusti-
cias, Iurados de las ciudades, villas y lugares, Bayles gene-
rales, Gouernadores, y otros cualesquier ministros de su Magestad, Ciudadanos, vezinos, y particulares desde dicho
Reyno. Su Magestad en vna su Real carta de quatro de
Agosto passado deste presente año, firmada de su Real mano,
y refrendada de Andres de Prada su Secretario de Estado,
nos escriue lo siguiente. Marques de Carazena, Primo, mi
Lugartiniente y Capitan general del mi Reyno de Valencia.
Entendido teneys lo que por tan largo discurso de años he
procurado la conuersion de los Moriscos desse Reyno, y del
de Castilla, y los Editos de gracia que se les concedieron,
y las diligencias que se han hecho para instruyllos en nuestra
santa Fee, lo poco que todo ello ha aprouechado, pues se
ha visto que ninguno se aya conuertido, antes ha crecido
su obstinacion. Y aunque el peligro, y irreparables daños
que de dissimular con ellos podia suceder, se me represento
dias ha por muchos y muy doctos y santos hombres, exor-
tandome al breue remedio a que en conciencia estaua obli-

---

[1] Apud Boronat, *Los moriscos españoles...*, pp. 190-193.

gado, para aplacar a nuestro Señor que tan ofendido esta desta gente: assigurandome que podia sin ningun escrupulo castigarlos en las vidas y haziendas, porque la continuacion de sus delitos los tenia conuencidos de hereges apostatas, y proditores de lesa Magestad diuina y humana. Y aunque pudiera proceder contra ellos con el rigor que sus culpas merecian, todavia desseando reduzirlos por medios suaues y blandos, mande hazer en essa ciudad la junta que sabeys, en que concurristeys vos, el Patriarca, y otros Prelados, y personas doctas, para ver si se podia escusar el sacallos destos Reynos. Pero auiendo sabido, que los desse, y los deste de Castilla passauan adelante con su dañado intento: y he entendido por auisos ciertos y verdaderos, que continuando su apostasia y prodicion, han procurado y procuran por medio de sus Embaxadores, y por otros caminos el daño y perturbacion de nuestros Reynos. Y desseando cumplir con la obligacion que tengo de su conseruacion y seguridad, y en particular la de esse de Valencia, y de los buenos y fieles subditos del, por ser mas euidente su peligro, y que cesse la heregia y apostasia. Y auiendolo hecho encomendar a nuestro Señor, y confiado en su diuino fauor: por lo que toca a su honrra y gloria, he resuelto que se saquen todos los Moriscos desse Reyno, y que se echen en Berberia.

Y para que se execute, y tenga deuido efeto lo que su Magestad manda, hemos mandado publicar el vando siguiente:

I PRIMERAMENTE, que todos los Moriscos deste Reyno, assi hombres como mugeres, con sus hijos dentro de tres dias de como fuere publicado este vando en los lugares donde cada vno viue, y tiene su casa, salgan del, y vayan a embarcarse a la parte donde el Comissario que fuere a tratar desto les ordenare, siguiendole, y sus ordenes: lleuando consigo de sus haziendas muebles lo que pudieren en sus personas para embarcarse en las galeras y nauios que estan aprestados para passarlos a Berberia, adonde los desembarcaran sin que reciban mal tratamiento, ni molestia en sus personas, ni lo que lleuaren de obra, ni de palabra. Aduirtiendo que se les proueera en ellos del vastimento que necessario fuere para su sustento, durante la embarcacion: y ellos de por si lleuen tambien el que pudieren. Y el que no lo compliere, y excediere en vn punto de lo contenido en este vando, incurra en pena de la vida, que se executara irremisiblemente.

2   QUE qualquiera de los dichos Moriscos que publicado este Bando, y cumplidos los tres dias fuere hallado desmandado fuera de su proprio lugar por caminos, o otros lugares hasta que sea hecha la primera embarcacion, pueda qualquier persona sin incurrir en pena alguna prenderle, y desbalijarle, entregandole al Iusticia del lugar mas cercano; y si se defendiere, le pueda matar.

3   QUE so la misma pena, ningun Morisco auiendose publicado este dicho Bando, como dicho es, salga de su lugar a otro ninguno, sino que se esten quedos hasta que el Comissario que los ha de conduzir a la embarcacion, llegue por ellos.

4   ITEM, que qualquiera de los dichos Moriscos que escondiere, o enterrare ninguna de la hazienda que tuuiere, por no la poder lleuar consigo, o la pusiere fuego; y a las casas, sembrados, huertas, o arboledas, incurran en la dicha pena de muerte los vezinos del lugar donde esto sucediere. Y mandamos se execute en ellos, por quanto su Magestad ha tenido por bien de hazer merced destas haziendas, rayzes y muebles que no puedan lleuar consigo, a los señores cuyos vassallos fueren.

5   Y para que se conseruen las casas, ingenios de açucar, cosechas de arroz, y los regadios, y puedan dar noticia a los nueuos pobladores que vinieren, ha sido su Magestad seruido, a peticion nuestra, que en cada lugar de cien casas queden seys con los hijos y muger que tuuieren, como los hijos no sean casados, ni lo hayan sido, sino que esto se entienda con los que son por casar, y estuuieren debaxo del dominio y protection de sus padres; y en esta confor-

midad mas, o menos, segun los que cada lugar tuuiere, sin exceder. Y que el nombrar las casas que han de quedar en los tales lugares, como queda dicho, este a elecion de los señores dellos, los quales tengan obligacion despues a darnos cuenta de las personas que huuieren nombrado. Y en quanto a los que huuieren de quedar en lugares de su Magestad, a la nuestra. Aduirtiendo que en los vnos y en los otros han de ser preferidos los mas viejos, y que solo tienen por oficio cultiuar la tierra, y que sean de los que mas muestras huuieren dado de Christianos, y mas satisfacion se tenga de que se reduziran a nuestra santa Fee Catholica.

6   QUE ningun Christiano viejo, ni soldado, ansi natural deste Reyno, como de fuera del, sea osado a tratar mal de obra, ni de palabra, ni llegar a sus haziendas a ninguno de los dichos Moriscos, a sus mugeres y hijos, ni a persona dellos.

7   QUE ansi mesmo no les oculten en sus casas, encubran, ni den ayuda para ello, ni para que se ausenten so pena de seys años de galeras, que se executaran en los tales irremisiblemente, y otras que reseruamos a nuestro arbitrio.

8   Y para que entiendan los Moriscos que la intencion de su Magestad es solo echalles de sus Reynos, y que no se les haze vexacion en el viaje, y que se les pone en tierra en la costa de Berberia, permitimos que diez de los dichos Moriscos que se embarcaren en el primero viaje, bueluan para que den noticia dello a los demas. Y que en cada embarcacion se haga lo mismo: que se escriuira a los Capitanes generales de las galeras y armada de nauios lo ordenen assi, y que no permitan que ningun soldado ni marinero les trate mal de obra, ni de palabra.

9   QUE los mochachos y mochachas menores de quatro años de edad, que quisieren quedarse, y sus padres, o curadores (siendo huerfanos) lo tuuieran por bien, no seran expelidos.

10   ITEM los mochachos y mochachas menores de seys años, que fueren hijos de Christiano viejo, se han de quedar,

y su madre con ellos, aunque sea Morisca. Pero si el padre fuere Morisco, y ella Christiana vieja, el sera expelido, y los hijos menores de seys años quedaran con la madre.

11 ITEM, los que de tiempo atras considerable, como seria de dos años, biuieren entre Christianos, sin acudir a las juntas de las aljamas.

12 ITEM los que recibieren el santissimo SACRAMEN-TO con licencia de sus Prelados, lo qual se entendera de los Retores de los lugares donde tienen su habitacion.

13 ITEM su Magestad es seruido, y tiene por bien, que si algunos de los dichos Moriscos quisieren passarse a otros Reynos, lo puedan hazer sin entrar por ninguno de los de España, saliendo para ello de sus lugares dentro del mismo termino que les es dado. Que tal es la Real y determinada voluntad de su Magestad, y que las penas deste dicho Bando se executen, como se executaran irremissiblemente. Y para que venga a noticia de todos, se manda publicar en la forma acostumbrada. Datis en el Real de Valencia a 22 dias del mes de Setiembre 1609.—El Marques de Carazena.—Por mandado de su Excelencia, Manuel de Espinosa.

CARTA DEL MARQUES DE CARACENA A S. M.

Fechada en Valencia a 3 de octubre de 1906

Señor:

Los desordenes, robos y maldades que los cristianos viejos que en este Reyno hacen a los moriscos van creciendo de manera que con haber hecho todas las prevenciones posibles han de ser menester mayores por no haber camino seguro para ellos habiendo muerto pasados de quince o veinte de dos o tres dias a esta parte y quitandoles mucha cantidad de dinero que como ven que ahora lo traen todo a cuestas procuran aprovecharse de la ocasion segun es la gente que desto trata entiendo que es camino de obligallos a que se levanten sin querer, deben de ser treinta comissarios los que traigo por diferentes partes, al doctor Rodriguez y al Preboste General y desde hoy se añadirá mas gente que todos van con tan apretadas ordenes para que se hagan justicias egemplares como lo pide el caso... Vuestra Magestad mandará lo que a su Real Servicio convenga pues lo he de hacer como estoy obligado. Guarde Dios la Catolica Persona de Vuestra Magestad. Del Real de Valencia a 3 de octubre de 1609.

Días después, con fecha de 6 de octubre de 1609, el marqués de Caracena manda otra carta al Rey en la cual, entre otras cosas, se dice lo siguiente:

... El estrago que los cristianos viejos circunvecinos destos lugares hazian en las personas y haziendas destos desdichados

era de suerte que me maravillo mucho que de pura deses-
peración no hayan hecho algun insulto; los de Alcoy y
Gorga les havian robado muchos ganados y cavalgaduras.
E despachado alguaciles y lo he mandado bolver aunque
no a podido ser todo por entero, he mandado hechar bandos
que a pena de la vida ninguno les toque en sus personas
y haziendas y con esto se a quietado algo.

De la puebla del duque de Gandia anda una quadrilla
de ladrones robando los ganados de los moriscos y hazien-
doles infinitos daños y la caveza de ellos es un alguazil que
alli tenia el duque que se llama Jafer... Hare diligencias
en haberlos a mis manos y are en ellos exemplar castigo... [1].

---

[1] Apud Janer, *Condición social...*, pp. 307 y sigs.

NOTA AUTOGRAFA DEL P. SOBRINO ESCRITA EN LOS MARGENES DE UNO DE LOS BANDOS DE EXPULSION

En este Reyno de Valencia los bandos que se echaron fueron, primero, que dentro de tres dias como se les intimase, saliessen a la embarcacion llevando cada uno lo que pudiesse en su persona de dinero y ropa, y que los demas bienes muebles y rayzes quedassen para los señores.

Despues para facilitarles mas la salida y que de mejor gana se embarcassen se les dio licencia [para] que pudiessen vender sus bienes mubles menudos como ropa, passa, higo, arroz, etc., excepto los ganados mayores y menores y creo tambien [que] el trigo y azeyte.

Con este 2.º bando se enturbio mucho esta expedicion porque paresciendoles a los Moriscos que les teniamos miedo se hizieron insolentes y tuvieron atrevimiento no solo para vender tambien lo que no podian sino para robar a los señores lo que era propio suyo y hazer moneda falsa en publico de cobre, la qual trocavan por plata y yvan los cristianos viejos a este trueco por lo mucho que los moros les davan de ganancia y al barato de las almonedas. Finalmente muchos moros se rebelaron a *(sic)* las sierras y quemaron Iglesia y Imagenes y las casas de los S.^{res} y se hizieron fuertes, unos en la sierra de Cortes, otros en la de Aguar, por aquel lado de Murla hasta Guadaleste, llevando bastimento bastante para muchos meses con animo de conservar hasta que a la primavera les viniesse socorro de los moros de

---

¹ Apud Boronat, *Los moriscos españoles...*, t. II, pp. 725-26.

allende y del turco. Mas yendo los tercios de Lombardia,
Napoles y Sicilia con la milicia del Reyno, a lo de Cortes
la mitad y a lo de Aguar el otro exercito, en muy pocos
dias reduxeron los moros dandose ellos a partido [y] que en
paz se embarcarian; mas en lo de Aguar, que se defendieron
algun tanto, fueron muertos muchos moros, sin que huviesse
en los nuestros daño ninguno.

En suma, desde principio de octubre hasta fin de noviembre
y pocos dias de dezi.ᵉ del año 1609 saldrian y se embarcarian en diversos puertos y partes deste Reyno como 150 mil
personas de esta perfida gente, tan pertinaz en nunca aver
querido recibir la fe, y al fin llego el plazo de su castigo,
cansado nuestro Dios de suffrir sus desacatos permitiendo que
la traycion con que al Turco nos tenian vendidos se descubriese. Creemos que han sido pocos los que han quedado
vivos porque a muchissimos echaron en la mar patrones de
naves estrangeras que los llevavan, o por robarlos, o ba-
rruntando dellos quererse alçar con sus naves. Otros cayeron
en manos de cossarios yngleses que los robaron y mataron.
Otros desembarcados en berberia fueron despojados y muertos
por los alarbes, de manera que se cree que poquissimos
son los que han guarecido.

COPIA DE CARTA ORIGINAL DEL AYUNTAMIEN-
TO DE LA CIUDAD DE MURCIA A S. M., FECHA
EN MURCIA A 17 DE OCTUBRE DE 1609[1]

*No sólo los señores de vasallos de Valencia y Aragón fueron hos-
tiles a la expulsión y procuraron salvaguardar a sus subditos moriscos. También en Ccastilla, en lugares en que los moriscos eran
particularmente necesarios, las autoridades civiles y eclesiásticas inter-
cedieron por ellos dándoles informes de buenos cristianos, en tal
número que estas informaciones llegaron a considerarse inoperantes.
Véase el caso del Ayuntamiento de Murcia. En esta región y en
particular en el valle del Ricote los moriscos, gracias a su prestigio
como trabajadores de la seda y buenos cristianos consiguieron hacerse
excluir de los bandos de expulsión, hasta que por último fueron
también desterrados en 1614. El conde de Salazar se quejaría
varias veces al Rey del gran número en que regresaban y lo bien
que les acogía la población local.*

Señor: De haber V. M. con tan justas causas y sancto
celo mandado sacar del Reyno de Valencia los moriscos dél
para asegurar el daño que se podía esperar de su infidelidad, y del trato que ellos y los de Castilla tenian con los
infieles, han tomado algunas personas motivo para atemorizar
con igual ó semejante castigo á los naturales del Reyno de
Granada que asisten en esta ciudad poniéndoles tan grandes temores, que nos ha puesto en cuidado obligándonos á
representar á V. M. lo que cerca desto se ofrece. Hay en
esta ciudad y lugares de su jurisdiccion y en ocho villas
agregadas á ella, nuevecientas y sesenta y ocho casas, que

---

[1] Janer, *Condición social...*, pp. 310-11.

segun la vecindad y poblacion de Cristianos viejos es número necesario para la cultura y otros ministerios en que se ocupan, sin que para ningun efecto (cuando en ellos faltara toda fiel seguridad) puedan dar género de cuidado. Después que están en esta ciudad han aprovechado tanto en la Religion Cristiana, que no queda en ellos muestra ni resabio de donde se pueda concebir sospecha ni desconfianza alguna, son la mayor parte nacidos y criados en esta ciudad, que se afrentan de ser tenidos por decendientes de Cristianos nuevos. De mucho tiempo á esta parte no habido ninguno castigado por el Sancto Oficio de la Inquisicion: tenémoslos por tan fieles y leales vasallos á la Corona Real, que teníamos por cosa nueva é increible dellos cosa en contrario, porque parecen haberse recogido á esta tierra los de mas satisfaccion y confianza de que damos cuenta á V. M. cumpliendo con la obligaçion que tenemos al real servicio de V. M., y por lo que toca al bien desta república donde esta gente es necesaria para los esquimos y frutos en que se sigue mucha utilidad á la conservacion y aprovechamiento, y á las reales rentas y demas cosas que dependen del caudal de las ciudades fuera del servicio particular que hacen á la Corona Real, aunque este beneficio no es de consideracion para movernos á hacer esto, sino el buen conceto que tenemos por su continuo trato y comunicacion que á no ser asi, antepusiéramos como es justo el bien universal por el particular. Suplicamos humildemente á V. M., que atendiendo á la verdad de que informamos á V. M. se sirva mandar proveer aquello que mas sea del Real servicio, de manera que se conserven en la quietud y sosiego questan, sin permitir novedad que pueda dar causa á que la gente popular sus ordinarios émulos tengan causa de los inquietar y hacer daño. Que demas que entendemos ser en servicio de V. M. la recibiremos por particular merced. Dios guarde á V. M. etc. Murcia y Octubre 17 de 1609.—El Licenciado P. de Arteaga.—Francisco... y Tomás.—Gerónimo... Francisco Almodovar.— Murcia en su ayuntamiento.—Alonso Enriquez.

CARTA DE UN MORISCO GRANADINO
ESCRITA DESDE ARGEL A UN CABALLERO
DE TRUJILLO

Carta del licenciado Molina, morisco granadino, escrita desde Argel
a don jerónimo de Loaysa, caballero de Trujillo, en julio de 1611,
en la que relata los itinerarios de los moriscos expulsados y sus pe-
ripecias hasta llegar a la ciudad en que se fijan definitivamente[1].

El no auer hecho esto por extenso antes de agora no ha
sido auerme olvidado de la mucha merced que siempre de
su casa he recibido, porque esto he tenido y tengo en la
memoria mientras viviere. Y aunque de Liorna tengo escrito
á vuesa merced como estauamos allí fué muy de priessa: y
agora que se ofrece ocasion daré larga razon de lo sucedido
despues que salimos de Cartagena, porque hasta allí ya tengo
escrito largo. Llegamos á Marsella, donde fuymos bien recebi-
dos, con grandes promesas de ampararnos en todo: mas
dentro de pocos dias todo se boluió al rebés de lo que á
prima facie mostraron. Pues auiendo sucedido la muerte de
su Rey Henrique Quarto, nos hallamos en Marsella un dia
á punto de perdernos todos y que nos saqueassen, diziendo
auer sucedido por órden del Rey de España, y que nosotros
eramos espias del Rey que veniamos á ganarles la tierra,
y nos cercaron, y en mas de quinze dias no faltó gran
preuencion de guerra en la ciudad, y al cabo dellos nos

---

[1] Apud Janer, *Condición social de los moriscos españoles*, pp. 350-351.
Para el paso de los moriscos por Francia véase Cardaillac, «Le passage
des Morisques en Languedoc», en *Annales du Midi* (Toulouse), y «Morisques
en Provence», en *Les Languages Romanes* (Montpellier).

quitaron gran parte del dinero, condenándonos á ello por sentencia. Y aunque la Reyna lo quiso remediar embiando un Juez sobre ello, venia tan ambriento de dineros, que dándole un amigo mio de Baeza cien escudos en oro los tomó y voluió uno para que se lo trocasse diziendo que le faltaua un poco del peso.

Visto este mal tratamiento, todos los que estauan allí, que serian mas de mil personas determinaron salir de aquel reyno é yrse á parte donde tuuiessen mas sosiego.

Nosotros nos fuymos á Liorna, donde nos sucedió lo que en Marsella. Y visto que allí y en las demas señorias de Italia, no nos querian mas que para seruirse de nosotros en cultivar el campo y otros oficios viles, y auia la mas gente, que no los sabian hazer, ni estauan enseñados á estos oficios: pues todos los mas eran mercaderes, y muchos con oficios de República; y que no auia órden de voluer á España, pues los que auian quedado en Estremadura los auian echado con Bando forzoso, y que todos estos que auian venido assi, no auia escapado ninguno de ser robado de los marineros, forzándoles sus mugeres y hijas: pareciónos, auer sido buen consejo, antes que nos sucediesse, como á estos que han venido agora.

Pues considerando esto, acordamos de yrnos de allí, á donde fue la voluntad del Rey enviarnos: y assi todos los de Truxillo venimos á esta ciudad de Argel; donde estauan los mas de Estremadura, Mancha y Aragon.

Y no piense V. Merced ha sido en mano del Rey de España, el auernos desterrado de su tierra: pues ha sido inspiracion divina; porque aqui he visto pronósticos de mas de mil años, en que cuentan, lo que de nosotros ha sucedido, y ha de suceder; y que nos sacaria Dios de essa tierra: y que para esto pondria Dios en el corazon al Rey y á sus Consejeros, el hazer esto: y que moriria gran parte de nosotros por mar y tierra, y en fin todo lo sucedido. Pero que el mas mínimo agravio lo tomaria Dios por su cuenta, y embiaria un Rey que sojuzgaria todo el mundo con sola la palabra de Dios, contra el qual no valdria cerca ni artillería. Y otras muchas cosas que dexo por acortar palabras.

Y otro pronóstico he visto de vn Astrólogo de Valencia, que han traído de allí de España deste año. Pues milagro ha sido desterrar los corderillos mansos mas fructíferos y desarmados, y quedarse con los lobos vorazes, por mansas obejas.

Y creame V. Merced, no escribo esto como passionado y ofendido sino con la misma intencion, que si estuviera en España: pues aqui no nos han obligado á ningun acto espiritual, ni corporal, que nos haga desdezir de lo que auemos sido: y assy me holgaré, que vea V. Merced las Prophecias de... sobre esto. De Argel á 25 de Julio 1611.

CARTAS DEL CONDE DE SALAZAR AL REY MANIFESTANDOLE SU INQUIETUD POR EL GRAN NUMERO DE MORISCOS QUE VUELVEN A SUS LUGARES DESPUES DE HABER SIDO EXPULSADOS

El conde de Salazar fue designado por el Rey en 1610 para dirigir las operaciones de expulsión de los moriscos de la Corona de Castilla, tarea que el conde desempeñó con particular celo. Cinco años después de los primeros bandos de expulsión en Castilla, y cuando se da por terminada su misión, Salazar lanza repetidas llamadas al Rey y al duque de Lerma alarmado por el gran número de moriscos que vuelve a sus lugares de origen.

Carta del conde de Salazar a S. M.
fecha en Madrid a 8 de agosto de 1615[1]

†
Señor

En un papel del duque de lerma del 31 del pasado me manda V. mg.[d] y encarga baya dando quenta del estado que tubyere la espulsion de los moriscos por que tenga efeto lo que esta echo y, aunque yo e quedado con mucha menos mano en esto de la que V. mg.[d] mando que tubiese quando la ejecucion desta obra se remytio a las justycias ordynarias, siempre e dado quenta a V. mg.[d] de lo que en esto se a ofrecido a que nunca se me a respondido, asi entendia que V. mg.[d] tenya mas ciertos abisos por otros camynos que a sido causa de no aber yo dado quenta de lo que tengo entendido por relaciones muy ciertas. En el Reyno de mur-

---

[1] Boronat, *Los moriscos españoles...*, t. II, pp. 593-594.

cia, donde con mayor desberguença se an buelto quantos
moriscos del salieron por la buena boluntad con que generalmente los reciben todos los naturales y los encubren los
justicias, procure que se embiase don geronimo de abellaneda,
que fue my asesor, como se hyço cuando su mg.[d] [mando?]
que llebase ynstrucion mya de lo que abya de acer por la
mucha platica que de aquel Reyno yo tenya, el consejo no
quyso admytir esta ynstrucion [y] dyole otra tan corta que
aunque fue y yço lo que pudo no hyço nada, que ya se
an buelto los que espelio, y los que abyan ydo y los que
dejo condenados a galeras acuden de nuebo a quejarse al
consejo en toda el andalucia por cartas del duque de medina sydonya, y de otras personas se sabe que faltan de
(por *a)* bolberse solos los que se an muerto en todos los lugares de castilla la byeja y la nueba y la mancha y estremadura, particularmente en los de señorio se sabe se buelben
cada dia muchos y que las justicias lo disimulan; una cosa
es cierta que quanto a que V. mg.[d] mando remytir la espulsion a las justicias ordinarias no se sabe que ayan preso
ningun morysco ny yo e tenydo carta de ninguna dellas;
las islas de mallorca y de menorca y las canaryas tienen
muchos moriscos asi de los naturales de las mysmas yslas
como de los que an ydo espelidos, en la corona de aragon
se sabe que fuera de los que se han buelto y pasado de
los de castilla ay con permysion mucha cantidad dellos y
la que con las mysmas licencias y con probanças falsas se
han quedado en españa son tantos que era cantidad muy
considerable para temer los ynconbenientes que hobligo a
V. mg.[d] a echallos de sus Reynos; a lo menos el principal,
que es el serbicio de dios, se a mejorado muy poco pues
de la cristiandad de todos los que digo que ay en esta corona se puede tener tan poca seguridad.

La juridiccion con que yo e quedado es solo responder
a las justicias ordinarias a las dudas que me comunycaren
y asta ora ellos no tienen nynguna de que les esta muy
byen dejar estar los moriscos en sus jurisdicciones asi nunca

me an preguntado. V. mg.[d] segun todo esto mandara lo que
mas conbenga a su serbicio que la relacion que yo puedo
dar a V. mg.[d], cumpliendo con lo que manda, es la quel
e dicho. Guarde nuestro señor su catolica persona de
V. mg.[d] como sus criados y basallos deseamos. De madrid y
de agosto 8 [de] 1615.—El Conde de Salazar.

*Copia de carta original del conde de Salazar a Su Merced
[el secretario real?], fecha en Madrid a 8 de agosto de 1615*

†

Con lo que su mag.[d] me mando responder a la consulta
de los moriscos de tanger me a oblygado a dalle quenta del
mal estado que tiene la espulsion de los moriscos por los
muchos que cada dia se buelben y por los que an dejado
despelerse, que todos juntos es una cantidad muy considerable; yo abre cumplido con esto con my obligacion y con lo que
su mag.[d] mando, y olgare mucho que su mag.[d] tome la
resolucion que pareciese que mas conbiene; una sola cosa
aseguro a Vm. y es que si combino echar los moriscos de
españa que despues de abellos echado no conbyene dejallos
bolber a ella contra la voluntad de su dueño y que con
acello queda deslucida la mayor obra que nunca se a echo
y se falta al serbycio de dios a quyen esta gente no conoce
sino para ofendelle.—Guarde dios a Vm. los años que deseo.
De madrid y de agosto 8 [de] 1615.—El Conde de Salazar.

*Del gran número de moriscos expulsados que regresa se queja
también Pedro de Arriola, encargado de la expulsión de los moriscos
de Andalucía, en una carta al Rey fechada en Málaga a 22 de noviembre de 1610*[1].

Señor
Muchos Moriscos de los expedidos del Andaluzia y Reyno
de Granada se van bolviendo de Berberia en navios de

[1] Boronat, *Los moriscos españoles...*, t. II, p. 595.
[1] Lapeyre, *Géographie de l'Espagne morisque*, doc. XIII.

Françeses que los echan en esta costa de donde se van entrando la tierra adentro y he sabido que los mas dellos no buelben a las suyas por temor de ser conosçidos y denunçiados, y como son tan ladinos residen en qualquier parte donde no los conosçen como si fuessen christianos viejos. A esta çiudad an arribado muy pocos porque debieron de quedar escarmentados de la puntualidad que con ellos tube y aperçibimientos que les hize en execuçion de las ordenes de V.Md. que para esta embarcaçion preçedieron. Pero sin embargo desta an venido aqui algunos que he hecho prender, los quales me dizen que la mayor parte de los que quedan en Berberia se vendran porque los Moros los roban y maltratan y lo que, Señor, juzgo, como persona por cuya mano corrio la mayor parte desta embarcaçion del Andaluzia y que procuré hazer algunas experiençias de sus voluntades es que verdaderamente eran de muy moros, porque en una copia tan grande dellas como la tengo dicho se embarcaron por alli, no hallé en la visita que hize de sus personas mercaderias y hazienda una brizna de toçino ni ningun vaso con vino, llebando como llebaban muchas çeçinas de carnero, cabra y macho y siendo el toçino y vino la mejor provision que si no fueran moriscos podian llebar para su viaje. Acresçientase tambien a esto otra cosa que no fue de menos consieraçion que antes que llegasse la orden de V.Mg. para que se quitassen los niños a los que se fletassen para Berberia, no se fleto ninguno para tierras de christianos y despues solo por escapar las fletaban para Marsella, con los quales an passado muchos a Tunez y a la Goleta y a otras partes de infieles. Y los que quedan se buelben a España y tengo presos çinco que se han atrevido a venir a esta ciudad y estos me dizen que se van bolbiendo todos, que si lo ponen por obra, abra sido illusoria toda esta expulsion y el cuydado que con tanta razon se ha puesto para evitar el ynconveniente que de las malas intençiones desta gente se podra sperar.

Suppuesto que la pena de muerte en que han yncurrido paresçe ynexecutable por ser tantos, se podria tomar por expedientes que los varones que hubieran venido e vinieren de Berberia o Marsella o otros puertos sean captivos para servir a V.Md. en sus galeras, y las mujeres queden tambien captivas y sean hazienda de V.Md. Pero convendra aplicar alguna parte al juez y denunçiador, para que en esto se proceda con el cuydado que conviene y en lo que toca a los niños de siete años abajo, se podran poner en administraçion por el tiempo que paresca a V.Md. en casas de cavalleros y personas virtuosas, de quien aprendan toda buena educaçion. V.Md. me mandara lo que fuera servido que haga en los casos que vinieren a mis manos, y si fuese servido que tambien salga a algunos lugares desta comarca, lo hare con el desseo de açertar que siempre he procurado tener en todo lo que V.Md. me ha mandado, cuya Catholica y Real Persona Dios guarde como la christiandad lo ha menester.

De Malaga y noviembre 22 de 1610.

RESUMEN Y EXTRACTOS DEL PROCESO INQUISITORIAL CONSTITUIDO CONTRA DIEGO DIAZ, MORISCO CASTELLANO, PROCESADO EN CUENCA EN 1630, TRAS HABER SIDO EXPULSADO DOS VECES DE LA PENINSULA

Diego Diaz, cortador de carne, y Maria del Castillo su mujer, moriscos vecinos de Belmonte[1].

Diego Diaz compareccio ante el tribunal despues de que una antigua criada suya, Antonio Malo y su mujer y algun otro testigo le acusan de lo siguiente:

— no echar tocino ni manteca a la olla sino guisar con aceite.
— comer carne en cuaresma y en viernes sin estar malos de salud ya que ademas comian pescado, atun, sardinas, queso, cosas que nunca comen los enfermos.

---

[1] Archivo Diocesano de Cuenca, Leg. 437, núm. 6169.

— no iban a misa ni enseñaban las oraciones a sus hijos.
— se lavaban, cambiaban camisas los viernes y «dormian
    en cueros».
— recogían en su meson a arrieros y moriscos del Valle
    del Ricote.

«y save esta testigo que el dicho Diego Diaz recojia en su
casa muchos moriscos de Val de Ricote y el y su mujer se
entraban en su aposento con los dichos moriscos y hablavan
algaravia que esta testigo no lo entendia y zerraban la
puerta del aposento por mas de tres o cuatro horas.»

Diego Diaz, ante el tribunal, cuando se le pregunta si
tiene enemigos cita a una antigua criada a la que el des-
pidió porque se emborrachaba y a Antonio Malo y su mujer,
mesoneros como él y de la competencia. Se defiende de las
acusaciones (por ejemplo dice que no hablaba algarabia con
los que recogia en su casa, sino valenciano, pues el habia vivido
largo tiempo en aquella tierra, hablaba la lengua y tenia
amigos de allá) y a traves de diversos interrogatorios va
haciendo el relato de su vida. Diego Diaz procede de «Daimiel, de las cinco villas de Calatrava. Es de los moriscos
antiguos que residen en Castilla a mas de tresçientos años
viniendo a servir a los reyes de Castilla; y despues de la
expulsion de los granadinos les quisieron echar y de hecho
los echaron, y se bolbieron luego a vivir y morar a las
dichas villas».

Cuando la expulsion Diego tenía 17 años, y hasta entonces habia trabajado como labrador. «Luego que salio de
los Reynos de Castilla paso al Reyno de Francia en Bayona
y San Juan de Luz quando la expulsion del año 1609.
Paso alla cosa de quinçe dias que fue con mucha gente com-
prendida en la expulsion.» Diego vuelve a Daimiel desde
Francia pero alli le prenden y tras tenerlo preso dos meses
le llevan a Cartagena con otros moriscos donde les embarcan
en dirección a Argel. Diego cuenta su estancia en esta ciudad y confiesa estar circuncidado.

«Los desembarcaron cerca de Argel y binieron los turcos

de aquella ciudad y los llebaron a la mesma ciudad y
los metieron en las taraçanas que son unas casas reales
grandes donde estan las armas y tiros de artilleria y
alli los yban mirando a todos los barones y les yban
cortando el pellejo de sus berguenças.» Los que les circuncidaron eran barberos que les curaron y les bandaron
y luego los turcos les dieron una gran comida «como en
España se usa el dia de las bodas» «la comida que les dieron
fue en el suelo sobre una estera de juncos puestos unos
manteles sobre ella». A continuación, de una capa que llevaba le hicieron un habito de moro.

Diego «acudio a los navios a trabajar y a sacar piedras
para la obra de un muelle que se hacia en el puerto». Le
pagaban real y medio; el andaba con otros moriscos de Toledo y del reino de Granada y tambien con cristianos. Y una
vez confesó con un clerigo cautivo haciendo que jugaban
a las cartas para disimular. El siguió viviendo en la ley de
los cristianos sin decirselo a nadie. No entró mas que una
vez en la mezquita mayor de Argel, a la hora en que no
habia oración pues sentia curiosidad por ver como era.

Cuenta las cosas que le han chocado en las costumbres
de los turcos y como, si alguna vez hubiera tenido ganas
de pertenecer a la ley de Mahoma esto se lo hubiera quitado.
Dice que lo hacen todo al reves que en España: orinan
alzandose la camisa y bajando los calzones como mujeres[1],
«andan con çapatos sin orexas y pareçen todas las cosas al
rebes de España y las mugeres ban cubiertas el rostro de
manera que nadie las puede ver», comen sentados en el
suelo, pero sobre todo, y lo que más le escandaliza es que
«compran muchachos esclavos para dormir con ellos que mire
su señoria sin son torpeças estas»... «que ay en Arjel mas
de seis mil granadinos que son cristianos pero que los mo-

---

[1] Fr. Diego de Haedo, en su *Topografía e historia general de Argel* hace
observaciones muy semejantes: «mean en cuclillas como mujeres» (t. I,
p. 151).

riscos de Aragon y Valencia que esos nunca fueron cristianos[2];
y que si alguno de los granadinos que estan en Arjel tiene
hijo no lo osa dexar de la mano de aqui que tiene veinte
años por temor de que los moros de Arjel no se lo quiten
para usar mal como tiene dicho»[3].

Al cabo de unos meses en Argel, Diego se embarca en
una nave de pescadores, entre los que hay muchos moriscos
de Aragon, y un dia que ve cercanas las costas de España
se echa al agua y llega nadando hasta Tortosa. De alli paso
a Zaragoza y marcho a Francia para ver si encontraba a
su padre o alguno de sus hermanos. No encuentra a ninguno
(unos habían muerto, otros habían vuelto a España), va
hasta Aviñon y vuelve a España. Estuvo viviendo en Valencia, donde aprendio el oficio de cortador de carnes y lo
ejerció despues en Orihuela, Manzanares, Mota del Cuervo
y Belmonte, donde tenía fijada su residencia cuando fue prendido. Dice en su defensa que si no fuera buen cristiano no
habria vuelto a España por dos veces despues que otras dos

---

[2] ... «La cuarta manera de moros son los que de los reinos de Granada,
Aragon, Valencia y Cataluña se pasaron a aquellas partes y de continuo
se pasan con sus hijos y mujeres por la via de Marsella y de otros lugares
de Francia, do se embarcan a placer, a los cuales llevan los franceses de
muy buena gana en sus bajeles.
   Todos estos se dividen pues, entre si, en dos castas o maneras en diferentes partes, porque unos se llaman Modejares y estos son solamente los
de Granada y Andalucia; otros Tagarinos, en los cuales se comprehenden
los de Aragon, Valencia y Cataluña. Son todos estos blancos y bien pro-
porcionados, como aquellos. que nacieron en España o proceden de allá.
Ejercitan estos muchos y diversos oficios porque todos saben alguna arte.
Unos hacen arcabuces, otros polvora, otros salitre, otros son herreros, otros
carpinteros, otros albañiles, otros sastres, otros zapateros, otros olleros y de
otros semejantes oficios y artes; y muchos crian seda y otros tienen boticas
en que venden toda suerte de merceria; y todos en general son los mayores y mas crueles enemigos que los cristianos en Berberia tenemos porque
nunca jamas se hartan o se les quita la hambre y grande sed que tienen
entrañable de la sangre cristiana. Visten todos estos al modo y manera
que comunmente visten los turcos de que mas adelante hablaremos; habra
de estos en Argel hasta mil casas...», Haedo.—Fr. Diego de, *op. cit.*, t. I,
pp. 50-51.
[3] «Un hombre que tiene un hijo halo de guardar si lo quiere sin este
vicio (de sodomía) —y pocos son los que luego no le deprendan— con
no menos ojos que Argos», Haedo, op. cit., t. I, p. 176.

le habian expulsado, «que si guardase la ley de Mahoma se pudiera estarse en Arjel que es tierra muy abundante de todas las cosas».

A lo largo del proceso el punto principal a debatir es si la circuncisión ha sido voluntaria o no e incluso aunque haya sido forzada, si eso implica haber renegado de la fe catolica pues se podria haber elegido la muerte. Por otra parte los Inquisidores no creen que los moros fuercen a nadie a tomar su fe ni que impongan la circuncision de forma violenta.

PROCESO DE DIEGO DIAZ (EXTRACTOS)

«El abogado fiscal dijo que e visto este proceso de Diego Diaz y me parece no esta suficientemente sustanciado, porque faltan por ratificar tres testigos de los mas sustanciales que son Antonio Malo y Maria de Laguna su muger y en quanto a estos le parecio al comisario que para prueba de que no se pueda saber donde esten era sufficiente examinar una persona sola en Belmonte la qual considerada su qualidad nadie menos puede saber dellos pues que son unos mesoneros y el examinado es un abogado y alcalde de la ermandad; deviendo informarse de otros mesoneros y de las personas ordinarias que los ausentes tuvieron por vecinos y amigos y no es verosimil que dos ombres casados se ayan del todo desaparecido.

«Idem del otro testigo, Maria Hernandez, que ademas estaba relacionada con los anteriores y trabajaba para ellos.

«Para quando estos testigos esten ratificados digo que presuponiendo como es verdad que este reo es casta de moros y de gente que en general estuvieron en opinion indubitable de que guardaron la secta de Mahoma y que por eso fueron echados de España ay contra el cinco testigos que dicen que en cuaresma y otros dias prohibidos le veian comer carne especialmente la quaresma del año 1632 y juntamente atun pescado, queso y otras cosas dañosas a la salud.

«Para deshacer este indicio muchos testigos que Diego Diaz

a presentado an dicho que si la comia era por achaques que tenia y con licencia del medico, pero como los dichos de los testigos se an de reducir *ad sensum corporeum* mientras de los achaques y la licencia si no lo dice el medico no importa que mil testigos lo digan asi en general. El doctor Vazquez medico dice que en algunas ocasiones le dio licencia para comer carne; pero el mismo en el proceso ante el ordinario eclesiástico y despues ante el comisario de la Inquisicion dice que nunca tal licencia le dio para la quaresma del año 1632 y la licencia dada en algunas ocasiones no a de desculpar para siempre. Dos destos quatro testigos los tiene tachados por enemigos que son Antonio Malo y su muger, y se haze creible la enemistad por ser los unos y los otros mesoneros y vecinos, que en gente vil engendraria embidias y intereses de echar al otro del lugar. Las demas tachas que pone a estos quatro testigos de ladronicios y embriaguezes no las tengo por probadas aunque los testigos digan en general que tienen malas manos y que los an visto borrachos porque es menester que den mas razon pues la borrachez se conoce por las acciones y no se ve con los ojos, quanto mas que en causas de fe no se admite contra los testigos otra tacha sino enemistad.

«Otro indicio es no oir misa las fiestas y este por consistir en negativa no lo tengo por probado, asi por que solo ay un testigo que lo dice, no es concluyente y aun en la sumaria ay testigos que dicen que le an visto oir misa y sus testigos lo dicen en mucho numero.

«Otro indicio es no comer tozino y en quanto a esto dice una criada que en siete meses que con el estuvo no se lo vido comer ni echar en la olla y aunque si uviera otro testigo era prueba y indicio apretado siendo moro de generacion; pero el testigo es solo y aunque como dixe no tengo por probada ni por pertinente la tacha de embriaguez con todo, en su modo de deponer parece habla con alguna pasion contra estos y porque dice que nunca les vido enseñar a sus hijos las oraciones y se a comprobado que una niña de seys

años que tiene las sabe y es creible que se las avran enseñado sus padres y tambien de los testigos presentados por el
ay muchos que dicen le an visto comer tocino; y asy este
indicio no lo tengo por probado.

«Otro indicio que al principio parecio apretado es ponerse
el y los de su casa camisas limpias los viernes y los mejores
vestidos pero considerado que este ombre es cortador de
carniceria se ve que su dia de huelga y de limpios vestidos
a de ser el viernes. Solamente queda un escrupulo, de que
no solo el sino los demas de su casa mudaran camisas los
viernes. Pero de todo esto ay solo un testigo, que es la criada
sobredicha.

«Lo que contra este reo haz fuertemente es lo que el a
confesado y por vista de peritos se a comprobado y es que
esta circuncidado que es el principal rito de los moros y que
le circuncidaron en Argel quando con otros moriscos aporto
alla en la expulsion y aunque el dice que fue circuncidado
contra su voluntad es cosa muy notoria lo contrario, que
los moros no hazen que nadie reciba su secta por fuerza
y mucho menos circuncidan por fuerza a quien no la recibe
y asi tengo por indubitable que este y los demas circuncidados renegaron la ley de Iesu Cristo o dixeron que nunca
avian sido cristianos ni lo eran y ansi en la circuncision
como en el trato y abito, y entrar en las mezquitas profeso
la secta de Mahoma, porque el tiene confesado que entro
en la mezquita en una grande solenidad, lo qual dicen que
no consienten los moros a los de otra profesion. Y tambien
a confesado que de una capa que llevava de aca le hicieron
un sayo de moro y aunque da a entender que tambien se
hizo sin su voluntad no es de ninguna manera creible y se
comprueba el aver renegado en que arrepentido dello, o lo
que es mas cierto creyendo con el vulgo que yendo a ab-
solverse a Roma se evitan las penas tomo el camino para
alla y hallando en Aviñon quien tenia comision para ello
se confeso alli y le absolvieron sacramentalmente y desto a
mostrado testimonio del confesor con fecha del 12 de 7 de

1618. Todo lo cual persuade que si este en algun tiempo fue catolico renego quando en Argel estuvo.

«Los testigos que a su presentacion o nombramiento hablan en su abono aunque no dizen cosa que quite esta sospecha ni la disminuya se dexa notar que hablan arrojada y apasionadamente en su fabor tanto que uno dice que le vido muchas veces tomar unas oras y enseñarles a sus hijos las oraciones siendo ombre que no sabe leer. Otros dicen que le vieron mudar camisas los domingos y que se las vieron recien puestas siendo cosa que si no es los criados nadie la suele ver y un zirujano que en la sumaria dijo que estos no avian comunicado con el achaques ningunos ni sabe que los tengan para comer carne. Y presentado por testigo por ellos dice que le son notorios los achaques que tienen por averlos visto y que puede comer carne con muy buena conciencia, que en otros tiempos a semejantes testigos les dieran doszientos azotes, a este cirujano y al de las oras... (Y ay otros testigos que dicen otras) cosas desconzertadas y arrojadas como estas.

«Los que en su abono dicen que haze muchas limosnas y otras cosas de ombre de bien son tales que los moros, ereges y judios las tienen por buenas. Solo una es particular de cristianos, dicen algunos testigos, que es dar limosnas para pitanzas de misas y esto sino es fingimiento sera que cree agora lo que renego en Argel, sobre que me parece debe ser puesto a tormento y pido justamente para ello licencia.
                          Alonso de Vallejo   .

«Otrosi digo que la confesion sacaramentel que dice que hizo en Aviñon fue siete o ocho años despues de aver salido de Argel, y si la circuncision uviera sido hecha por miedo y el profesar la secta de Mahoma, no aguardara tanto a fesarse y arrepentirse.»

«En la ciudad de Cuenca en el Santo Officio de la Inquisicion a veynte dias del mes de diciembre de mil seicientos y treinta y tres años, estando en su audiencia de la tarde los señores inquisidores Don Sebastian de Frias, Don Enrique de Peralta y Cardenas y don Ramos Rodriguez de Monrroy mandaron traer a ella de su carcel a:

«Diego Diaz, y siendo presente le fue dicho que es lo que tienen acordado en su negocio que deba decir por descargo de su conciencia y socargo del juramento que fecho tiene, sin perjuicio del estado de su causa. Dixo que no tiene que decir mas de lo que dicho tiene.

«Preguntado que el tiene declarado que luego que como llego a Argel a este y a otros moriscos de España los circuncidaron y que el no consintio en aquel acto en la voluntad porque siempre siguio de cristiano y que asi por no ser descubierto con un frayle cautibo se confesaba, que declare que año fue esto y de que cosas trato con el frayle y si en particular le confeso el pecado de la circuncision.

«Dixo que no se acuerda de ninguna manera del tiempo ni el año en que fue la expulsion sino que le parece que dos años despues de aber salido todos los moriscos granadinos de España le llevaron a este a Veobia la primera vez y estubo poco tiempo en San Juan de Luz aunque no se acuerda quanto y de alli se bolbio a España y en la Villa de Aro aprendieron a este y a Francisco Moreno ya difunto natural de Daimiel y los prendio un juez de la pimienta y los entrego a la justicia ordinaria y los tubieron tres meses presos y despues de estos los bolbieron a entregar en Veobia al probeedor general... y de alli se fue este a San Juan de Luz donde estaba su padre y estubo alli como seis meses y despues de este tiempo se bolbio a España y bino por Madrid y bolbio a Daimiel y se puso con amo con el Informador (?) del Santo Officio que se llama Orozco y estubo con el como ocho o diez meses y el alcalde de corte madera le prendio a este en la dicha Villa con otros muchos que tenia presos y los llebo a Cartagena donde estubieron algunos dias hasta que el alcalde Cabrera traxo otra cuadrilla de moriscos y estos y los que tenia recoxidos el alcalde de madera los pusieron en un nabio y abiendoles

echo obligacion de desembarcarlos en tierra de cristianos los
llebaron a Berberia y los desembarcaron en la playa de un
lugarcillo que se llama Sorjel a tres o quatro leguas de Arjel.
Y comenzaron a caminar todos acia Arjel y a media legva
del camino vinieron a modo de tropa de soldados mas de cien
personas de Arjel y de los eredades circumbecinos los llebaron a estos a la dicha ciudad faboreciendolos y llevandolos
a caballo a los que no podian ir a pie en buenos caballos y
en las ancas dellos llebaron a las mugeres de los expulsos de
España y al cabo de dos o tres dias les hicieron la circuncision que tiene declarado coxiendo a un hombre entre otros
dos de Arjel y tiniendolos de los braços y sin hablar palabra les hacian bajar los balones y los circuncidaban. Y que
con el frayle o clerigo que no sabe lo que avra, quando
jugaban a las cartas se confesaba como le pesaba de estar alli y de que abian echo aquello con el de la circuncision.

«Preguntado que declare quantos dias despues de la circuncision fue la confesion que dice hizo con el frayle.»

«Dixo que le parece seria dos o tres meses despues de la
circuncision porque unos moros granadinos que hacian sillas,
y no les sabe los nombres, le dixeron a este que abia un
clerigo cristiano cautibo con quien ellos se abian confesado
que si queria ir a confesarse comunicando entre ellos como
eran cristianos los quales estubieron alli cerca mientras se
confesaba.»

«Preguntado que declare que cuanto tiempo despues de
aberse confesado salia de Argel y a qué lugar o parte la
primera vez y de que rexion. Dixo que el mismo confesor
le aconsejo a este que si sabia arabigo que se biniese por
Oran y se biniese a España y que si no que se hiciese
amigo de algunos moriscos de Aragon que son capitanes y
salen en fragatas a urtar y a otras cosas. Y asi tubo ocasion
de meterse en una saetia de un capitan de los moriscos de
Aragon y Cataluña y se arrojo al agua y fue a esta villa
y de alli a Çaragoça donde estubo enfermo en el ospital
y lo confesaron antes de entrar. Y de alli fue a Francia a

San Juan de Luz en busca de su padre y hermanos y supo como algunos abian muerto y otros benido a España y que de alli fue a Aviñon de Francia donde se confeso.»

«Preguntado que declare quien le aconsejo que fuese a Aviñon de Francia y que de alli abia abia personas que pudiesen absolber de semexantes casos.»

«Dixo que el propuso de ir a Roma a confesar su pecado y pasando por Abiñon topo dos clerigos franceses antes de llegar a la ciudad y este les dixo que iba a Roma porque tenia algunos pecados reserbados sin declararles lo que era y ellos le respondieron a este que alli abia obispo y nuncio que podian absolver de pecados reserbados y le dieron a este una capa para que entrase y se estubo algunos dias alli y fue a ber al obispo y al nuncio y no le entendieron palabra y asi le remitieron a los frayles por si abia algun padre que le entendiese la lengua y aquellos le remitieron a un frayle bitriano(?) que abia estado en Toledo treçe años y aquel le confeso y absolvio y de alli se bino la Francia adelante a Perpiñan y a Gerona y por cerca de Çaragoça vino a Balencia y a Alicante y Orihuela donde se acomodo con un oficial de cortar carne y aprendio el officio y que lo que a dicho y declarado es la verdad...»

El abogado fiscal piede entonces que se traiga a juicio a don Bernardino Medrano, vecino de la ciudad que estuvo cautivo en Argel y que se le pregunte acerca de si es verdad que a los moriscos que llegaban se les obligaba a circuncidarse y a tomar la ley y vestidos de los moros.)

«En la ciudad de Cuenca en el Santo Officio de la Inquisicion a diez dias del mes de enero de mil seiscientos y treynta y quatro años estando en su audiencia de la mañana el señor inquisidor don Sebastian de Frias que asistia solo mando entrar en ella un ombre del qual fue recebido juramento en forma de derecho socargo del qual prometio de decir verdad y de guardar secreto, y dixo llamarse:»

«Don Bernardino de Medrano hijodalgo vezino y natural

personas de los que ban de por aca sin que ellos lo pidan para bolberlos moros o le obligasen a tomar por fuerça el abito y ley de los moros.»

«Dixo que por el tiempo que los moros fueron expulsos de España se allo cautibo este declarante en la ciudad de Arjel y lo estubo tres años y dos meses y bido por sus ojos que andaban los oficiales que llaman adabajies por las calles publicas y encontrando algun morisco de España que no estubiese circuncidado le coxian y por fuerça le metian en el primer portal y le miraban y sino estaba circuncidado le circuncidaban aunque no quisiera y muchos morian del trabajo de la circuncision y eran muchisimos los que se quexaban a los cautibos y relixiosos cristianos de que les ubiesen circuncidado contra su boluntad porque eran catolicos cristianos y no lo osaban decir en publico a los moros sino a los cristianos de quien ellos se fiaban y esta circuncision se acia despues de grandes bandos que se abian echado por los justicias para que todos los moriscos se circuncidasen quisiesen o no. Y tiene nota este testigo de que todos los moriscos del Reyno de Balencia yban todos circuncidados, los de Aragon como la mitad dellos y de los de Andalucia y Castilla ninguno lo estaba segun la opinion que andaba entre los cautibos y relixiosos que se comunicaban. Y sabe este que fray Bernardo de Monrroy, de la orden de la Trinidad, redentor general, tubo un brebe de Su Santidad para absolver a todos los moriscos catolicos que se ubiesen circuncidado y que este bido por sus ojos a algunos moriscos de España que se yban a confesar con el dicho padre Monrroy y les administraba los sacramentos.»

«Preguntado si sabe y entendio en el tiempo que estubo en Arjel si los moros consienten que los cristianos que entre ellos biben entren en sus mezquitas.»

«Dixo que quando ellos estan en la mezquita aciendo la çala no consiente de ninguna manera que entren cristianos ni sus mismas mugeres. Y que quando no estan en sus juntas suele el portero dar licencia para que deprisa entre de esta ciudad de edad de quarenta y siete años poco mas o menos.»

«Preguntado que declare si en el tiempo que estubo cautibo en Arjel bio y entendio si los moros circundan a algunas algun cristiano y bea la mezquita pero que no se detenga en ella y que quando estan en la çala y predicacion del Alcoran ay guardias en las puertas que no desan entrar en ellas los cristianos ni las mugeres de los moros.»

«Preguntado si el bestido de los cristianos es alla como el de los moros o distinto y si consienten que los cristianos usen de sus bestiduras y si a los cautibos los fuerçan o persuaden de que se buelban moros.»

«Dixo que los cautibos catolicos cristianos oyen de todo xenero de abito de turco hasta no traer bonete colorado sino pardo pero que no les dexan traer abito de español porque se lo quitan luego y se le ponen de esclabo, que es calçones de lienço blancos o açules hasta la espinilla y pierna descalça, ropilla de sayal pardo larga de aqui a medio muslo y quando son muchachos o mugeres los cautibos los moros los procuran bestir a su usança para persuadirlos a su ley y aun les fuerçan a que la reciban con prisiones y palos y otros malos tratamientos pero a onbres no les persuaden a a que dexen la ley que tienen ni a que tomen su abito.»

«Preguntado si en esta ciudad o cerca de aqui ay otra persona que pueda tener noticia de las cosas que a declarado.»

«Dixo que no tiene noticia de persona que le pueda dar sino un criado suyo que se llama Francisco Urtado que abra quatro años que se fue y no sabe donde esta ni si es muerto o bibo y que todo lo que a dicho es la verdad socargo de su juramento...»

Don Bernardino de Cuellar y Medrano.

«Después de esta deposicion de don Bernardino de Medrano me parece que haz algo en fabor de este reo en quanto dize de la circuncision violenta aunque este es solo un testigo que en ningun caso prueba enteramente. Especialmente en cosa poco probable por lo que tengo alegado aunque pudo ser como gente barbara se persuadiesen de que a los que eran de casta de moros y tenian fama de que lo eran de profession los podian circuncidar por fuerça...» (a pesar de eso, dice el fiscal, y por ser solo un testigo, considera que el reo es sospechoso y se le debe pasar a tormento. Sin embargo se pasa a votos y el juez considera que Diego Diaz es inocente y debe ser absuelto aunque tras una severa reprimenda y penitencia publica por haberse dejado circuncidar).

Con lo qual termina el proceso.

BIBLIOGRAFIA

INTRODUCCION

Pocos temas se pueden encontrar a lo largo de la historia de España que hayan despertado tanto interés y hecho correr tanta tinta como la llamada «cuestión morisca». Desde los años de la expulsión existe una bibliografía abundantísima, en su mayor parte polémica y «comprometida» o, cuando menos, apasionada.

La mayor parte de ella se centra sobre el problema clave del tema morisco: la Expulsión de 1609-14. Sobre ella se exponen tesis contrapuestas, que son a su vez reflejo de dos tipos de interpretación de la historia de España:

— Posición panegirista mantenida por los autores españoles, católicos y tradicionalistas, admiradores de Felipe II y, en general, por la llamada «derecha». Presentan a los moriscos como un peligro constante, un cuerpo inasimilable y rebelde que causa toda serie de trastornos y atenta contra la seguridad y unidad del país. Se esfuerzan en probar que la medida fue justa, de gran utilidad pública, y que contó con el unánime apoyo popular. Cuando menos, que fue inevitable.

— Los detractores son principalmente los autores extranjeros hostiles a la Casa de Austria (los franceses del siglo XVII y XVIII y los protestantes en general), los liberales y economistas dieciochescos, las «izquierdas». Critican rotunda y absolutamente la expulsión, viendo en ella no sólo una medida cruel, inhumana e innecesaria, sino el factor principal de la decadencia de España, ya que privó al país de uno de los sectores más laboriosos de su población.

Antes de hablar de las obras que integran la polémica alrededor de la expulsión veamos primero aquellas, publicadas poco después de ésta, que narran la Guerra de Granada.

La insurrección de los moriscos del Reino de Granada (1568-71) es, de todos los episodios del reinado de Felipe II, además de extraordinariamente importante en sí y por sus consecuencias, uno de los más detalladamente conocidos. Ello se debe principalmente a la obra de dos autores contemporáneos de los acontecimientos: Hurtado de Mendoza y Mármol Carvajal.

La *Guerra de Granada* de Hurtado de Mendoza, además de histórica, se pretende obra de estilo, a imitación de Salustio y Tácito. Es un relato corto e incompleto cuyo autor se contenta con resumir informes de segunda mano. Pero el pertenecer Mendoza a la familia de los Mondéjar, que tan importante papel desempeñó en la guerra (fue tío del famoso don Iñigo de Mendoza, marqués de Mondéjar), y sus relaciones con la corte prestan particular interés a su punto de vista y sus impresiones.

Más detallada, importante y completa es la narración de Mármol Carvajal: *Historia del rebelión y castigo de los moriscos del reino de Granada*, la mejor crónica que existe acerca del levantamiento morisco.

Para el conocimiento de la guerra de las Alpujarras se cuenta además con una abundante documentación, gran parte de la cual ha sido publicada[1].

En los años inmediatamente posteriores a la expulsión aparecieron una serie de obras cuyo fin primordial (aparte

---

[1] Véase principalmente: Castillo A., *Cartulario de la sublevación de los moriscos granadinos;* la «Correspondencia de don Juan de Austria con el Rey y otros personajes sobre la Guerra contra los moriscos de Granada», CODOIN; Morel-Fatio, en *L'Espagne au XVI et au XVII siècle,* edita la «Memoria presentada a Felipe II por Iñigo López de Mendoza, marqués de Mondéjar y capitán general del Reino de Granada para justificar su conducta durante la campaña que él dirigió contra los moriscos en 1569». También «Documents relatifs à la Guerre de Grenade», en *Revue Hispanique*, XXXI, 1914, pp. 486-523.

de una descripción más o menos pormenorizada de los acontecimientos, según los autores) era convencer a las gentes
hostiles a tal medida de lo justa, apropiada y loable que
era bajo cualquier punto de vista. Los autores más importantes son Bleda, Guadalajara, Fonseca y Aznar. Los títulos
de las obras son ya indicativos de su intención [1].

Durante el siglo XVIII disminuyó el número de obras de-
dicadas al tema morisco, aunque éste aparece en los escritos
de Campomanes, Urquijo y los reformistas, que subrayan los
daños causados por la expulsión.

Pero la polémica en torno a los moriscos se desarrolla
sobre todo durante el siglo XIX y los primeros años del XX
en que quedó más o menos cerrada con la obra monu-
mental e importantísima por su colección de documentos
(que aún hoy sigue siendo base de nuevos estudios) del valenciano Boronat y Barrachina [2]. Este autor se esfuerza en
probar, apoyado en su copiosa colección documental, que
la expulsión, además de inevitable, fue una medida justa
y acertada, aunque admite que no todas sus consecuencias
fueron positivas: «Negar que la expulsión de los moriscos
españoles tuvo consecuencias funestas en el orden económico
equivale, en nuestro sentir, a negar lo evidente» [3].

También Danvila y Collado, unos años antes que Boronat,
defiende la expulsión [4], mientras que Janer la ataca, apor-
tando una colección documental que es la contrapartida de
la de Boronat [5].

Defensores apasionados de los moriscos, que ambos estudian
bajo el aspecto de sus relaciones con la Inquisición, son
Llorente y H. Ch. Lea.

El primero, en su *Historia crítica de la Inquisición en España*,

---

[1] Véase la Bibliografía.
[2] *Los moriscos españoles y su expulsión*, Valencia, 1901.
[3] Op. cit., t. II, p. 313.
[4] *La expulsión de los moriscos españoles*, 1889.
[5] *Condición social de los moriscos en España, causas de su expulsión y consecuencias que ésta produjo en el orden político y económico*, 1857.

dedica a los moriscos una parte importante, en la que hace hincapié sobre las penas pecuniarias y las constantes confiscaciones de bienes que la Inquisición les infligía.

Lea, en su historia de la Inquisición española[1], y sobre todo en *The Moriscos of Spain, their conversion and expulsion*, presenta a los moriscos como la porción más útil y eficiente de la sociedad española y el sector demográfico de mayor vitalidad. Subraya la dureza de la represión inquisitorial para con ellos y considera la expulsión causa primordial de la decadencia española.

Ambos autores han sido severamente criticados y sus conclusiones rotundamente rechazadas con el apasionamiento y falta de objetividad que caracteriza a la polémica sobre la cuestión morisca. Algunos autores han sostenido que la Inquisición no prestó mucha atención a los moriscos, quizá por menosprecio, ni los reprimió con dureza. Entre éstos, Menéndez Pelayo, que en el capítulo que dedica a los moriscos en su *Historia de los Heterodoxos españoles* afirma[2] que el Santo Oficio trataba a los moriscos «con extraordinaria benignidad, sin imponerles la pena de relajación ni de confiscación de bienes». Hoy en día es difícil seguir manteniendo tal tipo de afirmaciones, sobre todo después de algunos estudios modernos como el de Dressendoerfer sobre los moriscos de Toledo y la Inquisición y el de Garrad sobre los granadinos.

Pocas son las obras que, durante este tiempo, se colocan al margen de la polémica. Entre ellas es digna de mención la de Longas *Vida religiosa de los moriscos*, que aún hoy sigue siendo una de las mejores y más documentadas sobre el tema.

Después de la publicación de la obra de Boronat pasó cierto tiempo sin que los historiadores volvieran a ocuparse de la cuestión morisca, hasta que en 1949 Braudel publicó su obra titulada *La Méditerranée et le monde méditerranéen á*

---

[1] *A history of the Inquisition of Spain*, vid. vol. III, pp. 323-409. También, sobre el tema de la decadencia, «The decadence of Spain», en *Atlantic Monthly*, LXXXII.

[2] Vid. t. V, p. 363.

l'époque de Philippe II. En ella se reconsideraba el tema[1], planteándolo bajo un nuevo enfoque, que daría lugar a una segunda serie de estudios sobre los moriscos, esta vez alejada de fines polémicos o justificativos. A partir de Braudel ya no se trata de poner en claro si la expulsión fue buena o mala, sino por qué se produjo. El famoso historiador plantea la cuestión como un conflicto de civilizaciones, en la cual el rigor final con el que actuó la monarquía española se debió al fracaso de las tentativas de conversión y asimilación. La expulsión implica el reconocimiento de que todos los esfuerzos (dejando aparte lo acertado de éstos) por integrar al morisco habían sido vanos y que éste seguía siendo esencialmente musulmán. El morisco ha rechazado la civilización occidental y esto es, según Braudel, lo esencial del debate. Insiste también en que no hay un solo problema morisco, sino varios, y con muy diferentes características según la homogeneidad, el origen, las circunstancias de su conversión, etc. Son problemas muy diferentes los que plantean los moriscos de Valencia o Aragón, los moriscos antiguos de la meseta o los moriscos granadinos en Castilla.

Dos discípulos de Braudel, Henry Lapeyre y Tulio Halperin Donghi, son autores de dos de los más importantes estudios con que cuenta la bibliografía morisca.

Halperin Donghi, en su extraordinario artículo sobre los moriscos valencianos traza un cuadro de los problemas sociales y económicos del reino de Valencia en el siglo XVI partiendo de las condiciones geográficas del habitat morisco y las relaciones de este grupo social con el de los cristianos viejos. Estudia la evolución demográfica de la población morisca, su conciencia solidaria que le mantiene como grupo definido, y las consecuencias de la expulsión. Se trata quizá del mejor estudio monográfico sobre un grupo morisco que se ha realizado hasta la fecha.

H. Lapeyre en su *Géographie de l'Espagne morisque* trata

---

[1] Vid. t. II, pp. 118-131, de la segunda edición francesa. Existe traducción castellana (Méjico, 1953).

de manera fundamentalmente nueva el problema del reparto de los moriscos y del volumen de los expulsados apoyándose sobre fuentes estadísticas de la administración de la época (principalmente a base de documentos del Archivo de Simancas). Establece el número y la localización de los moriscos, reduce el número de los expulsados a algo menos de 300.000 y compara la situación de esta minoría a la de los indígenas de la Argelia colonial francesa. La diferencia entre colonos y colonizados y moriscos y cristianos viejos es únicamente de proporción. En los dos casos, afirma Lapeyre, la imbricación de ambas civilizaciones se explica por la conquista.

Por los mismos años se publican en España estudios importantes que proyectan nueva luz sobre el tema.

Julio Caro Baroja ha dedicado un excelente «ensayo de historia social» a los moriscos granadinos manejando abundante bibliografía y la documentación publicada. El autor formula consideraciones acerca de los linajes y los diversos tipos de moriscos, analizando las actitudes preconizadas por la nobleza y la burocracia españolas para poner de relieve la contraposición entre los métodos propugnados por los aristócratas —transigencia de Mendoza, por ejemplo— y la tendencia represiva de los burócratas —Audiencia de Granada, Diego de Deza— que triunfa con Felipe II. Intenta, además, reconstruir la vida del grupo morisco en todas sus actividades, y compara su situación frente a los cristianos viejos con la de los indios respecto a los conquistadores. Una vez más se propone la colonización como base del problema.

Son igualmente importantes los artículos de Domínguez Ortiz que, entre otras cosas, compara los problemas de la minoría morisca y la de los judeo-conversos, y los de J. Regla, reunidos en su libro *Estudios sobre los moriscos*. En ellos incorpora al tema la abundante documentación del Archivo de la Corona de Aragón. Establece diferencias entre los moriscos aragoneses (de los que él se ocupa especialmente), agricultores y vasallos de la aristocracia latifundista, y los castellanos, arrieros, buhoneros, artesanos, proletarios «que andan sueltos».

Relaciona el problema morisco con la coyuntura internacional de la época: los moriscos se le presentaban a Felipe II como una «quinta columna» de otomanos y y hugonotes franceses[1]. Estos, afirma Regla, lo mismo que Antonio Pérez, especularon con un levantamiento morisco. Por otro lado, las conquistas turcas en Túnez pusieron al rojo vivo la cuestión morisca.

En cuanto a la expulsión establece el número de moriscos expulsados en unos 500.000, la mitad de los cuales pertenecía a las provincias de la Corona de Aragón.

En contraposición a la tesis de Hamilton, seguida también en parte por Salyer[2] (la famosa tesis en que este especialista de la economía hispana de los siglos XVI y XVII, basándose en la estabilidad de precios durante el decenio posterior a la expulsión, niega que ésta fuera causa importante en la decadencia económica española. Compara la posición de los moriscos con la de los negros del Sur de los Estados Unidos. Afirma que la expulsión no arruinó los campos de arroz de Valencia, la industria azucarera granadina, los viñedos ni los sistemas de irrigación artificial)[3], Regla alega que los precios no son índice suficiente en un país en que hay zonas de economía monetaria contrapuestas a zonas de autoconsumo y demuestra que Valencia y Aragón sufrieron «una crisis muy profunda y duradera»[4] que repercutió en el conjunto de la economía española[5].

De entre los diversos grupos de moriscos el castellano es el que cuenta con una bibliografía más escasa. Le Flem y

[1] Véase también Hess, «The Moriscos. An Ottoman Fifth Column in Sixteenth Century Spain», *The American Historical Review*.

[2] Hamilton, *American treasure and the price revolution in Spain*; Salyer, «La importancia económica de los moriscos en España», en *Anales de Economía* (1949).

[3] Hamilton, op. cit., pp. 124 y sigs.

[4] Regla, *Estudios sobre los moriscos*, p. 80.

[5] Véase también Casey, *Las consecuencias de la expulsión de los moriscos en la agricultura valenciana*.

Ladero Quesada se han ocupado de ellos[1]. Es importante el artículo de Vincent[2] sobre los moriscos granadinos expulsados a Castilla.

En cuanto a la suerte de los moriscos fuera de la península, Cardaillac[3] estudió su paso por el Languedoc y Provenza y Echegaray su posible establecimiento en el País Vasco francés.

Los moriscos instalados en Túnez han sido objeto recientemente de varios estudios, los más importantes de los cuales están recogidos en el libro[4] de Epalza y Petit que cuenta además con una detallada bibliografía. El grupo morisco de Túnez se ha estudiado de una forma bastante completa; sin embargo, poco se ha escrito sobre los moriscos instalados en Argelia, Marruecos[5] o Turquía.

Un problema cuya solución aún no ha quedado establecida es hasta qué punto fue total la expulsión de 1609-14, cuántos moriscos quedaron en España y cuántos volvieron[6].

Pero no sólo los investigadores, historiadores y escritores políticos se han interesado por los moriscos, sino que poetas, dramaturgos y novelistas se han sentido atraídos por el aspecto poético y novelesco de la «cuestión» y por el triste sino, un tanto romántico, de los moriscos.

La tendencia a pintar con colores brillantes la vida de los últimos musulmanes de España, representantes de un ideal caballeresco, arranca de varios autores de los siglos XV y XVI. De ello da fe la llamada novela morisca cuyos máximos exponentes son «El Abencerraje y la hermosa

---

[1] Le Flem, *Un censo de moriscos en Segovia y su provincia* y *Les morisques du Nord-Ouest de l'Espagne...*
Ladero, *Los mudéjares de Castilla en tiempos de Isabel la Católica.*
[2] *L'expulsion des morisques du royaume de Grenade et leur répartition en Castille.*
[3] Cardaillac, *Le passage des morisques en Languedoc* y *Morisques en Provence.*
[4] *Les morisques andalous en Tunisie.*
[5] Véase Colin, *Project de traité entre les morisques de la Casba de Rabat et le roi d'Espagne en 1631,* y Sánchez Pérez, *Los moriscos de Hornachos, corsarios de Salé.*
[6] Además de Regla, Fernández y González, *De los moriscos que permanecieron en España después de la expulsión decretada por Felipe II.*

Jarifa», «Historia de los dos enamorados Ozmin y Daraja»
de Mateo Alemán y sobre todo las «Guerras civiles de Granada» de Ginés Pérez de Hita [1].

En la literatura del Siglo de Oro el morisco aparece muy
frecuentemente y bajo diversas caracterizaciones, pero lejos
ya del ideal romántico y caballeresco que encarnó en su
momento el moro de Granada. Es importante, y representa-
tiva del sentir de los contemporáneos, la visión que la literatura presenta del morisco [2].

Durante el romanticismo éste recupera un aspecto más noble del cual es ejemplo el «Aben Humeya» de Martínez de
la Rosa.

Otro aspecto importante en el estudio de los moriscos
es su producción literaria, la llamada literatura aljamiado-
morisca: aquella escrita en lengua vulgar o aljamia fijada
por caracteres árabes en lugar de latinos. Esta producción

---

[1] *El Abencerraje y la hermosa Jarifa.* El texto aparecido en el *Inventario*
(1565) de Antonio de Villegas ha sido editado por López Estrada (Madrid, 1971). La historia de *Ozmin y Daraja* de Mateo Alemán está inserta
en la *Primera parte de Guzmán de Alfarache* (Madrid, 1599) y se incluye
en todas las ediciones completas de la obra. Para las *Guerras civiles de Granada* (Cuenca, 1619) véase la edición de P. Blanchard-Demouge.

[2] Entre las obras del siglo XVII en que aparecen personajes moriscos
destacan:
La pícara Justina (1605), atr. a Francisco López de Úbeda.
Cervantes, *Don Quijote*, segunda parte (1615), caps. 54 y 63, en que
aparece el morisco más famoso de la literatura: Ricote. «El coloquio de
los perros», en *Novelas ejemplares* (1613). *Los trabajos de Persiles y Segis-
munda* (1617), libro III, cap. 11.
Vicente Espinel, *Vida del escudero Marcos de Obregón* (1618), Relación se-
gunda, descansos 8 a 14.
Lope de Vega, «La desdicha por la honra», impresa con *La Circe* (1624)
e incluida posteriormente en las *Novelas a Marcia Leonarda*.
Los estudios más importantes referidos a los moriscos en la literatura
pertenecen a
Carrasco Urgoiti, *El moro de Granada en la literatura.*
Cirot, «La maurophilie littéraire en Espagne au XVI siècle», en *Bulletin
Hispanique.*
Colonge, «Reflects littéraires de la question morisque entre la guerre des
Alpujarras et l'expulsion», en *Boll. R. Academia de Buenas Letras de Barcelona.*
Herrera, *Ideas de los españoles del siglo XVII.*
Lida de Makiel, «El moro en las letras castellanas», en *Hispanic Review.*

literaria no es importante tanto desde el punto de vista
artístico como desde el punto de vista filológico y lingüístico. Las muestras que nos han llegado de ella comprenden
en su mayoría tratados de tipo religioso o jurídico, muy a
menudo de carácter polémico[1], algunas composiciones poéti-
cas de carácter edificante, relatos novelescos de tipo histórico-
caballeresco o de ficción además de jofores o profecías.

En la literatura aljamiada hay que distinguir entre las obras
escritas en España antes de la expulsión y aquellas, más numerosas, que fueron redactadas con posterioridad a esta fecha en
particular entre las comunidades moriscas instaladas en Túnez[2].

La literatura morisca tiene únicamente figuras de importancia secundaria, y es gran parte obra anónima o colectiva.
Sus autores conocían bien la producción literaria cristiana
de la época del mismo modo que los cristianos conocían la
literatura morisca[3].

La literatura aljamiada ha sido, a partir de finales del
siglo XIX, objeto de numerosos estudios. Gayangos y Saavedra
fueron los primeros en ocuparse de ella[4]. En la actualidad
son muy numerosos los investigadores españoles y extranjeros
que trabajan sobre el tema[5].

---

[1] Véase Asín y Cardaillac.

[2] Véase Oliver Asín, *Un morisco de Túnez admirador de Lope.*

[3] Escribe Cervantes: «Estando yo un día en el Alcaná de Toledo llegó
un muchacho a vender unos cartapacios y papeles viejos a un sedero, y
como yo soy aficionado a leer aunque sean los papeles rotos de las calles, llevado desta mi natural inclinación tomé un cartapacio de los que
el muchacho vendía y vile con caracteres que conocí ser arábigos. Y puesto
que aunque los conocía no los sabía leer, anduve mirando si parecía por
allí algún morisco aljamiado que los leyese, y no fue muy dificultoso
hallar intérprete semejante.» *Don Quijote*, Clásicos Castellanos, Madrid,
1931, t. I, p. 216. Apud Galmés, *Libro de las Batallas*, p. 71.

[4] Principalmente, Gayangos, *Language and literature of the Moriscos*, y
Saavedra, *Literatura aljamiada*, Discurso de recepción en la Real Academia
Española.

[5] Principalmente, Harvey, Cardaillac, Kontzi, Manzanares de Cirre, Galmes de Fuentes, etc.

En cuanto a obras aljamiadas publicadas, además de los compendios de
Gil, Ribera y Nykl, *Libro de las Batallas* e *Historia de los amores de Paris y
Viana*, editado por Galmes de Fuentes; *Leyendas moriscas* de Guillén Robles;
El rrekontamiento del rrey Alisandere, de Nykl.

BIBLIOGRAFIA

ABEL, Armand: «Les caractères historiques et dogmatiques de la polémique islamo-chrètienne du VII au XIII siècle». IX Congrès International des Sciences Historiques, París, 1950.

AGUILAR, Gaspar: *Expulsión de los moros de España por la S. C. R. Magestad del Rey don Phelipe Tercero*, Valencia, 1610.

ALARCÓN Y SANTOS, Maximiliano: «Carta de Abenaboo en arabe granadino (estudio dialectal)», *Miscelánea de Estudios y Textos Arabes*, Madrid, 1915, pp. 693-752.

ALCÁNTARA GODOY, José: *Historia de los falsos cronicones*, Madrid, 1868.

ARANDA DONCEL, Juan: «Potencial económico de la población morisca en Córdoba». *Bolt. Real Acad. Ciencias, Bellas Letras y Nobles Artes de Córdoba*, 92, 1972, pp. 127-152.

—; «Contribución al estudio de los moriscos en Córdoba», *III Anales del Instituto Nacional de Bachillerato «Luis de Góngora»*, Córdoba, 1972, pp. 69-78.

ARIE, Rachel: «Acerca del traje musulmán en España desde la caída de Granada hasta la expulsión de los moriscos», *Rev. Inst. Est. Islámicos*, 13, 1965, pp. 103-117.

—: «Les études sur les morisques à la lumière des travaux recents», *Revue des Etudes Islamiques*, París, 1967, pp. 225-229.

ASÍN PALACIOS, Miguel: «Un tratado morisco de polémica contra los judíos», *Mélanges Hartwig Derembourg*, París, 1909, pp. 343-366. Publicado en *Obras escogidas de Miguel Asín Palacios*, t. II y III, CSIC, Madrid, 1948, pp. 246-273.

—: «El original árabe de la novela aljamiada "El baño de Zarieb"», *Homenaje a Menéndez Pidal*, vol. I, Madrid, 1924, pp. 377-388.

—: «Noticia de los mss. árabes del Sacromonte de Granada», *Rev. C. de Estudios Históricos de Granada y su reino*, IV, 1911, pp. 249-278.

—: «La polémica anti-cristiana de Muhammad al-Qaysī», *Revue Hispanique*, XXI, 1909, pp. 339-351.

Asso, Ignacio de: *Historia de la economía política de Aragón*. Nueva ed. por José M.ª Casas Torres, Zaragoza, 1947.

Atger, A.: *Les corporations artisanales en Tunisie*, París, 1909.

Ayala, Arzobispo Martín de: *Les instructions e ordinacions per als novament convertits del regne de Valencia, festes per les autoritats apostolica y real archebispe de Valencia ha manat se guarden en est archebispat de Valencia*, Valencia, 1566. (Publ. en apéndice al Concil. Prov. Valentinum, cel. MDLXV.)

—: *Catecismo para instrucción de los nuevamente convertidos de moros*, Valencia, 1599.

—: *Doctrina christiana en lengua araviga y castellana*, Valencia, 1566. (Reeditada por Chabas, Roque, y Ribera, Julián, en Valencia, 1911.)

Aznar, Jerónimo: *Expulsión justificada de los moriscos españoles*, Impr. de Pedro Cabarte, Zaragoza, 1612.

Aznar Cardona, Pedro: *Expulsión justificada de los moriscos españoles y suma de las excelencias christianas de nuestro Rey D. Felipe Tercero desde nombre*, Huesca, 1612.

Azorín: «Los moriscos», *Clásicos y modernos*, Madrid, 1913, pp. 15-22.

Bataillon, Marcel: *Erasmo y España*, F. C. E., Méjico, 1967.

—: «Les Nouveaux Chrétiens de Segovie en 1610», *Bullt. Hispanique*, LVIII, 1956, pp. 208-231.

Bataller, Adela: *La expulsión de los moriscos: su repercusión en la propiedad y la población en la zona de riegos del Vernisa*, X, Saitabi, Valencia, 1960, pp. 81-100.

Bauer Landauer, Ignacio: *Papeles de mi archivo. Relaciones y manuscritos (moriscos)*, Madrid, s. f.

Benítez Claros, Rafael: «Antecedentes moriscos al género áulico», *Cuadernos de literatura*, I, 1947, pp. 247-254.

Benassar, B.: *Valladolid au siècle d'or*, París, 1967.

Bermúdez de Pedraza, Francisco: *Antigüedad y excelencias de Granada*, Madrid, 1608.

—: *Historia eclesiástica de la ciudad de Granada*, Granada, 1638.

BERNÁLDEZ, Andrés: *Historia de los Reyes Católicos escrita por el bachiller que fue cura de la villa de los Palacios y capellán de D. Diego de Deza, arzobispo de Sevilla*, en *Crónicas de los Reyes de Castilla*, Biblioteca de Autores Españoles, t. LXX, v. III, Madrid, 1953.

BERNIS, Carmen: «Modas moriscas en la sociedad cristiana española del s. XV y principios del XVI», BRAH, 144, 1959, pp. 199-228.

BETERA, Vizconde de: «Una carta de Felipe III sobre la expulsión de los moriscos», *R., Valencia*, 1880, I, pp. 328-330.

BIBLIOGRAFÍA *para la condición jurídica de moros y moriscos en el Reino de Valencia. Catálogo de la Exposición de Derecho Histórico del Reino de Valencia*, Valencia, 1955.

BLEDA, Jaime: *Coronica de los moros de España*, Valencia, 1618.
—: *Defensio fidei in causa neophytorum sive Morischorum regni Valentiae totiusque Hispaniae*, Valencia, 1610.

BORONAT Y BARRACHINA: *Los moriscos españoles y su expulsión*, Valencia, 1901.

BORRÁS Y FELÍU, Antoni: «El bandeig dels moriscs i el Collegi de Sant Sebastia de Gandia. Repercusions economiques», *Homenatge a Jaume Vicens Vives*, vol. II, Barcelona, 1967, pp. 67-74.

BOSCH VILA, Jacinto: «Dos nuevos manuscritos y papeles sueltos de moriscos aragoneses, *Al-Andalus*, XXII, 1957, pp. 463-470.

BRAHIMI, D.: «Quelques jugements sur les maures andalous dans les regences turques au XVIII siècle», *Revue d'Histoire et de la civilisation du Magreb*, 9, Argel, 1970, pp. 34-51.

BRAUDEL, Fernand: *La Méditerranée et le monde méditerranéen à l'époque de Philippe II*, Armand Collin, París, 1.ª ed. 1949, 2.ª ed. 1966, trad. castellana Méjico, 1953.
—: «Conflicts et refus de civilisation; espagnols et morisques au XVI siècle, *Annales ESC*, 1947, pp. 397-410.
—: «Les espagnols et l'Afrique du Nord de 1492 à 1577», *Revue Africaine*, XLIX, 1968, pp. 184-233 y 351-428.

CABANELAS RODRÍGUEZ, Darío: «El morisco granadino Alonso del Castillo intérprete de Felipe II», *Miscelánea de Estudios Arabes y Hebraicos* (MEAH), VI, 1856, pp. 19-42.
—: *El morisco granadino Alonso del Castillo*, Granada, 1965.
—: «Cartas del morisco granadino Miguel de Luna», MEAH, 1965-66, pp. 31-47.

CABEZUDO ASTRAIN, José: «Noticias y documentos sobre moriscos aragoneses», MEAH, V, 196?, pp. 105-118.

—: «Los conversos aragoneses», *Sefarad*, 18, 1959, pp. 272-282.

CABRERA DE CÓRDOBA, Luis: *Relaciones de las cosas sucedidas en España desde 1599 hasta 1614*, Madrid, 1857.

CÁCERES PLÁ, F.: «Los tercios de Lorca en el alzamiento de los moriscos de 1568», *Bol. Socied. Esp. de Excursiones*, VI, 1898, pp. 23-25.

—: «Asalto de la villa de Galera por D. Juan de Austria», *Bol. Socied. Esp. de Excursiones*, XVI, 1908, pp. 63-67.

—: «Moros y moriscos en el siglo XVI», *La España Moderna*, agosto 1911.

CAGIGAS, Isidro de las: «Una carta aljamiada granadina», *Arabica*, I, 1954, pp. 271-275.

—: «El caso de las minorías españolas de la Edad Media», *Libia*, LIV, 1953, pp. 17-38.

—: «Problemas de minoría y el caso de nuestro medioevo», *Hispania*, X, 1950, pp. 506-538.

CANTINEAU, J.: «Lettre du Moufti d'Oran aux musulmans d'Andalousie», *Journal Asiatique*, 210, 1927, pp. 1-17.

CARANDE, Ramón: «Los moriscos de Henri Lapeyre, los de Julio Caro y algún morisco más», *Moneda y crédito*, 78, 1961, pp. 9-26.

CARDAILLAC, Denise: *La polémique anti-chrétienne du manuscrit n.º 4944 de la Bibliothèque Nationale de Madrid*, Thèse, Montpellier, 1972.

CARDAILLAC, Louis: *Le passage des morisques en Languedoc*, Tesis doctoral ciclostilada, Montpellier, 1970.

—: *La polémique antichrétienne des morisques ou l'opposition de deux communautés, 1492-1640*, Tesis doctoral de tercer ciclo, xerocopiada, Montpellier, 1973.

—: «Morisques en Provence», *Les Langues Romanes*, Montpellier, LXXIX, 1971, pp. 297-316.

—: «Le passage des Morisques en Languedoc», *Annales du Midi*, 83, Toulouse, 1971, pp. 259-298.

—: «Morisques et protestants», *Al-Andalus*, XXXVI, 1971, pp. 29-63.

CARO BAROJA, Julio: *Los moriscos del reino de Granada. Ensayo de historia social*, Inst. Estudios Políticos, Madrid, 1957.

—: «Los moriscos aragoneses según un autor del siglo XVII», *Razas, pueblos y linajes*, Rev. de Occidente, Madrid, 1957, pp. 81-98.

Carrasco Urgoiti, Soledad: *El moro de Granada en la literatura (del siglo XV al XVII)*, Madrid, 1956.

—: *El problema morisco en Aragón al comienzo del reinado de Felipe II (Estudio y apéndices documentales)*, Edit. Castalia, Valencia, 1969.

Cascales, Francisco: *Discursos históricos de la mui noble i mui leal ciudad de Murcia*, Murcia, 1621.

Casey, James: «Las consecuencias de la expulsión de los moriscos en la agricultura valenciana», *Actas del III Congreso de Historia de la Medicina*, Valencia, 1965.

—: «Moriscos and the depopulation of Valencia», *Past and Present*, 50, 1971, pp. 19-40.

Castañeda, Vicente: «Manifestación de los hijos de moriscos que quedaron en Onteniente», BRAH, LXXXII, 1923.

Castillo, Alonso del: *Cartulario de la sublevación de los moriscos granadinos*, Memorial Histórico Español, III, 1852, pp. 1-164.

—: *Sumario e recopilación de todo lo romançado por... del Santo Officio desde antes de la guerra del Reyno de Granada... hasta oy... 1575*, Memorial Histórico Español, III, 1852, pp. 1-164.

Cirac Estopañán, Sebastián: *Los procesos de hechicería en la Inquisición de Castilla la Nueva (tribunales de Toledo y Cuenca)*, Madrid, 1942.

Castro, Américo: *España en su Historia. Cristianos, moros y judíos*, Buenos Aires, 2948.

Circout, Albert de: *Histoire des mores mudejares et des morisques ou des arabes d'Espagne sous la domination des Chretiens*, París, 1846.

Cirot, Georges: «La maurophile littéraire en Espagne au xvIème siècle», *Bulletin Hispanique*, 1938-44, XL, 1938, pp. 150-157, XLVI, 1944, pp. 5-25.

Codera, F.: «Almacén de un librero morisco descubierto en Almonacid de la Sierra», BRAH, 5, 1884, pp. 269-276.

Coindreau, Roger: «Les corsaires de Salé», *Publications des Hautes Etudes Marrocaines*, XLVII, 1948, pp. 19-20.

Colin, Georges: «Project de traité entre les morisques de la Casba de Rabat et le roi d'Espagne en 1631», *Hesperis*, XLII, 1955, pp. 17-25.

Colonge, Chantal: «Reflect littéraire de la question morisque entre la guerre des Alpujarras et l'expulsion (1571-1610)», *Bolt. Real Academia Buenas Letras de Barcelona*, XXXIII, 1969-70, pp. 137-243.

CONTRERAS, Rafael: «Nuevos datos sobre la guerra de expulsión de los moros», *Revista de España*, LXVIII, 1879, pp. 185-209.

CORRAL Y ROJAS, Antonio de: *Relación de la rebelión y expulsión de los moriscos del Reyno de Valencia*, Valladolid, 1613.

CORRESPONDENCIA: ... *de Felipe II y de otros personajes con don Juan de Austria desde 1568 sobre la guerra contra los moriscos de Granada*, CODOIN, XXVIII, Madrid, 1856, pp. 5-154.

CREDILLA, C. P.: *Ceremonias de moros que hacen los moriscos*, RABM, 1874, pp. 165-169.

CUEVA, Luis de la: *Diálogos de las cosas notables de Granada*, Sevilla, 1603.

CHABAS, Roque: «Los moriscos de Valencia y su expulsión», *El Archivo*, IV, pp. 231-234 y 373-388.

CHAUNU, Pierre: «Minorités et conjoncture. L'expulsion des morisques en 1609», *Revue Historique*, CCXXV, I, 1961.

DANVILA, Manuel: «Ajuar de una morisca de Teruel en 1538», BRAH, VI, 1885, pp. 410-416.

DANVILA Y COLLADO, Manuel: *La expulsión de los moriscos españoles*, Madrid, 1889.

—: «Desarme de los moriscos en 1563», BRAH, X, 1887, pp. 275-306.

DENY, J.: «Les pseudo-propheties concernant les Turcs au XVIème siècle», *Revue des Eetudes Islamiques*, X, 1936, pp. 201-220.

DESPOIS, J.: *Tunisie orientale: Sahel et Basse Steppe*, París, 1955.

DOCUMENTS: ... relatifs à la guerre de Grenade, publ. par R. FOULCHE-DELBOSC, *Revue Hispanique*, XXXI, 1914, pp. 486-523.

DOLLFUS, L.: «Morisques et Chretiens de 1492 à 1570», *Rev. d'Histoire des Religions*, XX, 1889.

DOMÍNGUEZ ORTIZ, Antonio: «Los cristianos nuevos, Notas para el estudio de una clase social», *Bolt. Univ. de Granada*, XXI, 1949, pp. 249-297.

—: «Los moriscos granadinos antes de su definitiva expulsión», MEAH, XII-XIII, 1963-64, pp. 113-129.

—: La esclavitud en Castilla durante la Edad Moderna», *Est. de H.ª Social de España*, II, 1952, pp. 369-428.

—: «Felipe IV y los moriscos», MEAH, VIII, 1959, pp. 55-65.

—: «Notas para una sociología de los moriscos españoles», MEAH, XI, 1962, pp. 39-54.

—: *Política y hacienda de Felipe IV*, Madrid, 1960.

Dressendoerfer, Peter: *Islam unter der Inquisition. Die Morisco Prozesse in Toledo, 1575-1610*, Wiesbaden, 1971.

Echegaray, Bonifacio: «¿Se establecieron los moriscos en el País Vasco de Francia?», *Bulletin Hispanique*, XLVII, I, 1945, pp. 92-102.

Epalza, Miguel de, y Petit, Ramón: *Etudes sur les moriscos andalous en Tunisie*, Inst. Hispano-Arabe, Madrid, 1974.

Epalza, Miguel de: «Moriscos y andalusíes en Túnez durante el siglo xvii», *Al-Andalus*, XXXIV, 1969, pp. 247-329.

—: «Sobre un posible autor español del *Evangelio de Bernabé*», *Al-Andalus*, 28, 1963, pp. 479-481.

—: «Notes pour une histoire des polémiques anti-chrétiennes dans l'Occident musulman», *Arabica*, XVIII, 1971, pp. 99-106.

—: «Recherches récents sur les émigrations des Moriscos en Tunisie», *Cahiers de Tunisie*, XVIII, Túnez, 1970, pp. 139-147.

—: *La Tuhfa, autobiografía y polémica contra el cristianismo de Abdallah al-Taryuman (Fray Anselmo Turmeda)*, Roma, 1971.

Escolano, Diego: *Memorial a la Reina N. S. cerca de las muertes que en odio de la fé y religión christiana dieron los moriscos revelados a los christianos viejos (y algunos nuevos) residentes en las Alpuxarras deste Reyno de Granada en el levantamiento del año 1586*, Impr. Real, Granada, 1671.

Escolano, Gaspar: *Décadas de la insigne y coronada ciudad y Reyno de Valencia*, ed. por J. B. Perales, Valencia, 1878-80.

Fajardo, Luis: *Relación verdadera sacada de una carta que vino al Illustre Cabildo y regimiento desta ciudad de lo sucedido al Marqués de los Vélez... con los moriscos revelados*, Sevilla, 1569.

Ferchiou, S.: *Technique et societé: la fabrication de la chechia en Tunisie*, París, 1971.

Fernández y González, Francisco: «De los moriscos que permanecieron en España después de la expulsión decretada por Felipe III», *Revista de España*, XIX, 1877, pp. 103-114, y XX, 1871, pp. 363-376.

Fernández y González, Manuel: *Los monfies de las Alpujarras*, Madrid, 1856.

Fernández Guerra, Aureliano: *Reflexiones sobre la rebelión de los moriscos y censo de población*, Granada, 1840.

Fernández Nieva, Julio: «Un censo de moriscos extremeños de la Inquisición de Llerena (año 1594)», *Rev. de Est. Extremeños*, XXIX, 1973, n.º 1, pp. 149-76.

FLEURY, V.: *Les industries indigènes de la Tunisie*, París, 1900.

—: «L'industrie tunisienne des šašiyas», *Revue du Commerce et de l'Industrie*, París, 1895.

FONSECA, Damián: *Justa expulsion de los moriscos de España, con la instruccion, apostasia y traicion dellos: y respuesta a las dudas que se ofrecieron acerca desta materia*, Roma, 1611.

—: *Del giusto scacciamento de Moreschi da Spagna librisei del Padre ... dell'Ordine dei Predicatori, tradotto dal Spagnolo in Italico da Cosimo Gaci*, Roma, 1611.

FORADADA, José: «La insurrección de los moriscos de las Alpujarras y el Marqués de Mondéjar», *Rev. Contemporánea*, XXX, 1880, pp. 268-272.

FORD, J. D. M.: *Old Spanish Sibilants*, Boston, 1900.

—: *Relación de lo que pasó en la expulsión de los Moriscos del Reino de Valencia*, Roma, 1618. Reedición en Valencia, 1878.

FRADEJAS, José: «Musulmanes y moriscos en el teatro de Calderón», *Tamuda*, V, 1967, pp. 185-228.

FUSTER, Joan: *Poetas, moriscos y curas*, Ed. Ciencia Nueva, Madrid, 1969.

GALMES DE FUENTES, Alvaro: *El libro de las Batallas (narraciones caballerescas aljamiado-moriscas)*, Universidad, Oviedo, 1967.

—: *Historia de los amores de Paris y Viana*, Ed. Gredos, Madrid, 1970.

—: «Le-yeísmo y otras cuestiones lingüísticas en un relato morisco del siglo XVII», *Estudios dedicados a Menéndez Pidal*, VII, Madrid, 1956.

—: «Intereses en el orden lingüístico de la literatura española aljamiado morisca», *Actes du X Congrès International de Linguistique et de Philologie Romanes*, t. II, París, 1965, pp. 527-546.

GALLEGO Y BURIN, Antonio, y GAMIR SANDOVAL, Alfonso: *Los moriscos del reino de Granada según el Sínodo de Guadix en 1554*, Universidad, Granada, 1968.

GAMIR SANDOVAL, Alfonso: *Organización de la defensa de la costa del Reino de Granada desde su reconquista hasta finales del siglo XVI*, Granada, 1947.

—: «Repartimientos inéditos del servicio de la guarda de la costa granadina (siglo XVI), *Homenaje a Ramón Carande*, t. I.

GARCÍA CARCEL, R., y CISCAR PALLARES, E.: *Moriscos y agermanats*, Prólogo de J. Regla, Valencia, 1974.

García Martínez, Sebastián: «Bandolerismo, piratería y control de moriscos en Valencia durante el reinado de Felipe II», *Estudis* 1, Valencia, 1972-73, pp. 85-167.

García Chico, Esteban: «Los moriscos de Tordesillas», *Simancas*, I, 1950, pp. 240-341.

García Sanz, Arcadio: «Mudéjares y moriscos en Castellón», *Bolt. Socd. Castellonense cultura*, 1952, pp. 94-114.

Garrad, K.: «The original Memorial of Don Francisco Núñez Muley», *Atlante*, II, n.º 4, 1954, pp. 168-226.

—: «La Inquisición y los moriscos granadinos», *Bulletin Hispanique*, LXVII, 12, 1965, pp. 63-77.

—: «La renta de los habices de los mezquinos de las Alpujarras y Valle de Lecrim. Algunos datos sobre su administración a a mediados del siglo xvi», MEAH, II, 1953, pp. 41-48.

—: «La industria sedera granadina en el s. xvi y en conexión con el levantamiento de las Alpujarras», MEAH, V, 1956, pp. 73-104.

Garrido Atienza, Miguel: «Los moriscos granadinos. Agüeros, hechizos, encantamientos y otros maleficios», *La Alhambra*, II, 1899, pp. 349-350.

—: *Las capitulaciones para la entrega de Granada*, Granada, 1910.

Gaspar Remiro, Mariano: *Granada en poder de los Reyes Católicos, 1492-94*, Granada, 1912.

—: «Emigración de los moros granadinos allende», *Rev. Centro Est. Hcos. de Granada y su reino*, 1911.

—: «Granada en poder de los Reyes Católicos. Primeros años de su dominación», *Rev. Centro Est. Hcos. de Granada y su reino*, 1911.

—: *Ultimos pactos y correspondencia entre los Reyes Católicos y Boabdil sobre la entrega de Granada*, Granada, 1910.

Gautier Dalche: «Des mudejars aux morisques: deux articles, deux méthodes», *Hesperis*, 45, 1958, pp. 271-289.

Gayangos, Pascual de: «Languaje and literature of the Moriscos», *Journal of the Royal Asiatic Society*, 1868-1873.

—: «Suma de los principales mandamientos y devedamientos de la ley y çunna», *Memorial Histórico Español*, V, 1853.

—: «Glosario de las palabras aljamiadas y otras que se hallan en dos tratados y en algunos libros de moriscos», *Memorial Histórico Español*, V, Madrid, 1853, pp. 423-449.

GIL, Pablo: «Los manuscritos aljamiados de mi colección», *Homenaje a D. Francisco Codera*, Zaragoza, 1904, pp. 537-49.

GIL, Pablo-RIBERA, Julián-SÁNCHEZ, Mariano: *Colección de textos aljamiados*, Zaragoza, 1888.

GINER, Francisco: «Cervantes y los moriscos valencianos», *Anales del Centro de Cultura Valencia*, 1962, pp. 131-149.

GONZÁLEZ, Tomás: *Censo de población de las provincias y partidos de la Corona de Castilla en el siglo XVI*, Madrid, 1829.

GONZÁLEZ DE CELLORIGO, Martín: «Memorial al Rey sobre asesinatos, atropellos e irreverencias contra la religión cristiana cometidos por los moriscos», en *Memorial de la política necessaria y útil restauración de la política de España*, Imp. J. de Bostillo, Valladolid, 1600.

GONZÁLEZ PALENCIA, Angel: «Un curandero morisco del siglo XVI y las fuentes de la comedia Quien mal anda, mal acaba, de Juan Ruiz de Alarcón», BRAE, XVI, 1929, pp. 199-222, y XVII, 1930, pp. 247-274.

—: *Historia de la literatura arábigo-española*, Barcelona, 1945.

—: «Noticia y extractos de algunos manuscritos árabes y aljamiados de Toledo y Madrid», *Miscelánea de estudios y textos árabes*, Madrid, 1915, pp. 117-145.

—: «Cervantes y los moriscos», BRAE, XXVII, 1947-48, pp. 107-122.

GUADALAJARA Y JAVIER, Marcos: *Memorable expulsión y justísimo destierro de los moriscos de España*, Pamplona, 1613.

—: *Prodición y destierro de los moriscos de Castilla hasta el valle de Ricote. Con las disensiones de los hermanos Xarifes y presa en Berbería de la fuerça y puerto de Alarache*, Imp. Nicolás de Assiayn, Pamplona, 1614.

GUILLÉN ROBLES, F.: *Leyendas moriscas sacadas de varios manuscritos existentes en las bibliotecas Nacional, Real y de P. Gayangos*, Madrid, 1885-1886.

—: «Historia de los amores de Paris y Viana», *Rev. Histórica*, XXII, Barcelona, 1876.

—: *Leyendas de José y de Alejandro Magno*, Zaragoza, 1888.

HAEDO, Fr. Diego: *Topografía e historia general de Argel*, Madrid, Socd. de Bibliófilos Españoles, 1927.

HALPERIN DONGHI, Tulio: «Un conflicto nacional: moriscos y cristianos viejos en Valencia», *Cuadernos de H.ª de España*, Buenos

Aires, XXIII-XXIV, 1955, pp. 5-115, y XXV-XXVI, 1957, pp. 83-250.

—: «Recouvrements de civilisation: les morisques du royaume de Valence au XVIème siècle, *Annales ESC.*, XI, n.º 2, 1956, pp. 154-182.

HARVEY, L. P.: «Crypto-Islam in Sixteenth Century Spain», *Actas del Primer Congreso de Estudios Arabes e Islámicos*, Córdoba, 1962, pp. 163-178; Madrid, 1964.

—: «A morisco reader of Jean Lemaire des Belges?», *Al-Andalus*, XXVIII, 1963, pp. 231-236.

—: «A morisco Manuscript of the Godolphim collection at Wadham College, Oxford», *Al-Andalus*, 27, 1962, pp. 461-465.

—: «Un manuscrito aljamiado en la Biblioteca de la Universidad de Cambridge», *Al-Andalus*, 23, 1958, pp. 49-74.

—: «The moriscos who was Muley Zaidan's Spanish interpreter: Ahmad ben Qasim Ibn al-Faqih Qasim al-Shaikah al-Hajari al-Andalusi», MEAH, VIII, 1959, pp. 67-97.

—: «El mancebo de Arévalo y la tradición cultural de los moriscos», *Actas del primer coloquio sobre literatura aljamiado-morisca*, Gredos, Madrid, 1972, 1973.

—: «The Arabic dialect of Valencia in 1595», *Al-Andalus*, XXXVI, 1971, pp. 81-117.

—: «Amaho, dešamaho, maho, amahar... A family of words common to the Spanish speech of the Jews and of the Moriscos», *Bulletin of Hispanic Studies*, XXXVII, 1960, pp. 6974.

—: *The literary culture of the Moriscos (1492-1609). A study based on the extant mms. in Arabic and Aljamia*, Oxford, 1958.

—: «Yuse Banegas, un moro noble en Granada bajo los Reyes Católicos», *Al-Andalus*, XXI, 1956, pp. 297-302.

HEGYL, Ottmar: *Edición y estudio del manuscrito aljamiado n.º 4953 de la Biblioteca Nacional de Madrid*, Toronto, 1969.

HERRERO, Guillermo: «La población palentina en los siglos XVI y XVII», *Publicaciones de la Inst. Tello Téllez de Meness*, 21, Palencia, 1961, pp. 1-115.

HERRERO GARCÍA, M.: *Ideas de los españoles del siglo XVII*, Ed. Voluntad, Madrid, 1926.

HESS, Andrew: «The Moriscos. An Ottoman Fifth Column in Sixteenth Century Spain», *The American Historical Review*, LXXIV, 1968-69, pp. 1-25.

308 *Mercedes García-Arenal*

Hitos, Francisco: *Mártires de la Alpujarra en la rebelión de los moriscos, 1568*, Madrid, 1935.

Hoenerbach, Wilhelm: *Spanish-islamische Urkunden aus der Zeit der Nasriden und Moriscos*, Bonn, 1965.

Horozco, Sebastián de: *Relación verdadera del levantamiento de los moriscos en el reino de Granada y historia de su guerra*, Inédito.

Hurtado de Mendoza, Diego: *Guerra de Granada hecha por el rey de España don Felipe II contra los moriscos de aquel reino sus rebeldes*, Biblioteca de Autores Españoles (B. A. E.), XXI, Historiadores de sucesos particulares, I, Madrid, 1946, páginas 65-122.

—: «De la guerra de Granada», ed. crítica de Manuel Gómez Moreno, *Memorial Histórico Español*, LXIX, Madrid, 1948.

'Inān, Muhammad 'Abdallāh: *Nihāyat al-Andalus wa-ta 'rīh al-'arab al-mutanassirīn*, Cairo, 1958.

«Un Itinerario del siglo xvi destinado a los moriscos españoles», *Estudios geográficos*, 7, 1946, pp. 136-141.

Janer, Florencio: *Condición social de los moriscos en España, causas de su expulsión y consecuencias que ésta produjo en el orden político y económico*, Madrid, 1857.

Jouin, Jeanne: «Documents sur le costume des Musulmans d'Espane», *Revue Africaine*, 1934 (vid. moriscos, pp. 43-46).

Kendrick, T. D.: *Saint James in Spain*, Londres, 1960 (v. pp. 69-72).

Klenk, Ursula: «La leyenda de Yusuf, ein Aljamiadotext. Beihefte zur Zeitsch», *Romanische Philologie*, Bd. 134, 1972.

Kontzi, Reinhold: *Aljamiado Texte*, Wiesbaden, 1974.

—: «Aljamiado elem als erstes Zeugnis für spanisch elemi/ französisch élémi», *Verba et Vocabula*, Ernst Gamillscheg zum 80, Geburstag (München, 1968), pp. 285-289.

—: «Aspectos del estudio de textos aljamiados», *Thesaurus*, XXV, 1970, pp. 196-213.

La Rigaudiere, E.: *Histoire des persecutions religieuses d'Espagne: Juifs, Mores et Protestants*, París, 1860.

Labib, Gisela: *Der Maure in dem dramatischen Werk Lope de Vega*, Universita, Hamburgo, 1961.

—: «Spanische Lautent wicklung und arabisch-islamischer Geist in einem Aljamiado-Manuskript des 16 Jahrhunderts (ms. 5301 der Biblioteca Nacional de Madrid)», *Voz Romana*, 26, 1967, pp. 37-109.

LACARRA, José M.ª: «Aragón en el pasado», en *Aragón, cuatro ensayos*, I, Zaragoza, 1960, pp. 316-320.

LADERO QUESADA: *Los mudéjares de Castilla en tiempos de Isabel I*, Valladolid, 1969.

—: M. A.: *Granada. Historia de un país islámico (1232-1571)*, Madrid, 1969.

LAPEYRE, Henri: *Géographie de l'Espagne morisque*, SEVPEN, París, 1959.

LATHAM: J. D.: «Towards a study of Andalusian inmigrations and its place in Tunisian History», *Cahiers de Tunisie*, 5, Túnez, 1957, pp. 203-252.

—: «Les andalous en Afrique du Nord» (art. Al-Andalus), *Encyclopédie de l'Islam*, I, Leyden, 1960, pp. 511-512.

LE FLEM, Jean Paul: «Un censo de moriscos de Segovia y su provincia», *Estudios Segovianos*, Segovia, 1964, XVI, pp. 433-464.

—: «Les moriscos du Nord-Ouest de l'Espagne d'après un rencensement de l'Inquisition de Valladolid», *Melanges de la Casa de Velázquez*, I, 1967, pp. 223-245.

LEA, Henry Charles: *A history of the Inquisition of Spain*, Nueva York, 1906-07, 4 vol. (vid. vol. III, pp. 323-409).

—: *The moriscos of Spain; their conversion and expulsion*, Londres, 1901, y Nueva York, 1968.

—: «The decadence of Spain», *Atlantic Monthly*, vol. LXXXII.

LECLERC: *Histoire de la tolérance au siècle de la Reforme*, París, 1955.

LEVI-PROVENÇAL, E.: «Moriscos», art. en *Encyclopédie de l'Islam*, Leiden, París, 1936.

— y HARVEY, L. P.: «Aljamiado», art. en *Encyclopédie de l'Islam*, Leyden, 1960.

LINCOLN, Joseph N.: «Aljamiado Prophecies», *Publications of the Modern Languaje Association*, 52, 1937, pp. 631-644.

—: «Aljamiado Texts; legal and religious», *Hispanic Review*, XIII, 1945, pp. 102-124.

—: «An itinerary for Moriscos refugees from sixteenth century Spain», *American Geographical Review*, 29, Nueva York, 1939, pp. 283-487.

LOPES, D.: *Textos en aljamia portuguesa*, Lisboa, 1897.

LÓPEZ MARTÍNEZ, Celestino: *Mudéjares y moriscos sevillanos*, Sevilla, 1935.

LÓPEZ DE MENDOZA, Iñigo: «Mémoire présenté au roi Philippe

par —— pour justifier sa conduite pendant les campagnes qu'il dirigea contre les Morisques en 1569», en *L'Espagne au XVIème et au XVIIème siècles*. Documents historiques et littéraires publiés et annotés par Alfred MOREL FATIO, Heilbroo, 1878.

LÓPEZ MATA, Teófilo: «Burgos en la sublevación de los moriscos de Granada en 1570», BRAH, CXLI, 1957, pp. 331-372x

LONGAS, Pedro: *Vida religiosa de los moriscos*, Imp. Ibérica, Madrid, 1915.

LOUPIAS, Bernard: «La practique secrète de l'Islam dans les de Cuenca et de Sigüenza au XVI et XVII siècles», *Hesperis Tamuda*, 1965, pp. 115-132.

LLORÉNS Y RAGA, Peregrín Luis: *Los moriscos y la parroquia de San Pedro de la ciudad de Segorbe*, Inst. Laboral, Segorbe, 1958.

LLORENTE, Juan Antonio: *Historia crítica de la Inquisición de España*, Barcelona, 1835.

MANZANARES DE CIRRE, Manuela: «Notas sobre la aljamía», *Anuario de Estudios Medievales*, 5, Barcelona, 1968, pp. 479-483.

—: «El otro mundo en la literatura aljamiado-morisca», *Hispanic Review*, XLI, 1973, pp. 599-608.

—: «Dos manuscritos aljamiados inéditos», *Modern Philology*, 62, 1965, pp. 130-136.

—: «Textos aljamiados. Poesía religiosa morisca», *Bulletin Hispanique*, LXXII, n.º 3-4, 1970, pp. 325-372.

MARÇAIS, George: «Testour et sa grande mosquée. Contribution à l'étude des Andalous en Tunisie», *Revue Tunisienne*, Túnez, 1942, pp. 147-169. Reed. Túnez, 1969.

MARCH, José M.ª: «Sobre la conversión de los moros del reino de Granada. Nuevo documento», *Razón y Fe*, 79, Madrid, 1927, pp. 338-348.

MÁRMOL CARVAJAL, Luis de: *Historia del rebelión y castigo de los moriscos del reino de Granada*, Bibl. de Autores Españoles, XXI, vol. I de Historiadores de sucesos particulares, Madrid, 1946 (ed. original: Impr. Sancha, Madrid, 1797).

MARTÍNEZ RUIZ, Juan: «Escritura bilingüe en el Reino de Granada (s. XVI) según documentos inéditos del Archivo de la Alhambra», *Actas del Primer Congreso Internacional de Hispanistas*, Oxford, 1964, pp. 371-374.

—: «Léxico de origen árabe en documentos granadinos del siglo XVI», *Rev. de Filología Española*, XLVIII, 1965, pp. 121-133.

—: «Siete cartas de dote y arras del Archivo de la Alhambra (1546-1609)», *Rev. de Dialectología y Tradiciones Populares*, (RDTP), XXII, 1966, pp. 41-72.

—: *Inventarios de bienes moriscos del Reino de Granada (s. XVI)*, Madrid, CSIC, 1972.

—: «La indumentaria de los moriscos según Pérez de Hita y los documentos de la Alhambra», *Cuadernos de la Alhambra*, 3, 1967, pp. 55-124.

—: «Almohadas y calzados moriscos. Secuestros de bienes en Mondéjar y Granada (1557-1569)», RDTP, XXIII, 1967, pp. 289-313.

—: «Notas sobre el refinado del azúcar de caña entre los moriscos granadinos», RDTP, XX, 1964, pp. 271-288.

—: «Un nuevo texto aljamiado: el recetario de sahumerios en uno de los manuscritos árabes de Ocaña», RDTP, XXX, 1974, pp. 3-19.

— y ALBARRACÍN, Joaquina: *Libros árabes, aljamiado-mudéjares y bilingües descubiertos en Ocaña (Toledo, 1969)*.

MARTY, P.: «Folklore tunisien; l'onomastique des noms propres de personne», *Rev. des Etudes Islamiques*, X, 1936, pp. 363-434.

MATTEO, I. di: *Un codice espagnolo inedito del secolo XVII di Ibrāhīm Taylibī*, Palermo, 1912.

MELÓN RUIZ DE GORDEZUELA, Armando: *Lupercio Latras y la guerra de moriscos y montañeses en Aragón a fines del siglo XVI*, Zaragoa, 1917.

MENÉNDEZ Y PELAYO, Marcelino: *Historia de los heterodoxos españoles*, Madrid, 1880-81.

MENÉNDEZ PIDAL, Ramón: *Poema de Yuçuf: materiales para su estudio*, RABM, VIII, 1902. Nueva ed. Universidad, Granada, 1952.

MESTRE, Antonio: «Estudio de la demografía de Oliva a través de los Archivos parroquiales después de la expulsión de los moriscos», *Estudis* I, 1972-72, pp. 169-184.

MESTRE PALACIOS, Joaquín: *Alcalali, monografía histórica*, Valencia, 1952.

MICHEL, Francisque: *Histoire des races maudites de la France et de l'Espagne*, París, 1847.

MILLAS VALLICROSA, José M.ª: «Contratos de judíos y moriscos del reino de Navarra», *Anuario de Historia del Derecho Español*, X, Madrid, 1933, pp. 273-286.

Mohamed Abd-El-Jaliḷ, OFM, Juan: «El Islam ante la Virgen María», *Arbor*, 65, 1951, pp. 1?-27.

Molinier, J.: «Porto Farina», *Bullt. Economique et Social de la Tunisie*, 64, 1952, pp. 80-92.

Moncada, Gastón de: *Bando que el excelentísimo señor don ——— Marqués de Aytona a mandado publicar... para la expulsión de los moriscos del Reyno de Aragón... en nombre de la Magestad Catholica del Rey don Felipe tercero, nuestro Señor*, Zaragoza, 1610.

Monroe, James T.: «A curious morisco appeal to the ottoman empire», *Al-Andalus*, XXXI, 1966, pp. 281-303.

Moreno Casado, J.: «Las Capitulaciones de Granada en su aspecto jurídico», *Bolt. Univ. de Granada*, t. 21, 1949, pp. 301-331.

Morf, H.: «Poema de José», *Gratulationsschrift der Universität Bern au die Universität Zürich*, Leipzig, 1883.

Morón, Ciriaco: «Una visión inédita de la expulsión de los moriscos», *Salmanticensis*, VI, 1959, pp. 483-502.

Müller, Marc Jos: «Morisco Gedichte», *Sitzungberichte der Königl bayerischen. Akademie der Wissenchaften zu Nünchen*, 1860, pp. 201-253.

Muñoz y Gaviria, J.: *Historia del alzamiento de los moriscos, su expulsión de España y sus consecuencias en todas las provincias del Reino*, Madrid, 1861.

Navarro del Castillo, V.: «El problema de la rebelión de los moriscos granadinos y sus repercusiones en Extremadura, principalmente en la comarca emeritense (1570-1609)», *Rev. de Estudios Extremeños*, XXVIII, 1972, pp. 551-569.

Nykl, A. R.: «A compendium of Aljamiado Literature», *Revue Hispanique*, 77, 1929, pp. 448-587.

—: «El rrekontamiento del rrey Ališander», *Revue Hispanique*, LXXVII, 1929, pp. 409-611.

Oliver Asín, Jaime: «Un morisco de Túnez, admirador de Lope», *Al-Andalus*, I, 1933, pp. 413-418.

Oriol Catena, F.: «La repoblación del reino de Granada después de la expulsión de los moriscos», *Bolt. Univ. de Granada*, VII, 1935, pp. 3055-331, 449-528.

O'Shaughnessy, T. J.: «Islamic law and non-Muslim governments», *Philippine Studies*, XII, 1964, pp. 439-442.

Palacio Atard: *Derrota, agotamiento, decadencia de España en el siglo XVII*, Madrid, 1949.

PALANCO ROMERO, José: *Aben-Humeya en la historia y en la leyenda*, Granada, 1915.

PANO Y RUATA, Mariano: *Las coplas del peregrino de Puey Monçon, viaje a la Meca en el siglo XVI*, Zaragoza, 1897.

—: «El Racontamiento de Almicded y Almayesa», *Homenaje a Codera*, Zaragoza, 1904, pp. 35-50.

PAREJA, Félix: «Un relato morisco sobre la vida de Jesús y María», *Estudios eclesiásticos*, XXXIV, Madrid, 1960, pp. 859-871.

PELORSON, Jean Marc: «Recherches sur la *comedia* Los moriscos de Hornachos», *Bulletin Hispanique*, LXXIV, 1972, pp. 5-42.

PENELLA, J.: «Los moriscos españoles emigrados al Norte de Africa después de la expulsión», Tesis doctoral, Barcelona, 1971.

PÉREZ, Pero: «Moriscos, cuchilladas y ¡favor a la justicia!», *Rev. del Centro de Estudios extremeños*, 1941.

PÉREZ BUSTAMANTE, Ciriaco: «El pontífice Paulo V y la expulsión de los moriscos», BRAH, CCXXIX, 1951, pp. 219-233.

PÉREZ DE HITA, Ginés: *Guerras civiles de Granada*, Cuenca, 1619. (Reproducción de la ed. de Cuenca por P. BLANCHARD-DEMONGE, Madrid, 1913. La 2.ª parte, en Bibl. de Autores Españoles, III).

PERTEGÁS, José Rodrigo: «La morería de Valencia. Ensayo de descripción topográfico-histórica», BRAH, LXXXVI, 1925.

PIERI, H.: «L'accueil par les Tunisiens aux morisques expulsés d'Espagne: un temoignage morisque», *Ibla* (Túnez), 118, 1968, pp. 63-70.

PIGNON, J.: «Une géographie de l'Espagne morisque», *Cahiers de Tunisie*, 14, Túnez, 1966, pp. 286-300.

PIKE, Ruth: «An urban Minority: the Moriscos of Sevilla», *Journal of Middle East Studies*, II, 1971, pp. 368-377.

PILES, Leopoldo: *Aspectos sociales de las Germanías de Valencia*, CSIC, Madrid, 1952.

PINTA LLORENTE, Miguel de la: *La Inquisición española y los problemas de la cultura y de la intolerancia*, Madrid, 1953.

PLANELLA, J.: «Judíos y moriscos españoles. Rectificación de un juicio erróneo», *Razón y Fe*, I, 1901, pp. 496-506.

PONCE DE LEÓN, Brígido: *Historia de Alhendin*, Madrid, 1960 (vid. caps. 10, 11, 12 y 13).

PONS BOIGUES, Francisco: «La Inquisición y los moriscos de Valencia», *El Archivo*, II, 1887-88, pp. 251-258 y 309-314.

Ponsot, Pierre: «Les morisques, la culture irriguée du blé et le
    problème de la dècadence de l'Agriculture espagnole au
    xvııème siècle», *Mélanges de la Casa de Velázquez*, VII, 1971,
    pp. 237-262.

Rabadan, Mahomet: *Mahometism fully explained... written in Spanish
    and Arabic in the year MDCIII for the instructions of the Moriscos
    of Spain by —— an Aragonian Moor. Translated and... illustrated
    with large explanatory notes by Mr. Morgan*, Londres, 1723.

Regla, Joan: *Estudios sobre los moriscos*, Anales de la Universidad
    de Valencia, 1964, y Ariel, Barcelona, 1975.

—: «La cuestión morisca y la coyuntura internacional en tiempos
    de Felipe II», *Estudios de H.ª Moderna*, III, 1953, pp. 217-234.

—: «La expulsión de los moriscos y sus consecuencias. Contribución
    a su estudio», *Hispania*, 1953, pp. 215-267, 447-461.

—: «Los moriscos: estado de la cuestión y nuevas aportaciones do-
    cumentales», *Saitabi*, X, 1960, pp. 106 y sigs.

—: «València i els moriscos de Granada», *I Congreso de Historia
    del Pais Valenciano* (14-18 de abril de 1971).

Reichert, R.: «Muçulmanos no Brasil», *Almenara*, I, Madrid, 1971,
    pp. 27-46.

Ribera, Julián: «Supersticiones moriscas», *Disertaciones y opúsculos*, I,
    Madrid, 1928, pp. 493-527.

—: «Vida religiosa de los moriscos», BRAH, abril 1918.

— y Asín Palacios, Miguel: *Manuscritos árabes y aljamiados de la
    Biblioteca de la Junta*, Madrid, 1912.

— y Sánchez, M.: *Colección de textos aljamiados*, Zaragoza, 1888.

Ricard, Robert: «L'Espagne et la fabrication des *bonnets tunisiens*»,
    Revue Africaine, C, Argel, 1956, pp. 423-432.

—: «Les morisques et leur expulsion vus du Mexique», *Bullt.
    Hispanique*, 33, 1931, pp. 252-254.

—: «Indiens et morisques», *Etudes et documents pour l'histoire missionaire
    de l'Espagne et du Portugal*, Lovaina, 1931.

—: «Les minorités religieuses dans l'Espagne medievale», *Rev.
    Moyen Age Lat.*, 8, 1952, pp. 92-96.

Rivera, Juan de: *Instancias para la expulsión de los moriscos*, Barce-
    lona, 1612.

Robles, R.: «Catálogo y nuevas notas sobre las rectorías que fue-
    ron de moriscos en el arzobispado de Valencia y su repobla-
    ción, 1527-1663», *Anthologica Annua.*, 10, Roma, 1962.

ROCHAU, A. L.: *Die moriscos in Spain*, Leipzig, 1853.

RODRÍGUEZ RIVERO, Adolfo: «Un documento relativo al alzamiento de los moriscos, 1570», *Mauritania*, 182, 1943, pp. 22-24.

ROJAS, J. L.: *Relaciones de algunos sucesos célebres, nuevos y postreros de Berbería y salida de los moros de España*, Lisboa, 1613.

RON DE LA BASTIDA, C.: «Manuscritos árabes en la Inquisición granadina, 1582», *Al-Andalus*, XXIII, 1958, pp. 210-211.

RUIZ MARTÍN, Felipe: «Movimientos demográficos y económicos en el Reino de Granada, durante la segunda mitad del siglo XVI», *Anuario de H.ª Económica y Social*, I, 1968, pp. 127 y sigs.

RULL VILLAR, Baltasar: «La rebelión de los moriscos en la sierra de Espadán y sus castillos», *Anales del Centro de Cultura Valenciana*, 44, 1960, pp. 54-71.

SAAVEDRA, Eduardo: *Literatura aljamiada*, Discurso de recepción en la Real Academia Española, Madrid, 1878.

—: «La historia de los amores de Paris y Viana», *Rev. Histórica*, XXII, 1876, pp. 40-41.

SALVÁ Y BALLESTER, Adolfo: «Los moriscos valencianos en 1527 y 1528», *Bolt. de la Sociedad Castellonense de Cultura*, XVI, 1935.

SALVÁ Y SAINZ DE BARANDA: *Colección de documentos inéditos para la historia de España* (CODOIN), Madrid, 1842-95. Vid. T. XIII.

SALVATOR, L.: *Bizerte et son passé*, París, 1900.

SÁLYER, John: «La importancia económica de los moriscos en España», *Anales de Economía*, 1949, pp. 117-133.

SANAHUJA, P.: «Lérida en sus luchas por la fe. Judíos, moros, conversos, Inquisición, moriscos», *Instituto Estudios Ilerdenses*, Lérida, 1946, p. 208.

SÁNCHEZ PÉREZ, A.: «Los moriscos de Hornachos, corsarios de Sale», *Rev. de Estudios Extremeños*, XX, Badajoz, 1964, pp. 93-152.

SANCHIS GUARNER: «¿Cómo era el árabe vulgar que hablaban los moriscos valencianos?», *Levante*, 4-XI-1960, Valencia.

—: *Els valencians i la llengua autoctona durant els segles XVI-XVII i XVIII*, Inst. Alfonso el Magnánimo, Valencia, 1963.

SANGRADOR Y VITORES, M.: *Memoria histórica sobre la expulsión de los moriscos de España en el reinado de Felipe III*, Valladolid, 1858.

SANTIAGO SIMÓN, Emilio de: «Algunos datos sobre la posesión de bienes raíces moriscos en el lugar de Cenes de Granada (1572), MEAH, 1973, pp. 153-161.

SANTOS NEILA, Francisco: «El problema hispano-morisco (siglo XVII)», *Rev. de Estudios Extremeños*, XXIX, 1973, pp. 5-104.

SANZ, J. M.: «Alarifes moros aragoneses», *Al-Andalus*, III, 1953, pp. 63-87.

SARNELLI CERQUA, Clelia: «La fuga in Marocco di aš-Sihāb Ahmad al-Haǧarī al-Andalusī», *Studi Magrebini*, I, Nápoles, 1966, pp. 215-229.

—: «Lo scrittore ispano-maroccino Al-Haǧarī e il suo Kitāb Nāsir ad-dīn», *Atti de III Congresso di Studi Arabi e Islamici*, Ravello, 1966, pp. 595-614, Nápoles, 1967.

—: «Al-Haǧarī in Andalusia», *Studi Magrebini*, III, Nápoles, 1968, pp. 1-43.

SECO DE LUCENA, Luis: «Sobre la favorable disposición de los Reyes Católicos hacia los musulmanes vencidos», MEAH, II, 1953, pp. 127-129.

SERRANO Y SANZ, Manuel: «Nuevos datos sobre la expulsión de los moriscos andaluces», *Rev. Contemporánea*, XC, 1893, pp. 113-127.

SICROFF, A.: *Les controversies des statuts de pureté de sang en Espagne au XVème et XVIIème siècles*, París, 1960.

SOLÁ SOLÉ, Josep: «Un texto aljamiado sobre la articulación de los signos hispano-árabes», *Romance Philology*, 24, n.º 1, 1970-71, pp. 86-89.

SOULAH, Mohammed: *Une élégie andalouse sur la guerre de Grenade*, Argel, 1914.

SKHIRI, F.: «Les traditions culinaires andalouses à Testour», *Cahiers des Arts et Traditions Populaires*, 2, Túnez, 1968, pp. 21-28.

—: «Deux couvertures de Testour», *Cahiers des Arts et Traditions Populaires*, 3, Túnez, 1969, pp. 21-40.

SLOMAN, Albert: «The phonology of Moorish jargon in the works of early Spanish dramatist and Lope de Vega», *Modern Lanaguaje Review*, XLVI, 1949.

STANLEY, H. E. J.: «The Poetry of Mohamed Rabadan», *Journal of the Royal Asiatic Society*, 1867-72.

STEINSCHNEIDER, M.: *Polemische und apologestische Literatur in arabischer Sprache*, Leipzig, 1877; Hildesheim, 1966.

SUÁREZ, Pedro: *Historia del Obispado de Guadix y Baza*, Madrid, 1696.

TEMIMI, A.: «Une lettre del Morisques de Grenade au Sultan Suleimān Al-Kānunî en 1541», *Revue d'Histoire Maghrebine*, 3, 1975, pp. 100-105.

TEYSSIER, P.: «Le vocabulaire d'origine espagnol dans l'industrie tunisienne de la chechia», *Mélanges offerts à Marcel Bataillon par les hispanistes françaises, Bulletin Hispanique,* LXIV bis, 1962, pp. 732-740.

THOUVENOT, V.: «Notes d'un espagnol sur le voyage qu'il fit en Tunisie». 1724. *Revue Tunisienne,* 35-36, Túnez, 1938, pp. 313-322.

TORRES FONTES, Juan: «Estampas de la vida en Murcia en el reinado de los Reyes Católicos», *Murgetana,* 15, 1961, pp. 71-94.

TORRES MORERA: *Repoblación del Reino de Valencia después de la expulsión del reino de los moriscos,* Publ. Arch. Municipal, Valencia, 1969.

UBIETO ARTETA: «Procesos de la Inquisición de Aragón», RABM, LXVII, 1959, pp. 549-559.

VALENCIA, Pedro de: *Tratado acerca de los moriscos de España,* Bibl. Nacional, Madrid, ms. 8888.

VALLADAR, F.: «Los moriscos granadinos», *La Alhambra,* Granada, 1909, XII.

VERDÚ, Blas: *Engaños y desengaños del tiempo con un discurso de la expulsión de los moriscos de España,* Barcelona, 1612.

VERNET, Juan: «Traducciones moriscas del Corán», *Der Orient in der Forschung. Festschrift für O. Spies,* Wiesbaden, 1967, pp. 686-705.

— y MORALEDA, Luisa: «Un Alcoran fragmentario en aljamiado», *Bolt. Real Academia Buenas Letras de Barcelona,* XXXIII, 1969-70, pp. 47-75.

VILAR, Pierre: «El tiempo del Quijote», en *Crecimiento y desarrollo,* Ariel, Barcelona, 1974, pp. 332-346.

VILLANUEVA RICO, Carmen: *Habices de las mezquitas de la ciudad de Granada y sus alquerías,* Instituto Hispano-Arabe, Madrid, 1961.

—: *Casas, mezquitas y tiendas de los habices de las iglesias de Granada,* Madrid, 1966.

VINCENT, Bernard: «L'expulsion des morisques du royaume de Grenade et leur repartition en Castille (1570-1571)», *Mélanges de la Casa de Velázquez,* VI, 1970, pp. 210-246.

—: «L'Albaicin de Grenade au XVIème siècle», *Mélanges de la Casa de Velázquez,* VII, 1971, pp. 187-222.

—: «Combien de Morisques ont été expulsés du royaume de

Grenade?», *Mélanges de la Casa de Velázquez*, VII, 1971, pp. 397-399.

Viñas Mey, Carmelo: *El problema de la tierra de España en los siglos XVI y XVII*, Madrid, 1941.

Zamora Lucas, Florentino: «El comendador don Alonso Mesía y la guerra de los moriscos granadinos», *Hidalguía*, I, 1953, pp. 356-380.

Zapata, Simeón: *Expulsión de los moriscos rebeldes de la Sierra y Muela de Cortes hecha por Simeón Zapata, valenciano, compuesta por Vicente Pérez de Culla*, Valencia, 1635.

Zbiss, S. M.: *Présence espagnole á Tunis*, Túnez, 1969.

Zettersteen, K. V.: «Some chapters of the Coran in Spanish Transliteration», *Le Monde Oriental*, V, Uppsala, 1911, pp. 39-41.

—: «Ein Handbuch der religiösen Pflichten der Mohammedaner in Aljamia», *Le Monde Oriental*, 15, 1921, pp. 1-174.

—: «Notice sur un ritual musulman en langue espagnole en caractères arabes et latins», *Centenario della nascità di Michele Amari*, I, pp. 277-291.